法治央企之路

FAZHI YANGQI ZHILU

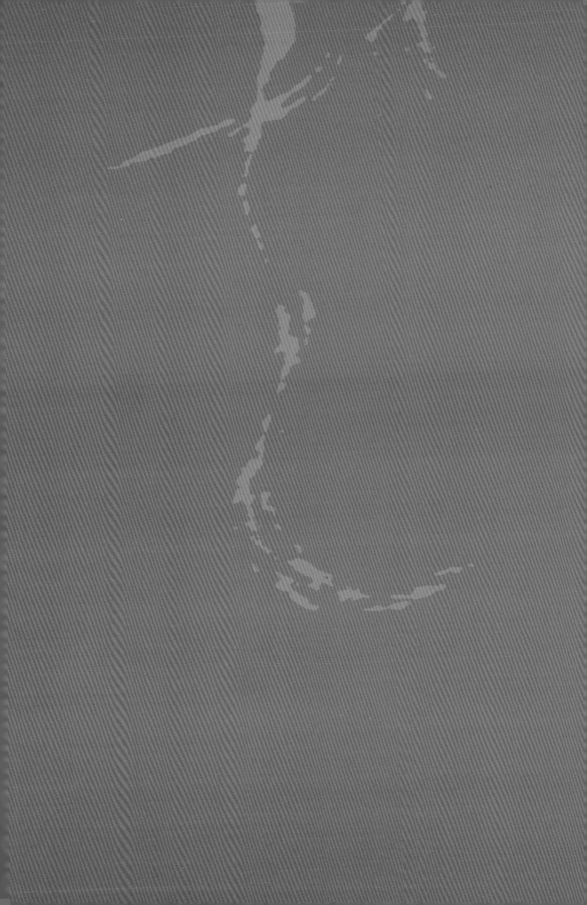

　　"我热爱这项工作，对这项工作一往情深。从 1993 年当国家经贸委经济法规司司长，到当经贸委副主任主管这项工作，再到国资委副主任主管这项工作，一直都是饱含深情，很热爱这项工作。我感觉到人生并不一定非得要干多少事，但是有一件需要干的、重大的事干成了，就聊以自慰，是一种莫大的安慰。"

——黄淑和

2005 年 3 月 18–19 日，国务院国资委政策法规局和全球企业法律顾问协会在北京联合举办国有重点企业法律风险防范国际论坛。论坛组委会主席、国务院国资委副主任黄淑和在论坛开幕时发表主旨演讲。论坛就中国国有重点企业建立健全法律风险防范机制、完善总法律顾问制度、加强知识产权保护等问题进行了沟通和交流。

2006 年 4 月 28 日，国务院国资委在北京召开中央企业法律风险防范机制建设工作会议。会议总结了三年来中央企业法制建设特别是以总法律顾问制度为核心的企业法律顾问制度建设的做法和经验，表彰了中央企业法制工作先进集体和先进个人。

2006 年 8 月，国务院国资委受 11 户中央企业委托，首次面向全球公开招聘总法律顾问。

2008 年 5 月 13 ~ 14 日，国务院国资委在北京召开中央企业法制工作会议。会议总结了中央企业法制工作第一个三年目标的建设成效，表彰了中央企业先进法律事务机构，并提出了中央企业法制工作第二个三年目标。此次会议标志着中央企业法制工作第一个三年目标基本完成，同时标志着中央企业落实法制工作第二个三年目标正式启动。

2008 年 2 月 29 日，国务院国资委召开部分中央企业总法律顾问座谈会。

2008 年 6 月 25 日，国务院国资委召开试点省市国有重点企业法律顾问制度建设工作座谈会。

2010年11月26～27日，国务院国资委在深圳召开中央企业法制工作座谈会。会议分析了中央企业法制工作面临的新形势和新任务，要求法律风险防范机制加快向新兴产业拓展，在企业整合中更好地发挥作用，逐步形成一个完整链条，进一步从国内向国际延伸，进一步从被动防守向主动应对转变。

2011年9月20～21日，国务院国资委在山西太原召开中央企业法制工作会议。会议总结了中央企业法制工作第二个三年目标完成情况，表彰了中央企业法制工作先进单位和先进个人，并提出了中央企业法制工作第三个三年目标。

2012 年 9 月 27～28 日，国务院国资委在广东清远召开中央企业法制工作座谈会。会议总结了中央企业法制工作新三年目标启动实施情况，要求中央企业更加重视筑牢企业合规经营的底线，更加重视发挥企业法制工作的价值作用，更加重视提升中央企业法律管理的能力和水平，更加重视加强境外法律风险防范，更加重视处理好总法律顾问"有位"与"有为"的关系。

2014年1月16～17日，国务院国资委在北京召开中央企业法制工作研讨会。会议深入研讨了中央企业法制工作面临的新形势、新课题，要求中央企业进一步增强企业领导的法治思维，进一步强化中央企业的法律治理，进一步完善企业法律风险防范机制，进一步推动企业配套制度建设，进一步加强中央企业法律顾问队伍建设。

2014年11月4～5日，国务院国资委在北京召开中央企业法制工作会议。会议深入学习贯彻党的十八届四中全会精神，总结中央企业法制工作第三个三年目标完成情况，回顾九年来中央企业法制工作连续实施三个三年目标所取得的成效。会议明确要求全面推进法治央企建设，努力将中央企业打造成为对外依法经营、对内依法治理的法治社会模范成员，并提出了今后五年中央企业法制工作的总体目标和重点任务。

中央企业法制工作三
个三年目标建设部分
文件、简报、书籍。

2009 年 10 月 12 日，中国航空工业集团公司召开第一次
法制工作会议。

2013 年 11 月 18 日，中国石油化工集团公司"打造'法治石化、
平安石化'十大法治事件、十大法治人物评选活动"揭晓仪式。

2012 年 6 月，神华集团有限责任公司开展"普法一百天"巡回演讲法律知识专题讲座。

2011 年 1 月 13 日，中国东方航空集团公司举办合同技能大赛。

2012 年 6 月 20 日，国家开发投资公司举办交通控股企业"六五"普法知识竞赛。

2010 年 5 月 21 日，在企业法律顾问的全程参与下，中国中化集团公司成功收购挪威国家石油公司 Peregrino 油田 40% 权益。

2013 年 12 月 13 日，《法制日报》走基层活动在中国建筑工程总公司下属单位进行采访活动。

2013 年 5 月 16 日，中国交通建设股份有限公司举办"中国交建——中财法学院首期在职法律硕士研究生班开学典礼"。

黄淑和　等著

法治央企之路

FAZHI YANGQI ZHILU

中国财经出版传媒集团

经济科学出版社
Economic Science Press

图书在版编目（CIP）数据

法治央企之路/黄淑和等著 . —北京：经济科学
出版社，2014. 10
ISBN 978 - 7 - 5141 - 5056 - 8

Ⅰ. ①法… Ⅱ. ①黄… Ⅲ. ①国有企业 - 企业法 -
研究 - 中国 Ⅳ. ①D922. 291. 914

中国版本图书馆 CIP 数据核字（2014）第 232378 号

责任编辑：于海汛
责任校对：杨 海
责任印制：李 鹏

法治央企之路
黄淑和 等著

经济科学出版社出版、发行 新华书店经销
社址：北京市海淀区阜成路甲 28 号 邮编：100142
总编部电话：010 - 88191217 发行部电话：010 - 88191522
网址：www. esp. com. cn
电子邮件：esp@ esp. com. cn
天猫网店：经济科学出版社旗舰店
网址：http://jjkxcbs. tmall. com
北京季蜂印刷有限公司印装
787 × 1092 16 开 22. 5 印张 250000 字
2016 年 6 月第 1 版 2016 年 6 月第 1 次印刷
ISBN 978 - 7 - 5141 - 5056 - 8 定价：58. 00 元
（图书出现印装问题，本社负责调换。电话：010 - 88191502）
（版权所有 侵权必究 举报电话：010 - 88191586
电子邮箱：dbts@ esp. com. cn）

目　录

大 河 奔 流[①]

——中央企业法治建设纪实

2014 年 11 月 4 日，北京一扫冬日常见的灰霾天气，天空湛蓝、澄净。

在北京昌平区蟒山脚下举行的中央企业法制工作会议上，时任国务院国资委副主任黄淑和在回首央企法治建设走过的岁月时，写下了这样两句诗："敢把长刀斩荆棘，和着春风饮甘泉。"

一时间，会场上掌声雷动。

掌声里，饱含着人们向这位中央企业法治建设的领军人深深的敬意。早在国家经贸委工作期间，黄淑和就在国有重点企业力推总法律顾问制度试点。国务院国资委成立后，按照国资委党委部署，在他主导下，根据"建立机制、发挥作用、完善提高"的总体思路，连续制定实施了三个"中央企业法制工作三年目标"。总法律顾问制度这个跨国公司的舶来品开始在中国的土地上生根发芽。

---

① 作者为《法制日报》记者辛红。

十年来，他做了前人未做的事。用他自己的话来说，就是"看准了方向，就大胆去干，还要干得有滋有味，有声有色。"

市场经济就是法治经济。中国企业的市场化、国际化必定会使其走上法治化之路，让其"亦余心之所善兮，虽九死其犹未悔"。

掌声里，饱含着人们向这位中央企业法治建设的领军人由衷的感谢。自1882年美国新泽西州的美孚石油公司设立第一个企业法律顾问职位，迄今已经132年。中国企业虽然自1979年改革开放伊始，武钢集团就设立法律事务处开始了企业法律事务的探索实践，但是从萌芽状态至全面铺开、真正发挥作用，经历了漫长的酝酿期。身在其中的企业法律顾问们彷徨过、困惑过、痛苦过、无奈过，真正感受到"企业法治的春天来了"只是最近十余年。

通过国务院国资委连续三个"中央企业法制工作三年目标"的大力推动，企业法律顾问"借力、发力"，有了充分施展本领的舞台，前所未有地感受到了职业的尊严。近2600名总法律顾问和2万名企业法律顾问，在这个舞台上辛勤耕耘、无私奉献，勇敢地承担起了促进国家法治、维护企业权益、创造职业价值的历史责任，开创了属于企业法律人的事业。用他们自己的话说，"如果没有国务院国资委的推动，中央企业法治建设很难有今天的局面。国资委历任主要领导都对这项工作高度重视，黄淑和作为国资委分管领导，居功至伟。"

掌声里，还饱含着人们对一起手挽着手、肩并着肩走过的艰难岁月的眷恋，对过去可以告慰、对未来充满期待的深情。中央企业法治建设不仅是中国企业改革和发展的一个缩影，也是我国法治进程的一把标尺。

一代人做一代人的事。正是一代又一代企业法治建设领军人厚重的家国情怀和对法治理想的坚持、传承，才让中央企业法治建设从涓涓细流汇成滔滔大河。

大河奔流，他们不会被遗忘。

签字倒计时 董事长做不了主

1984 年 4 月 28 日深夜，钓鱼台国宾馆的几个房间内仍然灯火通明。

第一家中外合资露天煤矿——平朔安太堡露天煤矿的中外双方代表即将在第二天中午签署协议。党和国家领导人邓小平非常关心这个项目，希望能够借此打开一个对外开放的局面，确定出席签字仪式。

时间已在倒计时，但协议文本双方谈了两年，最后一个关于销售的问题仍然没有谈妥。几个回合下来，外方律师坚持要改。

外资方是美国西方石油公司，董事长是著名的美国石油大王哈默。眼看天一点点亮了，协议文本还没敲定，原煤炭工业部部长高扬文急了。他直截了当地找到哈默，希望外方能够让步。

但哈默沉默半晌说："还是听总法律顾问的吧。"

最终，在凌晨五点，中方做了妥协。

彼时，刚大学毕业不久的周立涛，临时因这个项目在中方公司——中国煤炭开发总公司做法律工作。美方如此依法办事，深深地印在了他的脑海里。

项目完成后不久，中国煤炭开发总公司法律机构便被撤销了。此后周立涛先后辗转到菲律宾开矿，到乌克兰卖钢材、卖衣服。1995年，公司组建法律部，他开始归队。为了不让法律部在自己手里被撤并，他带领团队像黄牛一样卖力干活。慢慢地，公司里的人们开始从反感到逐步接受，觉得法律人"还能帮忙干点事"。

对外合资合作的需要使部分企业的法律顾问有了舞台，但未来命运的不确定性依然随时相伴。这样的经历，大概是20世纪八九十年代的企业法律顾问们共同的回忆。

虽然他们也有活干，但干的是"消防员"的活儿。在计划经济向市场经济转轨的过程中，国有企业迅速被推向市场。不少企业什么赚钱干什么，挖煤的去养鸡养鸭，制造设备的去生产玩具甚至养猪，纠纷大量产生，企业法律顾问们则忙于四处救火。现任中煤集团总法律顾问的周立涛记得，有一年365天他360天都奔波在外面。

直至2002年7月，原国家经贸委、中组部、中央企业工委、中央金融工委、人事部、司法部、国务院法制办决定在国家重点企业开展总法律顾问制度试点。企业法律顾问开始步入制度化轨道。

时任国家经贸委副主任黄淑和说："为了适应我国发展社会主义市场经济和加入世贸组织的需要，企业急需选拔、培养一批懂法律、懂经济、懂管理并能掌握和运用世贸组织规则的高级管理人员。试行企业总法律顾问制度，是当时我国企业应对入世挑战、全面提高国际竞争力的一项重要举措。"

为了争取其他部门的支持，黄淑和亲自一个部门一个部门去跑。尽管对总法律顾问这个名称感到陌生，但是几个部门在了解了国外总法律顾问制度的职责、作用之后，纷纷表态大力支持。

在北京的一家小招待所内，时任经贸委法规司副司长周渝波等人开始酝酿起草相关文件。此前，原外经贸部也曾借鉴国外经验，任命过中国技术进出口总公司的孙晓民为企业法律总顾问。"总法律顾问"名称与企业其他高管不一致，名称上是"总法律顾问"还是"法律总顾问"、"法律总监"，起草小组经过一段时间的讨论，最终还是决定用"总法律顾问"。

2002 年 7 月 18 日，七部门联合下发《关于在国家重点企业开展企业总法律顾问制度试点工作的指导意见》，要求选择 30 户左右具有行业代表性的企业开展试点。

同年 7 月 29 日，全国企业总法律顾问试点工作会议召开。无须动员，无须吹风，台下的企业法律顾问热血沸腾。现任中国中铁总法律顾问的于腾群记得，他拼命地鼓掌，盼望已久的"企业法制建设的春天"终于来了。

企业的主动性超出主管部门的预期。武钢集团和南航集团原本都在试点外，时任武钢集团总经理助理刘新权和南航集团法律部部长陈威华听说后，急忙跑到经贸委法规司找到周渝波，代表本企业申请参加。还有不少企业通过领导转达了希望参加试点的意愿。最终，70 户大型试点企业带动了全国 1 千多户企业加入。

"建立总法律顾问制度是企业适应市场经济发展的必然要

求。"黄淑和说。就像企业中设置总工程师、总会计师、总经济师带有鲜明的时代特色一样，总法律顾问随着市场经济的发展也应运而生了。

本想走一步　却只走了半步

就在试点启动的同一年，一盘更大的棋开始在国有企业布局。

2002年11月，党的十六大启动新一轮国资监管体制改革。改革剑指当时国有资产管理"五龙治水"的弊端，意在理顺国资管理体制，调整优化国有经济布局结构。

2003年的春天，作为特设机构代表国家履行出资人职责的国务院国资委正式挂牌成立。

此前，在推行企业总法律顾问制度试点时，原国家经贸委是有一定顾虑的。企业搞不搞总法律顾问制度，总法律顾问是什么级别，按说是企业自己的事儿，因此七部门在推行过程中特别强调企业自愿。

国务院国资委成立后，基于出资人代表定位，通过加强法律管理维护出资人的合法利益，保障国有资产安全，维护全体人民的共同财富，推行总法律顾问制度便成了"天经地义"的事儿。

为了使出资人监管有更充分的法律依据，2003年5月27日，国资委挂牌不到两个月，就配合国务院法制办起草了《企业国有资产监督管理暂行条例》，并由国务院颁布施行。

《条例》明确，国有资产监督管理机构应当依法维护企业合法权益，促进企业依法经营管理；国有及国有控股企业应当加强内部监督和风险控制，建立健全企业法律顾问等制度。

依据当时的统计，尽管 196 户中央企业中设立法律事务机构的有 110 户，但是企业领导法律意识淡薄、企业法律事务停留在被动应诉或一般合同管理等问题仍然存在。

一项摸底调查也充分说明了当时中央企业关于法制建设的认知水平：认为"应当强化企业制度建设"的占七成；认为"需要提高企业依法治企水平、提高领导的法律素质，建立企业领导依法办事的考核机制"的仅仅占到四成。

24 户参加总法律顾问制度试点的中央企业效果明显。如何在试点基础上将总法律顾问制度分批分期扩大到 196 户中央企业，成了黄淑和重点考虑的问题。

2004 年，国资委决定先走第一步：在中央管理主要负责人的 53 户中央企业和其他具备条件的部分中央企业、部分省属国有重点骨干企业中，率先推行总法律顾问制度；在全部中央企业和省级国有重点企业普遍建立法律事务机构，全面推进企业法制建设，大力促进企业依法经营管理，实现国有资产保值增值。

试点工作使命完成，中央企业法制建设第一个"三年目标"开始启程。

同年 6 月 1 日，国资委第 6 号令《国有企业法律顾问管理办法》开始实施。《办法》第一次从立法层面明确了企业总法律顾问的定位和职责，规定总法律顾问直接参与企业决策，对企业法定代表人或总经理（总裁）负责，全面领导和处理企业的法律事务工作，保证企业决策的合法性。总法律顾问的任命应当与企业的总经济师、总工程师和总经理（总裁）助理作为同一序列，报国资委备案。

作为高管人员，总法律顾问与"三总师"级别一致，比中层高半格，比副总经理低半格。这样的定位与跨国公司总法律顾问相比，还是有一定的差距。国外企业的总法律顾问一般由副总裁担任，具有很高的地位，有的甚至仅次于总裁。

国资委"想走一步"，结果为了达成共识"走了半步"。建立总法律顾问制度事关公司治理框架的重新设计，对有内部人控制倾向的一些企业来说将是一种约束；而且，从流程上增加一道法律把关的程序，对于一些习惯于拍脑袋决策的企业领导也将不自在。此外，还有人认为将总法律顾问一下子提到高于"三总师"的位置，似乎没有必要。

法律风险或带来灾难　　防控迫在眉睫

国外企业一百年的法治历程，希望国内企业一蹴而就，或许不现实。但2004年发生的一件事大大加快了这个进程。

2004年12月1日，被誉为"最具透明度的上市公司"的中航油（新加坡）公司原总裁陈久霖因为违规操作石油期货，造成巨额亏损。之后他又隐瞒亏损事实，造成中航油（新加坡）公司不得不向法院申请破产保护令。

消息传出，如同一个重磅炸弹，一时间舆论哗然。国资委成立之后，部分中央企业投资决策失误、乱投资、乱担保、乱拆借等问题已经有所暴露。从国资委成立到2004年底，中央企业报请国资委协调的法律纠纷案件就达到146起，直接涉案金额199亿元。尽管多次提醒过企业注意风险，但在知悉中航油（新加坡）事件后，时任国资委主任李荣融仍然几个晚上睡不着觉。

中国企业在进入国际资本市场时对法律风险的漠视，企业包括海外子企业在公司治理方面存在的严重问题，一下子进入了监管部门的视野。

2005年3月，国资委政策法规局和全球企业法律顾问协会主办的一场高规格的国际论坛在北京举行。在这场主题为国有重点企业法律风险防范的论坛上，黄淑和首次系统阐述了加强法律风险防范的重要意义和实质内容。

他说："法律风险一旦发生，企业自身难以掌控，往往带来相当严重的后果，有时甚至是颠覆性的灾难。"

他要求企业从五个方面着手建立健全法律风险防范机制：必须强化风险意识；必须与加快建立现代企业制度、完善法人治理结构有机结合起来；必须加快以企业总法律顾问制度为核心的企业法律顾问制度建设；必须突出合同管理、知识产权等工作重点；必须重视中外企业间的交流与合作。

就是在这次论坛上，人们开始丈量国内企业与国外知名大公司在法律风险防范上的实际差距。

一份后来被企业法律顾问们广为所知的数据是：欧美国家跨国公司法律人员的总数占员工总数的千分之七以上，每10

亿美元营业收入所对应的法律顾问的人数为 5 ~ 9 人，中国企业与欧美跨国公司的法律工作经费投入占营业收入的比例相差 40 倍。

投入低、不受重视，无疑在相当长时间内是中央企业法律顾问工作的"痛点"。但与以往不同，企业法律顾问们在心绪低沉时，也会发现企业的内外部环境正在悄然发生变化。

在外部环境上，国资委成立前后，关于国退民进、国有资产流失的争议就是社会关注的焦点。2004 年的"郎顾之争"更是引发了国企改革方向的全民争论。在企业内部，随着走出去的步伐日益加快，法律风险防范迫在眉睫。

2005 年底，国务院办公厅印发《国务院办公厅转发国资委关于进一步规范国有企业改制工作实施意见的通知》，要求企业改制必须对改制方案出具法律意见书。

2006 年 4 月，在中央企业法律风险防范机制建设工作会议上，时任国资委主任李荣融首次公布了中央境外企业和子企业的家底，要求加快推进以总法律顾问制度为核心的企业法律顾问制度建设，建立健全企业法律风险防范机制。

此次会议要求中央企业一把手参会，这是第一次有中央企业负责人参加的企业法制工作会，足见国资委对此的重视程度。

有为才有位　有位更有为

从 2004 年 4 月第一个"三年目标"启动至 2007 年初，眼看行程接近终点，目标的完成情况并不理想：中央管理主要负责人的53家企业实行总法律顾问制度的有37家，刚刚达到70%；159家中央企业设立法律事务机构的有121家，占76%。

为了督促企业加快步伐，2007年2月国资委专门下发通知，要求企业内部暂时没有合适人选的，可由企业分管领导兼任总法律顾问职务，但须明确过渡时间，或直接向社会公开招聘。尚未建立总法律顾问制度或法律事务机构的企业，5月底前要以书面形式向国资委作出情况说明。

国资委还放出狠话：2007年底还未达到目标的，今后如发生重大法律纠纷案件，致使国有资产造成重大损失的，要追究企业经营者的领导责任。

与此同时，黄淑和要求国资委企业领导人员管理一局、二局和法规局的负责人与企业"一把手"谈话，"谈不动的，我来谈！"

这种既立足于企业实际，又不降低标准要求的灵活做法极大地缓解了企业的困境。毕竟企业内部对于总法律顾问制度的共识非一朝一夕形成，岗位的设置往往牵一发而动全身，没有合适的人选也是一大掣肘。

公开招聘为企业提供了新的思路。此前，国资委从2003年已经启动了全球纳贤之路。2006年国资委首次接受中央企业的委托，面向全球招聘总法律顾问。东航集团总法律顾问郭俊秀、中房集团总法律顾问徐永建、中国铁通总法律顾问孙永刚等或从学者，或从经营管理者，或从地方企业转身至中央企业的舞台。2007年又有6户中央企业加入到招聘的队伍中来，为企业总法律顾问这个群体注入了新生的力量。

在各方努力下，2008年5月，黄淑和宣布第一个"三年目标"任务完成。150户中央企业有146户设立了法律事务机构，占97.3%；53户大型中央企业全部建立了总法律顾问制度，另有28户其他中央企业也设立了总法律顾问制度。

他深有感触地说："这三年推进力度之大、涉及企业之多、取得进展之快，前所未有。"

三年间，中央企业法律顾问工作也实现了两个重要转变：由事后补救型向事前防范和事中控制转变；由事务型向管理型转变。

成绩的取得首先得益于企业领导的重视。毋庸讳言，企业领导越是重视，企业法律顾问工作开展得越好。这既取决于领导的法律素养，也决定于总法律顾问的水平。法律人员基于专业优势，很容易顾及一点不及其余。没有管理和业务经验，没有宏观视野和大的格局，即使给了平台，领导请法律顾问提出意见，也不会得到专业认可。有一个事例，一位企业老总就一件事请法律人员提出意见，法律人员看了半天，说可以提管辖异议，但未从全局角度提出实质性的解决办法，结果可想而知。

试点之初，黄淑和就像一位大家长一样反复叮咛总法律顾问，"要争气"，"要开拓进取，敢于挑战各种艰难困苦"；第一个"三年目标"启动后，他年年给企业法律顾问们打气，"要敢于说不，也要学会说可"；首批国资委招聘总法律顾问上岗前夕，黄淑和亲自跟大家谈话，一一交心，"总法律顾问要善于当好企业主要负责人的参谋和助手，摸清意图，出好点子"。

企业总法律顾问各项职责能否落实，最基本的就是能否保证其享有企业重大经营活动的知情权和法律审核权。第二天要上会讨论了，今天才把材料提供给法律部门"请提出意见"，这样的经历过去存在，现在仍然存在。这也就是为何黄淑和反复强调"有为才有位，有位更有为"的原因。

制度不能因人因事因企而异

穿峡谷、过险滩，河流就是在蜿蜒流淌中积蓄了更大的力量。

黄淑和明确提出，第一个"三年目标"重在建立机制，第二个"三年目标"则要有实质内容，围绕"发挥作用"做文章。

在 2008 年 5 月召开的中央企业法制工作会议上，第二个"三年目标"确定为三个方面：以建立健全企业法律风险防范机制为核心，力争到 2010 年在中央企业及其重要子企业全部建立总法律顾问制度；企业规章制度、经济合同和重要决策的法律审核把关率达到 100%；因违法经营发生的新的重大法律纠纷案件基本杜绝，历史遗留的重大法律纠纷案件基本解决，企业法制工作在提高企业市场竞争力和发展壮大成为具有国际竞争力的大公司、大集团中的保障促进作用得到进一步发挥。

是时，国资委法规局已经敏锐地意识到，企业法制建设将面临更大的挑战。一方面，企业所面临的内外部环境正在发生变化，公司法、劳动合同法、反垄断法的相继出台预示着国家法治环境将更加严格；另一方面，中央企业改革进入了攻坚阶段。

但谁也没有预料到，更大的挑战猝不及防地就来了。

2008 年 8 月，国际金融危机爆发。美国房贷两大巨头房利美和房地美股价暴跌，美国第四大投资银行雷曼兄弟宣告破产。

很快，南航集团发现东南亚航线一片惨淡；中国建筑发现地产公司结账逾期增多了；手里握着长达四年订单、正在过着"百年不遇的好日子"的中船集团，本来以为自己能扛过去，也逐步发现船东开始以各种挑剔的眼光不接船了……

与此同时，中央企业法律纠纷大幅增加。据统计，2008 年下半年法律纠纷案件比上半年增加 154%。

为了及时应对国际金融危机带来的风险，国资委法规局迅速组织部分中央企业进行座谈，并到山东和陕西等地深入调研，形成了调研报告。

很快，国资委办公厅专门印发文件，提醒企业高度关注七大类风险：一是市场需求萎缩、资金链断裂引发的违约风险；二是行业整合、企业并购中尽职调查不确定性增加的风险；三是"走出去"投资并购时境外法律环境发生变化的风险；四是有关国家贸易保护主义抬头、滥用世界贸易组织规则的风险；五是建筑施工企业面临的工程款拖欠风险；六是妥善处理劳动用工涉及劳动合同的风险；七是历史遗留的债权债务提前引爆的风险。在此基础上，国资委要求企业把加强法律风险防范作为转"危"为"机"的一个重要抓手。

　　这些有针对性的预判，为企业及时梳理法律风险源点，通过加快完善总法律顾问制度建设、加强法律风险防范建设，保障企业依法管理、稳健运营发挥了重要作用。到2009年10月底，中央企业和重要子企业建立总法律顾问制度的户数都提高了两成多。

　　但是危机并未过去。对于"后危机时代"企业面临的形势，黄淑和预测可能发生三大变化：经济发展模式发生变化；市场竞争层面发生变化；相关制度规则发生变化。随之而来的是，金融监管将更为严格，行业整合并购重组活动日益频繁，企业投资力度加大，知识产权管理与保护更为凸显，国际贸易保护主义抬头，新能源经济快速发展。

　　种种变革，都在考验着企业法律顾问这支队伍。而当时，中央企业法制工作的步调并不一致，有的企业法制工作已开始从事务型向管理型转变，有的则还处于"找事做、等活干"的状态。

　　为了促进第二个"三年目标"的实现，国资委创设了定期通报和评价制度。排队时却发现，企业"三个100%"的法律审核把关率中，重大决策法律审核率打分最低。

　　在管理制度和机制设计上，若法律部门仍游离在外，只会陷入恶性循环。如何引领这支队伍"真正发挥作用"、不走上个世纪的老路呢？

　　在第二个阶段的第一年，黄淑和就当时总法律顾问制度建设需要关注的四个重大问题进行了分析。

　　一是挖掘企业内在法律需求。他说，中央企业经过多年改革，完全置身于市场化、全球化、法治化的经营发展环境，其内在法律需求不仅客观存在，而且正在不断增长。能否善于挖掘并充分满足企业内在法律需求，在很大程度上决定着央企法制工作的成败。

二是法律管理与经营管理要有效融合。如何加快融合？黄淑和强调，既要着力健全完善企业法律风险防范机制，同时法律部门也要积极主动，不能"坐堂行医"。

三是要创新法律管理模式。中央企业在提高集团管控力的情况下，法律管理急需创新模式。黄淑和提出，法律管理模式应与企业实际相结合，不搞一刀切，但必须要有利于保障企业依法决策，有利于确保总法律顾问对企业法制工作的全面领导，有利于优化整合系统法律资源，有利于对重要子企业法制工作的推动。

四是要进一步明确总法律顾问地位，落实其职责，提高其履职能力。

他当时的一句话至今仍掷地有声："企业总法律顾问制度不能因人而异、因事而异、因企而异！"

无愧于历史赋予的特殊使命

事后，人们发现不仅国资委对企业"后危机时代"面临的风险预测在一一印证，对总法律顾问制度高屋建瓴、准确及时的号脉，也再次顺应了企业发展和市场的客观规律，引领了企业法制建设前行的方向。

按照国资委的要求，2010年围绕后危机时代挑战和企业改革发展中心任务，不少企业针对重点项目或者"走出去"过程中遇到的风险，拟订防控预案，切实加强法律审核把关，法律风险防范机制经受住了考验。

根据统计，这一年，重要决策法律审核率达100%的企业较上年猛增了60%，80%中央企业设立了总法律顾问。但是距离第二个"三年目标"盘点时间只差半年了，近半数的重要子企业尚未建立总法律顾问制度，企业之间差距也很大，完成任务依然相当艰巨。

在2010年11月召开的中央企业法制工作座谈会上，黄淑和除了提醒企业注意法律风险防范机制要向新兴产业拓展，要在并购重组、企业整合中发挥作用，要形成"纵向到底、横向到边"的完整链条并从国内向国外延伸、从被动防守向主动应对转变外，还特别就如何确保"三年目标"实现提出了要求。

他语重心长地说："企业法律管理水平的高低，是企业软实力的重要体现。国资委高度重视这项工作，把法制建设作为提高中央企业核心竞争力的一项重要战略任务。"

作为"国家队"，中央企业一直肩负着特殊的使命。国资委成立之后，随着出资人的到位以及各项制度的建立，中央企业迎来了发展的"黄金期"。2003年的《财富》世界500强排行榜上，中央企业有6家；2010年的榜单上，中央企业已达到30家，中国企业上榜数量达到了世界第三，仅次于美国和日本。

但与美、日的知名跨国企业相比，中国入选世界500强的企业绝大部分还"大而不强"。2011年我国经济社会发展即将步入"十二五",如何从战略上规划未来中央企业的法制建设?

黄淑和告诉大家:"中央企业必须增强紧迫感和责任感!国资委计划连续实施三个'三年目标',力争通过九年努力,使中央企业法律管理在与国际大公司相抗衡中具有一定实力。这是历史赋予我们的一个大舞台,我们要在这个大舞台上施展好才华,发挥好作用。我们要无愧于历史,无愧于时代!"

就法律风险防范机制建设的具体问题,他强调要增强价值创造理念,同时要不断拓展服务领域;总法律顾问暂无合适人选的要尽快安排企业分管领导兼任,并明确过渡期限,加快培养后备人选,而且总法律顾问的八项职责必须尽快落实。

企业合规文化也在这次会上被重点提出。2009 年,66 岁的三鹿前董事长田文华一审被判处无期徒刑。违规行为造成"明星企业"一夜间坠落,包括"一把手"在内的高管被追究刑事责任,引起了国资委法规局的关注。

在仔细研读了三鹿事件发生的细节后,时任国资委法规局局长周渝波认为,企业违规成本低是大企业面临灾难的根源。制度也有靠不住的时候,必须从根本上培育合规文化,让全体员工形成"守法诚信是企业第一生命,违法经营是企业最大风险"的共同价值准则。

这一年,国资委还组织 18 家中央企业就企业法律风险防范的深层次问题分别开展专题调研,内容包括后危机时代中央企业内在法律需求、法律管理模式创新、健全完善总法律顾问制度、法律风险管理与专业管理体系融合问题、企业海外投资风险防控等。

在专题调研基础上,国资委起草并向国务院报送了一份极具分量的调研报告。报告分析了企业法制工作面临的形势，提出了企业法律风险防范机制应在产业升级、兼并重组、精细化管理和"走出去"战略中发挥作用的具体建议。

中央企业法制工作面貌一新

2014 年有一部专门写法律顾问的话剧，里边有这样一句台词："每个时代都有许多聪明人，但也总有另一群人，他们是傻瓜，时刻提醒着那些聪明人常常会忘记的东西。"

法律人遵循程序，崇尚规则，但在转型时期，也难免有"念天地之悠悠"的时候。每一次的中央企业法制工作会，企业法律顾问们聆听黄淑和对过去的总结、未来的部署，不仅是心灵的抚慰，更是力量的"加油站"，在"冲锋号"的激励下继续前行。

企业很快行动起来。2011 年 9 月，第二个"三年目标"收官，目标基本完成。据统计，截至 2011 年 6 月底，120 户中央企业中，98% 的企业建立了总法律顾问制度；1155 户中央企业重要子企业中，92% 的企业建立了总法律顾问制度。中央企业规章制度法律审核率平均达到 97.3%，经济合同法律审核率平均达到 98.1%，重要决策法律审核率平均达到 99.4%，三年间因违法违规引发的新的重大法律纠纷案件已极少发生。

经过两个"三年目标"的努力，中央企业法制工作理念从权益维护向价值创造转变，法制工作体系由零敲碎打向整体协同转变，法制工作模式由专业事务向管理融合转变。总法律顾问制度从24户试点企业推向1000多户重要子企业。

中央企业法制工作面貌一新，黄淑和认为主要得益于六个坚持：坚持立足于企业发展改革全局，科学谋划企业法制工作；坚持适用企业发展新阶段新要求，及时更新理念；坚持从提升企业市场竞争力的高度，明确将法律风险机制作为企业法制工作的重心；坚持突出企业依法科学决策的重点，始终将总法律顾问制度作为推进企业法制工作的有力抓手；坚持法律管理与企业经营管理的有效融合，明确将法律审核率作为衡量企业法制工作水平的关键指标；坚持企业法制工作的内外联合，努力形成大合力。

下一步往哪走？他定位在"完善提高"。

时任国资委主任王勇作出批示，要求紧紧围绕"做强做优中央企业、培育具有国际竞争力的世界一流企业"这一核心目标，做好重点领域的法律风险防范工作。

第三个"三年目标"确定为：着力完善企业法律风险防范机制、总法律顾问制度和法律管理工作体系，加快提高法律顾问队伍素质和依法治企能力水平，中央企业及其重要子企业规章制度、经济合同和重要决策的法律审核率全面实现100%，总法律顾问专职率和法律顾问持证上岗率均达到80%以上，法律风险防范机制的完整链条全面形成，因企业自身违法违规引发的重大法律纠纷案件基本杜绝，为培育世界一流企业提供坚强的法律保障。

虽然有了前两个阶段的基础，但第三阶段一点也不轻松。企业之间的差距仍然很大，走在前头的企业法律风险防范机制已经推向三级子企业，法律管理渗透至企业的主要业务领域和新兴产业，并形成了制度、形成了体系；而有的企业法律风险防范仍局限于集团层面，甚至干的还是"救火"的事儿。

"完善提高"意味着向做深做透做细挑战，意味着向过去的困惑、迟疑挑战，意味着凤凰涅槃的重生。

对此，国资委提出了具体要求：在"一个目标"上，要围绕培育世界一流企业的目标，挖掘内在法律需求，在法律管理与经营管理的有效融合上狠下功夫。

每个企业的业务部门有自己的管理体系，法律部门不能独树一帜，在传统的合同管理、制度建设等业务做到极致后，如何更好服务于企业改革发展，让人们觉得法律部门离不了呢？很多企业开始思考这个问题，如南航集团专门就"我心目中的法律部"发起了两次"头脑风暴"。老子曾说，"天地所以能长且久者，以其不自生，故能长生。"顺势而为，与业务部门融合，成了企业法律部门深耕细作的方向。

在"三个完善"上，国资委要求进一步发挥企业法律风险防范机制在重大决策和经营管理中的支撑保障作用；加快提高总法律顾问专职化、专业化；加快推进法律管理的规范化、系统化、信息化。

在"两个提高"上，国资委要求大幅提升中央企业及重要子企业法律顾问持证上岗的比率，高度重视队伍的稳定发展；同时，要健全完善企业依法决策、依法经营管理的工作机制，确保企业各项经营管理活动都在法律法规的框架内运行。

为了确保第三阶段的任务完成，国资委首次要求中央企业及重要子企业制定具体实施方案，并对中央企业及子企业"三项法律审核"情况定期通报,对中央企业新发案件,特别是因企业违法违规发生的案件实行严格备案。

"两个问责"也开始动真格。国资委明确,凡是因企业重大经营活动未经法律审核,或虽经审核但不采纳正确法律意见而造成重大损失的,要追究企业相关领导人员的责任;凡是经过法律审核但因重大失职未发现严重法律漏洞而造成重大损失的,要追究企业总法律顾问和法律事务机构负责人的责任。

随着推动力度的加大,有些企业坐不住了。

锻造适应国际一流企业的队伍

最难的,还是人。

2012年上半年,国资委法规局对总法律顾问履职现状进行了调查。调查显示,中央企业集团层面总法律顾问中,专职的仅占61%,具有法律专业背景的仅占58%;重大事项经总法律顾问签字才能上报企业主要领导的仅占43%,另有11%的总法律顾问未能确保参加企业重要决策会议。重要子企业的情况也不理想。

第二阶段末,中央企业集团层面总法律顾问专职率只有49%。为什么第三阶段将专职率纳入其中?在有的企业看来,由企业分管领导兼职更便于推动总法律顾问制度建设。但国资委认为,兼职总法律顾问更懂管理,短期内的确有优势,但从长远看，总法律顾问要适应企业转型升级、国际化经营发展的需要，其专业素质必须提升。

"有位"了更要"有为"，这条路一定要走。

从2011年开始，国资委每年都举办中央企业总法律顾问履职能力高级培训班。第一年培训内容是国资监管政策法规、"走出去"法律风险管控等；第二年内容是宏观经济形势、民商事立法与企业法制建设、知识产权管理等；第三年内容是重点业务风险管理、公司治理与法律风险防范等；第四年内容是党的十八届三中全会重要精神解读、国资国企改革的焦点问题等。四年间，中央企业及其重要子企业总法律顾问基本轮训了一遍。

部分企业如中船重工、中国联通也开办了企业内部的总法律顾问履职能力培训班；中交集团、中国国电、中国华电等企业则实施总法律顾问执业资格考试的考前集中培训；还有不少企业通过强化组织保障、物质奖励等手段，确保应考人员100%参加全国企业法律顾问执业资格考试。

中航工业在第三个阶段之初，把所有的重要科研单位都老老实实算上，确定了75家重要子企业。由于重要子企业数量众多，彼时总法律顾问专职率仅13%。为了达到80%的目标，企业采取每年组织3期培训、每期脱产集中学习18天的方法，切实加大总法律顾问培训力度。参加培训的总法律顾问在学习期间连溜出去抽根烟都不敢，这是以往培训中从未有过的。

东方电气总法律顾问张继烈过去学的是管理专业，分管法律事务期间对法律感兴趣，觉得"自己做这件事，不能是外行"。虽然与年轻人相比考试压力很大，但他除了上班就是学习，一次通过了企业法律顾问执业资格考试。

航天科工启动了法律顾问"百人计划"，由集团公司择优选拔并授予100人法律顾问聘任资格，统一供下属单位聘用。中国石化分层分类培养法律人才，着力在系统内培育300名专家型法律领军人才和200名涉外法律人才。

中化集团着力打造内部高素质法律队伍，在重大项目中不依赖外部律师，亲自动手，多次避免了国际交易中介于商业决定和法律决定之间的重大陷阱。

中国建筑将法律人才纳入公司"七类核心人才"，制定职业发展指引，设置专业技术序列晋升渠道，彻底解决了困扰法律顾问的职业上升通道问题。

与此同时，不少企业还通过外派法律顾问到业务部门学习或到境外律师事务所等单位实岗锻炼，与知名院校合作培养人才的方法，提升法律顾问专业素质。

第三个阶段"冲锋号"吹响两年后，中央企业系统建立总法律顾问制度的户数比第二个阶段翻了一倍，达到2560家，集团和重要子企业总法律顾问制度专职率也都明显提升，分别达到64%和50%，法律顾问队伍的持证上岗率接近60%。

为了完成任务，加快打造适应世界一流企业的法律队伍，国资委积极引导企业在三个"更加注重"上下功夫：

更加注重总法律顾问制度的深化完善，从制度上解决总法律顾问的职责定位问题。特别是企业各级领导要有识人之智、容人之量、成人之德，加快总法律顾问后备人才的培养。

更加注重法律顾问队伍整体素质的提高，强化在公司治理、资本运作、国际化经营等领域的法律培训，着力培养一批法律领军人才，并使人才引得来、留得下、用得好。

更加注重法律顾问职业精神的培养。法律顾问要忠诚于企业、忠实于法律，既要服务好企业经营业务，又坚守住独立的专业判断，有效实现追求效益与崇尚法律的统一。

最难的，还有人的意识——企业领导的法治意识。

党的十八届三中全会首次提出，要"使市场在资源配置中起决定性作用"。这意味着企业今后将面临平等的市场准入、公平的竞争条件、相同的产权保护，法治在规范市场秩序、调整利益关系中的作用将进一步突出。

虽然通过连续实施"三年目标"，中央企业领导的法治意识得到了明显提升，但仍有一些不足和问题亟待改进。比如，有的企业领导对依法治企的要求还停留在口头上；有的企业领导出了案子才重视法律工作、没了案子就丢一边；有的企业领导将国内的习惯做法简单搬到国外，盲目投资，引发了重大法律纠纷。

有的企业领导自称很重视，说："我要求法律部门关键时不能掉链子"。却不想想开始决策时没有进行充分法律审核把关，如何指望法律部门"关键时不掉链子"呢？

有的企业领导得意地自夸："很重视啊，法律部门养兵千日、用兵一时"。却不想想为何法律部门不"用"反而"养"起来呢？

还有的企业领导在重大决策临上会了，给出一两天的时间进行法律审核，却不去想想时间这么仓促够吗？为何不在谈判、研究时就让法律人员参与进来呢？

　　针对企业存在的这些苗头现象和思想倾向，黄淑和再次强调："法治不彰，企业发展根基就不牢"。他要求中央企业以打造"法治央企"为目标，增强企业领导的四种法治思维：一是底线思维。要将企业行为始终规范在法律框架内，不踩线、不越界；二是理性思维。要从法律上保障企业"挂得上档、刹得住车"；三是契约思维。要善于运用合同条款，维护企业合法权益；四是规则思维。注重通过制定规则和程序，明确企业行为标准，确保全体员工形成按章操作、按规办事的行为习惯。

　　2014年11月4日，第三个"三年目标"圆满画上句号。

　　截至2014年9月底，中央企业集团和重要子企业总法律顾问专职率接近80%。中央企业全系统法律顾问队伍超过2万人，其中持证上岗率达到83%。

　　看似简单的数字背后，是艰辛的付出。三年间，中央企业系统建立总法律顾问制度的企业共增加了1409家；3826名法律人员取得了企业法律顾问执业资格，持证上岗比例增幅超过30%。基数虽然大了，但比率依然达标了，而且企业法律顾问队伍专业素质还全面提升了。截至2014年9月底，共有26户中央企业和14个省级国资委开展了法律顾问职业岗位等级资格评审，共评出各级法律顾问6700余人。

　　中央企业集团及重要子企业规章制度、经济合同、重要决策三项法律审核，比率分别达到99.98%、99.68%和99.6%，企业因自身违法违规引发的重大法律纠纷案件明显减少，企业法律风险防范机制见到了实效。

打造法治央企　不走回头路

"没有一个告状的。"

——2009 年山西等地出台煤矿兼并重组政策后，中煤集团抓住机会进行资源整合。在产权关系复杂、历史遗留问题多、没人愿意出面牵头的情况下，总法律顾问周立涛受托接手。四年间他遇到过说情的，遇到过设陷阱的，遇到过威胁的，先后兼并了 24 家小煤矿。总结工作时，领导跟他说了这样一句话。简简单单一句话的背后是赞许。

"运涛，你先看看吧。"

——中国外运长航总法律顾问杨运涛跟随领导参加国际货运代理组织的会议后，领导递过来厚厚一份涉及欧亚 28 个国家的交通运输通道现状及问题的英文报告，跟他说了这样一句话。简简单单一句话的背后是信任。

"近十年来，中央企业为适应市场化、国际化发展需要，连续实施了法制工作三个'三年目标'，普遍建立了总法律顾问制度和法律风险防范机制，法律管理逐步融入到了企业改制上市、并购重组、投资贸易、科技创新等业务，为中央企业深化改革加快发展发挥了重要的支撑和保障作用。"

——2014 年 11 月召开的中央企业法制工作会议上，时任国资委主任张毅在批示中写下了这样一句话，满含了对中央企业法制工作取得成效的高度肯定。

……

回首往事，许多企业总法律顾问感慨万千。过去，他们凭着热爱怀揣理想，单打独斗，屡屡受挫；如今，他们依然凭着热爱怀揣理想，汇聚成流，润物于细无声处。从试点到三个"三年目标"顺利完成，国资委通过持续的大力推动，开创了企业法制工作的全新大格局。

十二年间，企业依法治企能力显著提升。最主要的体现是各级领导对法制工作的重视程度普遍提升。以前，中央企业年度工作报告上提法律工作的很少，提也就几句话，企业自己的法制工作会顶多是主管副总参加，每年开个会都很难；现在是中央企业"一把手"参加法制工作会很普遍，有的企业甚至班子全体成员都参会。

东航集团总经理刘绍勇直接主管法律工作，他说："在东航，我就管两个人：一个是总法律顾问，一个是总审计师。总法律顾问替我看着不要出事，总审计师替我看看有没有出事。"

时任中国建筑总经理官庆认为："治国无法则乱，治企亦如此。依法治企是企业改革成功的基本保障，是中国建筑实现'最具国际竞争力的中国建筑企业集团'战略目标的重要支撑和推动力量。"

在中航工业董事长林左鸣看来，"市场经济是法治经济，企业经营必须要走上法制化轨道。建设法治央企、法治军工就是要推进依法治理、合规经营，强化法制理念、制度文化，用法治思维和法治方式推动企业发展，确保集团发展战略贯彻落实。"

时任中船集团董事长胡问鸣在集团法制工作会上明确表示："不断增强法制思维、不断完善法律治理、不断提升依法治企能力和水平，不仅是集团公司应对当前面临的错综复杂的困难、问题和风险，深入推进全面转型发展的迫切需要，更是集团公司围绕发展海洋经济、建设海洋强国和强大国防的国家战略，履行好军工央企的责任和使命的基础和保障。"

时任中国铁建总裁张宗言在公司法律合规工作会上直言："上至一个国家，下至一个企业，是'人治'管理还是'法治'管理，不仅体现这个国家和企业的成熟度和治理水平，而且决定着这个国家和企业的发展方向和前途命运。中国铁建六十多年来的发展实践一再证明，只有坚持'依法治企'方针不动摇，才能保证我们的事业焕发持久的生命力！"

……

除了法治意识明显提升，各级企业领导特别是主要领导还带头推进科学决策、依法决策。"决策必问法、违法不决策"、"加强法制工作同样可以创造经济效益"、"守法诚信是企业第一生命、违法经营是企业最大风险"等理念深入人心，法律审核成为董事会决策、管理层议事的必经程序。

工作推进更加有力。企业法制工作呈现出集团系统上下联动的新局面。超过2/3的中央企业领导班子专门开会研究三年目标的落实方案和推进措施。不少企业专门下发文件，明确专项措施，强化子企业一把手责任。超过60%的中央企业将依法治企纳入了对子企业的绩效考核。

企业法律管理也更加规范。中央企业普遍加快完善法制工作制度体系，将三年目标的核心要求固化为企业管理规定，建立了包括合同管理、授权管理、案件管理等专项内容的一整套制度体系。60%的企业建立了法律管理信息系统，运用信息化手段是法律审核成为企业经营管理躲不开、绕不过的刚性约束，实现了法律风险防范的全覆盖。

十余年间，企业法律顾问组织体系不断健全。

中央企业及重要子企业全面建立总法律顾问制度。中央企业全系统建立总法律顾问制度的户数从90余户增加到2584户，38户中央企业将总法律顾问制度写入公司章程，明确了总法律顾问企业高管的定位。中央企业还全部设立了法律事务机构，其中作为一级职能部门的占90%。

通过多年努力，法律顾问队伍从7千人发展至2万余人，涌现出了一批"信得过、打得赢"的法律管理领军人才。他们之中，有一直坚守法律岗位30多年的，有中途从律师、学者、公务员或企业管理岗位加入的，还有开始从事法律工作中途从事管理业务最后归队的。他们以"枪交到手里、就要打十环"的责任心和独立判断的职业素养，支撑起了企业法制工作"一呼百应"的天空。

十余年间，企业法律风险防范机制基本建立。

企业坚持事前防范和事中控制为主、事后补救为辅的原则，逐步将法律风险防范纳入企业日常经营管理的全过程，基本形成了适应业务流程管控的法律风险防范完整链条。

在传统的制度建设、合同管理方面，许多企业逐步建立起了"凡事有章可循、有人负责、有据可查、有人监督"的制度管理体系。不少企业通过标准化、信息化建设，探索实现合同管理的统一归口、统一流程、统一文本、统一平台，实现了对

法律风险的源头控制。在重要经营决策审核方面，很多企业将
"三重一大"制度与重要经营决策法律审核制度有机结合，显
著提高了重要经营决策的合法性、合规性和合理性。

从法律风险防范的结果看，十余年来中央企业资产总额、
营业收入、实现利润成倍增长，但因自身违法违规引发的重大
法律纠纷案件却大幅减少。仅第三个三年目标期间，企业法律
事务机构就为企业避免和挽回直接经济损失近 560 亿元。

十余年间，企业法制工作领域大幅拓展。

企业法律管理通过与经营管理深入融合，工作领域逐步拓
宽至核心业务和境外业务、知识产权业务等。企业改制重组、
上市并购、转型升级、新业务拓展等核心领域，越来越离不开
法律人员的参与。尤其在重大投融资项目、产融结合项目、市
场敏感项目等方面，法律部门逐步建立了较为完备的尽职调查
和审核把关机制。不少企业通过设置境外法律事务机构或法律
顾问岗位，构建了境外法律业务管理体系。法律部门从"救火
队"转身至"防火队"和"参谋部"。

国开投等不少企业法律部门深得领导信任。在集团机构调
整中法律部门力量不仅没有压缩反而得到加强，而且法律部门
在日常业务中与业务部门合作日益深入，逐步形成了合力。这
些都是十年前不敢想象的。

更重要的是，许多中央企业总法律顾问认为，有了这十余
年的基础，中央企业法制工作已经基本实现制度化、体系化。
即使今后外部推动力量有所减弱，企业法制工作也不会走回头
路了。因为，法律人员已经把握了企业内生的法律需求，而且
市场经济的大环境也不允许走回头路。

央企成国家法治建设企业生力军

2014年10月，党的十八届四中全会吹响了全面推进依法治国的新号角。中央企业法治建设又走到了一个新的历史关口。

站在这个新的历史关口回望过去，按照国资委党委的统一部署，在黄淑和的带领下，中央企业法制工作抓住了改革发展的"黄金时代"，顺应了企业市场化进程的管理需求，产生了脱胎换骨的变化。中央企业已经成为国家法治建设的一支重要生力军。

——在国家法治建设中，中央企业是法治经济的践行者。

市场经济就是法治经济，越早在市场中打拼的企业越明白法治的内涵。十余年来，中央企业依托企业法律顾问制度，一手抓依法经营管理、防范法律风险，一手抓规范促进企业改革发展、依法独立决策、公平参与竞争，使企业真正成了合格的市场主体。

同时，中央企业争当模范守法的"企业公民"，传承"重合同、守信用"的契约精神，恪守市场规则，公平参与竞争，依法维护权益，为营造良好的市场秩序、健全完善社会主义市场经济体制贡献了力量，并带动了其他国有企业和其他所有制企业合规经营。

特别在"走出去"国际化经营过程中，中央企业通过法律顾问的积极参与，遵守东道国法律，履行社会责任，自觉依法合规经营，为我国企业树立了良好的国际形象，赢得了国际社会的广泛赞誉。

——在国家法治建设中，中央企业也是法治社会的建设者。

十余年来，中央企业始终是社会主义法治的忠实崇尚者、自觉遵守者、坚定捍卫者，为推进社会多层次多领域依法治理作出了重要示范。中央企业高度重视以法治思维和法治方式作为改进经营管理的重要手段，90%以上的中央企业定期组织开展领导人员集中学法，60%以上的中央企业将依法治企纳入了对子企业的绩效考核，为企业依法治理树立了良好标杆。

中央企业还打造了一支高素质的法治工作队伍。这支队伍活跃在社会、经济领域法治建设的各个方面。目前，国有企业从业的法律顾问超过10万人，其他所有制企业法律顾问队伍也得到快速发展，企业法律顾问与社会律师已经共同成为法治社会建设的重要力量。

十余年来，中央企业还积极参与国家经济法律法规的研究起草，及时将经营发展中遇到的重大问题反映到国家和地方的立法中，为完善中国特色社会主义法律体系作出了积极贡献。

——在国家法治建设中，中央企业还是法治文化的传播者。

十余年来，中央企业始终把全员普法和守法作为企业法治建设的基础性工作，立足企业、面向社会广泛开展法治宣传教育，传播"自觉守法、遇事找法、解决问题靠法"的法治价值观。

对内，中央企业按照"四五"、"五五"、"六五"普法工作要求，紧密结合企业经营管理实际，深入开展内容丰富、形式新颖的企业法治文化建设。全员合规意识逐步融入企业经营管理的方方面面，依法办事成为全体企业员工的行为习惯。

对外，中央企业发挥各自所在行业领域的窗口优势，深入开展"法律进机关、进乡村、进社区、进学校、进企业、进单位"主题活动，通过多种形式，传播法治文化正能量。通过不断努力，不仅自身树立了"责任央企""法治央企"的良好形象，还为提高全民法律意识和法律素质，塑造学法用法的社会环境作出了重要贡献。

站在这个新的历史关口展望未来，国企国资改革已经进入深水区和攻坚区，全面深化改革的艰巨性和复杂性前所未有。中央企业要与世界一流企业同台竞技，面临日益严峻的内外部法律挑战，"走出去"的路也更加艰难曲折。但是，有了法律这把"利剑"在手，企业未来就能更主动地化解矛盾和风险，少走很多弯路。

2014年11月，时任国资委主任张毅在对中央企业法制工作会议的批示中，明确提出"社会主义市场经济本质上是法治经济。中央企业要深入学习贯彻落实四中全会精神，扎实推进法制工作新的五年规划，坚持在法治轨道上深化改革推动发展，进一步强化依法治企、依法经营。企业各级领导干部要带头学法守法用法，不断增强运用法治思维和法治方式推动企业改革发展的能力。"

在这次中央企业法制工作会议上，黄淑和明确提出中央企业法制工作要在顺利完成三个三年目标的基础上，努力实现

"再深化、再提升、再创辉煌"：力争再通过五年努力，进一步深化企业法律风险防范机制、法律顾问制度和法律工作体系建设，进一步提升合规管理能力和依法治企能力，中央企业以总法律顾问为核心的法律顾问队伍全面实现专职化，法律人员配备比例接近国际同行业标准，全部中央企业法制工作达到国内领先水平，三分之一以上企业力争进入世界先进行列，努力为中央企业改革发展、做强做优提供更加坚实的法律支撑和保障。

2015年2月1日傍晚，国资委新闻中心官方微博发布消息，年满60岁的黄淑和不再担任国资委党委副书记、副主任。

虽然这一天早晚会来，但是真的来了，人们仍然有着太多不舍。媒体评价黄淑和——这位对企业法治建设饱含深情的领导时称"这位有着丰富国企、国资管理经验的改革老将，卸任了。"

法治是一个国家走向现代文明的标志。尽管黄淑和主管包括中央企业业绩考核在内的多项重要工作，但从他1993年担任原国家经贸委经济法规司司长、到担任原国家经贸委副主任、再到担任国资委副主任直至卸任，二十多年间对中央企业法制工作始终高度关心、大力支持。他对这项事业的一往情深鼓舞、带动了一大批企业法律顾问勇敢探索，他们是中央企业未来前行的力量和希望。

踏上新的征程，人们记得黄淑和的一句话："我觉得人生并不一定非得要干多少事，但是有一件需要干的、重大的事干成了，就聊以自慰，就是一种莫大的安慰。"

大河奔流，永远向前。

建立总法律顾问制度是
完善社会主义市场经济
体制的时代要求^①

一年多来，我国改革开放和现代化建设取得了新的进展，形势发生了新的重大变化。党的十六大和十六届二中、三中全会专门就完善社会主义市场经济体制，深化国有资产管理体制改革和国有企业改革，出台了一系列重大方针、政策和措施。因此，我们要从新形势、新任务、新要求出发，进一步提高对加快推进国有重点企业总法律顾问制度建设重要意义的认识。

（一）加快推进企业总法律顾问制度建设，是完善社会主义市场经济体制的时代要求

十六届三中全会通过的《中共中央关于完善社会主义市场

---

① 本文节选自国务院国资委副主任黄淑和2004年4月20日在国家重点企业总法律顾问制度试点工作总结会议上的讲话。

经济体制若干问题的决定》，在完善国有资产监督管理体制、深化国有企业改革、建立现代产权制度、建立健全社会信用体系等方面，都对国有重点企业的法制工作提出了新的更高要求。因此，我们必须充分认识企业总法律顾问制度在企业改革和发展中的重要作用，自觉把加快国有重点企业总法律顾问制度的建设，作为适应完善社会主义市场经济体制时代要求的重要内容来认识，作为完善国有资产监督管理体制、深化国有企业改革的重要工作来抓好。

（二）加快推进企业总法律顾问制度建设，是加强国有资产监督管理的迫切需要

党的十六大和十六届二中全会明确了新的国有资产管理体制。在新的国有资产管理体制下，进一步搞好国有企业，推动国有经济布局和结构的战略性调整，发展和壮大国有经济，实现国有资产保值增值，已经成为各级国有资产监督管理机构和国有企业的共同责任和历史使命。去年 5 月，国务院颁布了《企业国有资产监督管理暂行条例》（以下简称《条例》），为国有资产监督管理机构履行出资人职责提供了法律依据。《条例》明确规定，国有企业要建立健全包括总法律顾问在内的企业法律顾问制度。目前，国务院国资委已经制定了《国有企业法律顾问管理办法》，这是认真贯彻落实《条例》的一项重点工作。因此，加快推进企业总法律顾问制度建设，对出资人和所出资企业依法监管和依法经营，依法维护各自的合法权益，

实现国有资产保值增值，都具有重要的意义。

（三）加快推进企业总法律顾问制度建设，是深化国有企业改革的现实需要

国有企业是国民经济的支柱，国有企业改革是整个经济体制改革的中心环节。搞好国有企业改革、发展壮大国有经济，是我们肩负的一项光荣而艰巨的历史任务。当前，深化国有企业改革面临的主要工作是：加快现代企业制度建设步伐，尽快形成规范的法人治理结构；加快股份制改革步伐，尽快使股份制成为国有企业的主要实现形式；加快企业内部改革步伐，进一步转换企业经营机制；加快主辅分离、辅业改制步伐，多种途径分离企业办社会职能。所有这些改革，都必须纳入法制轨道依法推进，都需要充分发挥企业内部法律人即企业法律顾问的作用，从而保证国有企业改革依法继续深化和有效实现目标。

（四）加快推进企业总法律顾问制度建设，是加快国有企业发展、做强做大国有企业的内在要求

做强做大国有重点企业，培育和发展一批具有国际竞争力的大公司大集团，关系到国有经济的影响力、带动力和控制

力，关系到全面建设小康社会目标的实现。按照国务院的要求，在中央企业中要尽快形成 30～50 家具有国际竞争力的大公司大集团。国有重点企业参与国际竞争与合作过程中，必然涉及风险防范和权益保护等。要想有效地防范和化解经营风险，最大限度地维护自身的合法权益，首先就要善于运用好各种法律手段。国有重点企业要想在国内外市场竞争中求得生存和发展，始终立于不败之地，不仅需要在技术、质量、效益等方面尽快缩小与国外大公司的差距，而且还需要尽快完善企业内部的科学决策机制和风险控制机制，尽快提高依法经营管理和依法维护合法权益的能力和水平。一流的企业不仅要有一流的技术和产品，更要有一流的机制和人才。世界一流企业历来都十分重视总法律顾问的作用，据世界大企业联合会的调查，美国 48%、英国 29%、西欧发达国家 21% 以上的企业特别是大企业都设立了总法律顾问。我国目前才刚刚起步，远远低于这个水平。因此，加快推进企业总法律顾问制度建设，是国有重点企业做强做大、参与国际竞争不可或缺的重要手段。

在 2004 年 2 月召开的全国国有资产监督管理工作会议上，国务院国资委主任李荣融同志要求在总结试点经验的基础上，2004 年开始率先在 53 户中央大型企业推行总法律顾问制度。根据新的形势、新的任务，在国有重点企业加快推进企业总法律顾问制度建设的总的指导思想和目标是：以邓小平理论和"三个代表"重要思想为指导，认真贯彻党的十六大和十六届二中、三中全会精神，坚持与时俱进，切实落实依法治国方略，以新的国有资产管理体制改革为契机，争取用 2～3 年的时间，在 53 户中央大型企业和其他具备条件的部分中央企业、部分省属国有重点骨干企业建立总法律顾问制度，并在全部中央企业和省级国有重点企业普遍建立法律事务工作机构，全面推进企业法制建设，大力促进企业依法经营管理，实现国有资产保值增值。

根据这个指导思想和目标，在国有重点企业中加快推进总法律顾问制度建设的基本要求是：

（一）坚持以十六大和十六届二中、三中全会精神来指导和推进企业总法律顾问制度的建设

20 多年来的国有企业改革与发展的实践证明，国有企业要发展就必须深化改革，全面转换经营机制，加快建立现代企业制度，不断提高在激烈的市场竞争中积极应对各种风险和挑战的能力。坚持以十六大和十六届二中、三中全会精神指导国有重点企业建立总法律顾问制度，就是要在更高的层次、更宽的领域、更广的视角上，努力把建立企业总法律顾问制度的工作不断引向深入。最近，中国企业家调查系统组织实施了"2003年中国企业经营者问卷调查"，通过对 3192 位企业经营者的调查，结果显示，在一般价值取向方面，大部分企业经营者希望加强法治、倡导依法经营；在企业经营与发展的价值取向方面，企业经营者关注投资者利益，强调守法经营；在企业角色的价值取向方面，大多数企业经营者认为诚信、守法和创新是企业家最重要的优秀品质。这从一个侧面表明了建立企业总法

律顾问制度已经具有较好的基础。所以，我们一定要通过推行企业总法律顾问制度，着力于建立健全企业控制风险的法律机制，着力于提高企业依法经营管理的能力和水平，着力于依法保障和促进国有经济不断发展壮大，从而努力为国有经济更好地发挥主导作用奠定坚实的法制基础。

（二）紧紧围绕深化国有企业改革和完善国有资产管理体制这个中心环节来推进企业总法律顾问制度建设

按照中央和国务院的部署，我们要用三年左右的时间建立起新的国有资产监督管理体制基本框架，初步形成治理结构完善的现代企业制度。这是一项十分艰巨的任务，极具探索性和挑战性。从加强企业法制工作的要求来讲，就是要以国有资产管理体制改革为契机，在继续深化国有企业改革的工作中，更多地从出资人和所出资企业的角度来完善体制和制度。从出资人的角度看，要探索对国有资产依法进行监管的有效途径，保证国有资本的投资安全，发展和壮大国有经济；从所出资企业的角度看，要依法决策、依法经营，努力创造更好的经济效益，实现国有资产的保值增值。具体到在国有重点企业推行总法律顾问制度的工作，必须着力于建立防范经营风险的法律监督机制，努力做到"三个结合"：一是把推行企业总法律顾问制度与完善法人治理结构、建立现代企业制度相结合；二是把推行企业总法律顾问制度与依法履行出资人职责、维护出资人合法权益相结合；三是把推行企业总法律顾问制度与促进企业依法经营管理、依法维护企业经营自主权相结合。通过建立健全这样的制度和机制，有效解决当前一些国有企业在经营管理、市场竞争中存在的不懂法、不守法、不用法等问题。完善国有资产管理体制和深化国有企业改革，既是国有企业法制建设的新任务和新要求，也是我们推行企业总法律顾问制度的出发点和落脚点。这就要求我们必须紧紧围绕这个中心，勇于探索，大胆创新。只有把握好这个方向，才能保证企业总法律顾问制度建设不断适应新形势，继续取得新成效。

（三）从立足于国内国际两个市场和提高企业核心竞争力的高度来推进企业总法律顾问制度建设

目前我国大企业与国际知名跨国公司相比，还有相当大的差距。其中一个突出表现，就是我们企业内部的法律机制不健全，运用法律手段防范经营风险和维护自身合法权益的能力不强。不少企业在国际市场竞争、应对入世挑战、实施"走出去"战略中因此而付出了高昂的代价。这就要求国有重点企业在利用两个市场、两种资源的过程中，必须抓紧建立健全防范经营风险的法律机制，努力提升运用法律控制风险的能力和水平。国有重点企业要通过总法律顾问的组织和协调，灵活运用合同、知识产权等各种法律手段，努力为企业在市场竞争中争取并巩固技术优势、产品优势和服务优势；要在国际经济交往与合作中，学会并善于运用包括反倾销、反补贴、保障措施、非关税措施在内的多种法律手段，保护自己、发展自己；要依法推进企业改制，加快建立规范的法人治理结构；要依法建立健全规章制度，强化企业内部管理。市场经济是法制经济，作为市场主体的企业在推进企业法制建设过程中，只有不断提高自身依法决策、依法经营管理、依法维护合法权益的能力和水平，才能在市场竞争中从容应对、争取主动，才能通过积极参与市场竞争不断发展壮大自己。

在推进国有重点企业总法律顾问制度的建设中，我们还要紧紧把握好以下四个原则：

一是要把长远目标与近期目标结合起来。我们在试点初期提出了力争"十五"期间，在国家重点企业中有将近80%的企业逐步建立起与现代企业制度相配套的企业总法律顾问制度。现在又根据当前形势变化和试点实际情况提出了新的目标。要实现这些目标，必须以求真务实的态度，从国有企业的实际出发，统筹安排，分步实施，稳步推进，务求实效。要在总结我们自己试点经验和借鉴国外成功经验的基础上，制定切实可行的措施，注意把长远目标和近期目标有机结合起来，扎扎实实地推进企业总法律顾问制度的建设。

二是要把国家有关部门的积极指导与国有重点企业的积极开拓结合起来。搞好国有企业，最终要靠企业自身的努力。推行企业总法律顾问制度，同样要靠我们广大企业的积极开拓和大胆创新。同时，国有资产监督管理机构和有关部门要从政策层面上来加强指导和推进，为企业做好服务，并创造必要的条件和保障。发挥好企业和部门这两个积极性，凝聚好企业和部门这两种力量，企业总法律顾问制度建设步伐就会大大加快。

三是要把重点突破与整体联动结合起来。率先在 53 户中央大型企业推行总法律顾问制度，是下一阶段中央企业法制建设的工作重点。地方国资委特别是省级国资委也应当根据所监管企业的情况，选择一部分地方国有重点骨干企业率先推行总法律顾问制度，作为自己的工作重点。其他中央企业和省属国有重点企业要积极创造条件，在各级国资委的指导下有序推进。推行企业总法律顾问制度，以点带面，"母子"联动，是这次试点过程中不少企业摸索总结出的一条成功经验。因此在推行企业总法律顾问制度的工作安排上，既要注意抓好重点突破，又要注意抓好整体联动。

四是要把总法律顾问的"三个到位"与企业法律顾问的队伍建设结合起来。总法律顾问制度是企业法律顾问制度的核心。为了充分发挥好其核心作用，应当做到总法律顾问的岗位到位、权利到位、责任到位。同时又要从科学的人才观出发，切实加强企业法律事务机构和法律顾问队伍的建设，充实企业法律顾问队伍，提高企业法律顾问的业务素质，注重法律人才的梯队培养和使用，逐步在企业中形成一支以总法律顾问为核心，以法律顾问为基础，素质高、能力强的专门人才队伍，扎实落实中央提出的人才战略。

建立健全法律风险防范机制是企业风险管理的最基本要求①

企业风险按照不同的属性具有多种类型。从企业作为独立法人实体的角度看，我们认为企业风险主要有自然风险、商业风险和法律风险等。其中前两种风险分别是以不可抗力和市场因素为特征的，而法律风险是以势必承担法律责任为特征的。市场经济就是法制经济，作为市场经济主体的企业必须依法经营管理、依法开展各种经济活动，这是对企业最基本的要求。企业的各种行为如改制、并购重组、对外投资、契约合同和产销行为等都存在不同程度的法律风险，因此任何企业都要重视风险、防范风险、化解风险。法律风险一旦发生，企业自身难以掌控，往往带来相当严重的后果，有时甚至是颠覆性的灾难。所以说，建立健全法律风险防范机制，是加强企业风险管理最基本的要求。

---

① 本文节选自国务院国资委副主任黄淑和2005年3月18日在国有重点企业法律风险防范国际论坛上的讲话。

　　重视和加强法律风险防范，是企业适应市场竞争环境变化的客观需要。进入 21 世纪，在经济全球化的背景下，企业可以在更大的范围和更广的领域合理配置资源，但市场竞争也将更加充分和空前激烈。实践表明，经济全球化越加剧，市场竞争越激烈，企业面临的法律风险就越大，就越有必要建立健全企业法律风险防范机制。随着中国社会主义市场经济体制的逐步完善和我国加入世界贸易组织，中国企业面临的市场竞争环境变得更为复杂。国内外市场正在逐步走向融合，市场竞争规则越来越规范和透明，跨国公司战略发展加速向中国转移，企业间并购重组活动日益频繁，中国企业利用两个市场、两种资源的市场竞争压力将越来越大。中外企业成败的经验和教训证明，市场竞争环境的变化，既可能给企业带来更加丰厚的竞争回报，也可能给企业带来更多潜在的法律风险。因此，重视和加强企业法律风险防范，是中国企业适应市场环境变化，争取市场竞争优势的一项基础性工作。

　　重视和加强法律风险防范，是深化国有资产管理体制改革的迫切要求。中国政府十分重视国有资产管理体制改革。国务院国资委的成立和《企业国有资产监督管理暂行条例》的颁布，标志着中国国有资产管理体制改革进入了一个新的历史阶段。国务院国资委成立至今，已公布了包括《企业国有产权转让管理办法》、《中央企业负责人经营业绩考核暂行办法》、《中央企业内部审计管理暂行办法》、《国有企业法律顾问管理办法》在内的 11 个部门规章和 30 多件规范性文件，为国资委依法履行出资人职责提供了规范依据和行为准则，对推进中央企业改革和发展起到了重要的引导、规范和保障作用。实践证明，建立健全国有资产监管体系，保障企业国有资产的安全，实现国有资产保值增值，必须重视和加强法律风险防范，充分发挥法律监督的事前防范、事中控制和事后补救的作用，从而保障国有资产管理体制改革的顺利推进。

重视和加强法律风险防范，是国有企业自身改革和发展的重要保障。国有企业是中国国民经济的支柱。近几年来，国有经济迅速发展，国有企业改革取得了新的进展，股份制改革和现代企业制度建设继续推进，国有企业战略性改组逐步加快，国有企业改制和国有产权转让进一步规范。2004 年，国有企业特别是中央企业呈现出销售收入快速增长、利润大幅度提高、资产质量不断改善的良好态势。据统计，2004 年，全国国有及国有控股工商企业完成销售收入 7.15 万亿元，同比增长 26%；实现利润 5311 亿元，同比增长 42.5%。根据财务快报，截至 2004 年 12 月底，中央企业在全面清产核资后资产总额达 9.19 万亿元，比上年同期增长 12.3%；2004 年中央企业销售收入 5.5 万亿元，同比增长 25.8%；实现利润 4785 亿元，同比增长 57.6%。同时，我们也应当看到，国有企业改革发展的任务还十分艰巨，现代企业制度建设步伐有待进一步加快，企业法人治理结构还需要进一步完善，国有资本运营效率还需要进一步提高，国有资产的安全还存在一定的隐患。所有这些问题的解决，客观上要求我们必须继续深化改革，加快建立规范的法人治理结构，重视提高防范和化解法律风险的能力和水平。

重视和加强法律风险防范，也是国有企业加快实施"走出去"战略的现实需要。近几年来，中央企业进一步实施"走出去"战略，积极参与国际经济技术交流与合作，一方面不断拓展自身的业务领域；另一方面也促进了被投资国的经济发展。目前，中央境外企业和中央企业所属二级以上境外子企业693户，中央企业境外单位资产总额6299亿元，净资产2870亿元，所有者权益2264亿元，职工人数21万人，其中中方职工15万人。随着中国进一步扩大对外开放和积极实施"走出去"战略，中国国有企业对外投资将逐步扩大，中央企业驻外机构和境外企业会越来越多。因此，了解和熟悉被投资国的法律环境，依法加强对驻外机构和境外企业的管理，重视和加强法律风险防范，是摆在中央企业面前的一个现实而又紧迫的课题。

总之，面对当前的新形势、新任务和新要求，我们必须高度重视企业法律风险防范机制的建立和完善，注意借鉴国外知名跨国公司、大公司好的做法和经验，及时总结二十多年来我们企业加强法律风险防范的实践经验，不断提升我们企业防范和化解法律风险的能力和水平，从而进一步提高我们企业在国内市场和国外市场的竞争力。当前，就中国国有重点企业来说，要重点做好以下五项工作：

一是建立健全法律风险防范机制，必须强化风险意识。强化法律风险意识是识别风险、化解风险的前提，也是建立健全法律风险防范机制的思想基础。美国通用电气公司原总裁杰克·韦尔奇在回答别人问他最担心什么时说："其实并不是GE的业务使我担心，而是有什么人做了从法律上看非常愚蠢的事而给公司的声誉带来污点并使公司毁于一旦。"随着我国国有资产管理体制改革的不断深化和完善，我们的企业家必须具有强烈的法律风险意识。要认识到，法律风险一旦发生，会给企业带来严重的后果，但事前是可防可控的，因而一定要抓紧强化防范工作。

二是建立健全法律风险防范机制，必须完善工作体系。据统计，国务院国资委成立至 2004 年年底，中央企业报请国务院国资委协调的法律纠纷案件达 146 起，涉及中央企业 131 家，直接涉案金额 199 亿元，间接涉案金额已超过 450 亿元。这些法律纠纷案件产生的原因虽然错综复杂，但企业内部责任不清、决策草率、制度不健全、监管失控、法律审核把关不严等，是其中的一个重要原因。所以，建立健全法律风险防范机制，要与加快建立现代企业制度、完善法人治理结构有机结合起来，使法律风险防范成为企业内部控制体系的重要组成部分。要紧紧围绕企业生产经营、改革发展的中心任务，深入分析企业面临的法律风险源，强化企业各部门、各岗位的职责，建立法律事务部门与各业务部门的联动机制。2005 年 1 月 20 日，国务院国资委以第 11 号令的形式对外公布了《中央企业重大法律纠纷案件管理暂行办法》。中央企业要按照该《暂行办法》的规定，加快完善重大法律纠纷案件的防控、处理和备案机制。要建立起由企业主要负责人统一负责，企业总法律顾问或分管有关业务的企业负责人分工组织，企业法律事务机构具体实施，有关业务机构相互配合的重大法律纠纷案件管理工作体系。

三是建立健全法律风险防范机制，必须加快以企业总法律顾问制度为核心的企业法律顾问制度建设。改革开放 20 多年来，特别是 1997 年由国家人事部、原国家经贸委、司法部联合发文，建立企业法律顾问执业资格考试制度以来，中国企业法律顾问制度建设取得了较快发展，目前全国企业法律顾问队伍已超过 10 万人。2004 年 5 月，国务院国资委公布了第 6 号令《国有企业法律顾问管理办法》，进一步明确规定了国有重点企业应当建立健全以企业总法律顾问制度为核心的企业法律顾问制度。截至 2004 年年底，53 户中央大型企业实行总法律顾问制度户数已由 2004 年初的 14 户增加到 23 户，占 43.4%，其他中央企业有 9 户实行了总法律顾问制度。178 户中央企业中有 105 户设立了专门的法律事务机构，比例由 2004 年初的 51.53% 提高到 59%。178 户中央企业全系统共有企业法律事务工作人员 8700 名。各地方国资委也在积极推动地方国有重点企业加快建立健全企业法律顾问制度。尽管如此，中国企业法律顾问制度建设与国外特别是欧、美等国家相比还存在较大的差距。在 178 户中央企业中，大多数企业法律顾问专业人才相对短缺，还有 41% 的企业未设立法律事务机构，有的中央企业连一名专职的法律顾问都没有。国务院国资委提出，力争通过 3 年的努力，在所有中央企业和地方国有重点企业都建立健全法律事务机构，其中在 53 户中央大型企业还要实行企业总法律顾问制度。这是建立健全法律风险防范机制重要的组织保障。各中央企业和地方国有重点企业要将贯彻落实《国有企业法律顾问管理办法》与国务院国资委提出的 3 年目标有机结合起来，自觉地把建立健全企业法律顾问制度作为强化企业管理的一项重要工作来抓，努力把法律风险防范和法律审核把关工作渗透到企业生产经营、改革发展的各个环节中去。国务院国资委将进一步加强对这项工作的指导和推动。

四是建立健全法律风险防范机制，必须突出工作重点。法律风险防范涉及企业经营管理、战略发展的各个方面。其中合同是企业经营行为中最基本的法律文本，加强合同管理是防范企业法律风险的基础性工作，要建立以事前防范、事中控制为主，事后补救为辅的合同管理制度。随着知识经济社会的不断发展，知识产权已日益成为企业重要的经营资源。近年来，中央企业普遍加大了知识产权开发和管理的力度，专利和注册商标申请量逐年增加，2001～2004年，专利申请量年均增长24.2%，注册商标申请量年均增长25.4%。但目前还有不少企业尚未建立知识产权法律风险防范机制，科研开发与知识产权管理、技术创新与依法保护明显脱节。因此，知识产权保护应当成为建立健全法律风险防范机制的一项重点工作，要努力改变重发明轻专利、重运用轻保护的现状。各中央企业和地方国有重点企业要带头遵守世界贸易组织《与贸易有关的知识产权协议》和中国知识产权的法律法规，加强对专利信息的检索，避免因侵犯他人知识产权而给企业带来法律风险，抓紧建立健全知识产权纠纷处理机制。在投融资决策、对外收购股权，特别是涉及期货等高风险业务领域，要依照法律规定，完善管理制度，严格授权程序，切实加强监督。

五是建立健全法律风险防范机制，还应当重视加强中外企业间的交流与合作。下一步，国务院国资委将进一步促进中国企业与国外同行的沟通和交流，加强与全球企业法律顾问协会的合作，强化中国企业总法律顾问的专业培训，组织国有重点企业总法律顾问和法律事务机构负责人赴国外考察、学习，指导6个省（市）国资委做好地方国有重点企业法律顾问制度建设的试点工作，为进一步拓宽中国企业界的视野和不断完善中国企业法律风险防范机制而提供良好的外部条件。

加强法律顾问制度建设是
企业"依法为本"的基础^①

20 多年来，伴随我国改革开放的历史进程，企业法律顾问制度建设从起步、发展到规范、提高，走过了一段相当艰苦的发展过程，目前已具备相当规模并日趋完善。企业法律顾问制度已逐渐成为中央企业依法决策、依法经营管理的重要制度保障，成为现代企业制度的有机组成部分。当前，进一步加强中央企业法律顾问制度建设，对于进一步推进中央企业改革发展和做强做大中央企业，具有十分重要的意义。"小智做事，大智做人，睿智立法"，对国家而言就是要立法先行，对企业而言就是要依法为本。各中央企业要牢固树立依法办事的意识，坚决克服对企业法律顾问制度"说起来重要，忙起来忘掉，干起来丢掉"的错误做法，进一步提高对加强企业法律顾问制度建设的认识，认真开展企业法律顾问工作，努力提高企业依法经营、依法决策、依法管理的能力和水平。

---

① 本文节选自国务院国资委副主任黄淑和 2006 年 4 月 28 日在中央企业法律风险防范机制建设工作会议暨中央企业总法律顾问培训班上的讲话。

要按照中央企业法制建设三年目标，进一步加快推进企业总法律顾问制度建设。53户中央大型企业中，目前尚未建立总法律顾问制度的企业要尽快建立这项制度，已经建立总法律顾问制度的企业要对照"总法律顾问岗位到位、法律事务机构到位、总法律顾问职责到位，企业依法决策、依法经营管理和依法维护合法权益的规章制度健全，企业依法办事水平和国际竞争力得到提高"的总体要求，进一步完善这项制度。企业总法律顾问岗位的定位是制度的安排和要求，不能因人而异、因人设岗，而应因岗选人、因岗赋权、因岗定责。目前不少中央企业的总法律顾问还是兼职的。对这个问题，我们的意见是：如果兼职者具有较高的法律素质，可以实行兼职；如果兼职者不具备法律素养条件，短期内可以这样过渡一下，但从长期来看这样做显然不适应形势发展的要求，因此原则上应该分设。

进一步推进以总法律顾问制度为核心的企业法律顾问制度建设，必须认真落实企业总法律顾问和法律顾问的各项职能。总法律顾问的职责应当是直接向法定代表人或企业主要负责人负责，根据授权全面领导本企业的法律事务。在总法律顾问履行职责的条件上，要保证其作为决策成员出席企业办公会议以及其他涉及重要经济活动的决策会议。总法律顾问对企业重大决策涉及的法律事项，要敢于并善于提出正确的法律论证意见，这是对企业负责，也是对国有资产负责。企业法律顾问是为企业提供全方位法律服务的专门人才，应当积极履行法律咨询服务、法律审核把关、法律监督管理的基本职责。所有中央企业都要认真贯彻《国有企业法律顾问管理办法》，保证企业法律顾问享有企业经营业务的知情权和法律审核权，努力为企业法律顾问履行职责创造良好的环境。

　　建立健全法律风险防范机制是适应中央企业改革发展和加强国有资产监管要求开展的一项重要工作，必须重视发挥企业法律顾问的重要作用。企业法律风险防范机制建设要形成由企业决策层主导、企业总法律顾问牵头、企业法律顾问提供业务保障、全体员工共同参与的法律风险责任体系。要通过规章制度来规范各部门、各岗位在法律风险防范中的职责，共同对法律风险实行全程监控和全程管理。要通过识别和评估法律风险，来确定对法律风险的应对措施并组织实施。对此，企业法律顾问应当提供专业支持，在防范和控制法律风险中起到重要作用，以此保证企业的研发生产、基础管理、对外投资、合同交易、市场拓展、劳动用工等各项活动都能严格依法运转。

　　李荣融同志在中央企业人才工作会议上指出，当前重点是抓好出资人代表、经营管理人才、科技人才、思想政治工作者和高技能人才五类人才队伍的建设。企业法律顾问是企业经营管理人才的重要组成部分，也是建立企业法律风险防范机制的专业队伍保障。中央企业要注重创造有利于优秀法律顾问脱颖而出和充分发挥法律顾问作用的用人环境，努力造就一支学法懂法的经营者队伍、专业化高素质的总法律顾问队伍、懂法律懂管理的复合型法律顾问队伍，培养一批熟悉资本运作、公司改制、环境保护、劳动就业、知识产权、外经外贸等专业领域知识的专家型法律人才。要鼓励企业员工积极参加全国企业法律顾问执业资格考试，建立企业法律顾问后备人才队伍。要建立各种激励机制，充分调动企业法律顾问的积极性。

依法保障中央企业
又好又快发展^①

  企业总法律顾问制度是市场经济走向成熟的必然产物，也是现代企业制度的重要内容。按照中央关于依法治国、建设社会主义法治国家的要求，四年多来，国务院国资委和中央企业从国资监管和国企改革发展实际出发，大力推进企业总法律顾问制度建设，促进企业依法经营、依法决策，有效防范各类法律风险，取得了积极进展和明显成效。

  企业负责人和广大职工的法律意识普遍增强。中央企业是国民经济的重要支柱和中坚力量，承担着重要的社会责任，其中最重要的是要带头遵守国家的法律法规，依法维护市场经济秩序，做依法经营管理的表率。国资委成立四年多来，加快构建国有资产监管法规体系，努力做到依法履行出资人职责。与此相适应，中央企业积极贯彻依法治企的基本要求，进一步加快企业法律风险防范机制建设，守法意识、风险意识和维权意

---

  ① 本文节选自国务院国资委副主任黄淑和2007年6月2日在《经济日报》发表的署名文章。

识得到增强，依法经营、诚信经营的合规文化逐步形成，并产生了良好的社会影响。

以总法律顾问制度为核心的企业法律顾问制度建设得到明显推进。2004 年下半年，国务院国资委提出中央企业法制建设 3 年工作目标，即通过 3 年的努力，所有中央企业都要设立法律事务机构，其中 53 户大型中央企业还要普遍建立企业总法律顾问制度。截至目前，158 户中央企业设立法律事务机构的有 130 户，占 82.3%；其中 53 户大型中央企业有 44 户建立了总法律顾问制度，占 83%。中央企业系统从事法律事务工作人员已超过 1 万名。

企业法律事务工作逐步走上以防范为主的规范化管理轨道。中央企业法律顾问制度经历了起步、发展、规范、提高四个阶段，目前已经成为企业的一项重要管理制度。企业法律事务工作逐步实现了从事后补救型向事前防范型转变、从咨询服务型向审核把关型转变、从具体事务型向参谋助手型转变、从封闭被动型向开放互动型转变。在中央企业积极实施"走出去"战略过程中，企业法律事务部门不断拓宽法律工作领域，规范国际化业务的法律论证，在并购重组、股权转让、知识产权管理、反倾销、反补贴和保障措施等新业务领域取得了突破。

企业法律风险防范机制逐步建立。加强法律风险防范是企业风险管理的一项重要内容，近年来已引起中央企业的普遍重视。如中国石油天然气集团公司将法律审核把关作为经营决策前的必经环节，明确规定重大合同、涉外合同未经法律部门的审核把关，一律不得报送企业领导人审签；中国移动通信集团公司强化各类合同的法律审核和规范管理，制定并推广各类合同示范文本，避免了因合同条款违规违法引起的法律风险。目前，中央企业因自身违规失误导致的重大法律纠纷案件明显下降，生产经营管理活动中的法律风险得到有效控制。四年多来，经过国资委和中央企业的共同努力，一批过去发生的对中央企业影响严重、涉案标的巨大的法律纠纷案件得到了妥善解决，共计挽回或避免直接经济损失近 80 亿元。

企业知识产权工作迈出新步伐。依法建立健全企业知识产权管理制度是企业法律顾问工作的一项重要内容。随着中央企业知识产权意识不断增强，已普遍认识到自主知识产权和知名品牌能够为企业带来巨大的竞争优势和经济效益。企业技术创新投入逐渐加大，企业拥有的自主知识产权明显增加。2000～2006 年，企业发明专利申请和授权持续 7 年快速增长；2003～2006 年，158 户中央企业申请和授权专利量年均增长超过 35％。许多中央企业重视知识产权法律保护，建立了保密管理、竞业禁止等一系列知识产权管理制度；成立了知识产权管理机构，落实了知识产权管理职责，并将知识产权管理与企业科研、生产、经营等各个环节有机结合起来。企业知识产权工作的加强，有力地促进了中央企业的科技创新。2006 年，中央企业获得国家科技进步奖唯一的特等奖；获得一等奖 5 项，占该奖项总数的 46％；获得二等奖 52 项，占该奖项总数的 30％。2005 年，国务院正式启动国家知识产权战略研究制定工作，明确由国资委牵头研究制定"企业知识产权战略和管理指南"。国资委组织 30 多家中央企业和大专院校的领导、专家和骨干人员近 200 人参与研究，取得重要成果。

加快推进企业总法律顾问制度建设，是依法治国、建设社会主义法治国家的必然要求，也是中央企业进一步深化改革、增强企业核心竞争力的迫切需要。当前，中央企业股份制改革和现代企业制度建设正在加快，企业法人治理结构正在完善，企业重组、结构调整和"走出去"战略等正在实施，所有这些都迫切需要通过进一步加强企业法制工作来支持、规范和保障，以使中央企业的改革和发展更加稳妥、健康地向前推进。

牢固树立企业法制建设的三种理念。一是"市场竞争、法律先行"的理念。企业对每一项市场行为都必须事先做好法律论证，发挥好法律部门的审核把关作用。二是"依法经营、依法管理"的理念。企业的研发生产、基础管理、对外投资、合同交易、市场拓展、劳动用工等各项活动都必须严格依法运转。三是"加强企业法制同样可以创造经济效益"的理念。企业通过建立健全法律风险防范机制，堵塞法律漏洞，有效避免各种损失，实际上就是为企业创造经济效益。

努力实现企业总法律顾问制度建设三年目标。尚未建立法律事务机构或总法律顾问制度的中央企业，要在今年内建立起这项制度；已经建立总法律顾问制度的中央企业，要对照"三个到位、两个健全、两个提高"的总体要求，进一步完善这项制度。国资委在今年年初印发了《关于进一步加快中央企业以总法律顾问制度为核心的企业法律顾问制度建设有关事项的通知》，对尚未建立总法律顾问制度或法律事务机构的中央企业提出了明确的时间要求。同时，国资委正在组织有关中央企业第二批向社会公开招聘总法律顾问。国资委明确要求，在今年年底前仍未建立总法律顾问制度或法律事务机构的中央企业，今后如发生重大法律纠纷案件，致使国有资产造成重大损失的，要按照有关规定切实追究企业经营者的领导责任。

全面落实企业总法律顾问和法律顾问的工作职责。中央企业要认真贯彻《国有企业法律顾问管理办法》，保证企业总法律顾问和企业法律顾问各项工作职责的落实，其中最基本的是要保证其享有企业重大经营活动的知情权和法律审核权。在总法律顾问履行职责的条件上，要保证其能够出席为做好法律审核把关工作所需要出席的企业办公会议以及其他涉及重要经济活动的决策会议。总法律顾问对企业重大决策涉及的法律事项要敢于并善于提出正确的法律论证意见，一方面要对企业违反法律法规和国家政策的经营决策敢于说"不"字；另一方面，也要学会说"可"字，即要善于帮助企业决策者找出法律法规和政策允许范围内可行的办法。

充分发挥总法律顾问在企业法律风险防范机制建设中的重要作用。企业法律风险防范机制建设要形成由企业决策层主导、企业总法律顾问牵头、企业法律顾问提供业务保障、全体员工共同参与的法律风险责任体系。对此，企业总法律顾问应当重点发挥好三项作用：一是围绕企业发展方向和战略转型，结合企业主业及所在行业特点，明确企业各个岗位的风险源点和法律风险防范的重点环节。二是组织制定务实可操作的法律风险防范对策，抓紧完善企业各项规章制度，引导企业经营管理的规范化运作。三是认真抓好企业规章制度的执行和重点环节的法律审核把关工作，努力在企业营造"有章可循、有章必循"的良好法制环境。

大力加强企业法律顾问人才队伍建设。企业法律顾问是企业经营管理人才的重要组成部分，也是建立企业法律风险防范机制的专业队伍保障。中央企业要注重法律人才的梯次培养和使用，加强企业法律顾问的专业培训，开展多种形式的交流学习，开阔企业法律顾问的国际视野，为提高企业法律顾问整体素质创造条件，逐步在企业中形成一支以总法律顾问为核心的专业化高素质的法律专门人才队伍。

强化企业知识产权管理
提高企业核心竞争力①

进入 21 世纪，世界经济加速向知识化、全球化方向发展，技术创新和知识产权日益成为国际竞争的焦点。我国经济经过 20 多年的改革开放取得了举世瞩目的成就，但是经济增长中科技含量低、产业国际竞争力弱、企业自主知识产权少的问题仍很突出。党中央、国务院在综合分析国际竞争态势和我国经济发展状况的基础上，做出了实施国家知识产权战略、建设创新型国家的重大决策，明确提出"要加快建立以企业为主体、市场为导向、产学研相结合的技术创新体系"，"要形成一批拥有自主知识产权和知名品牌、国际竞争力较强的优势企业"。中央企业作为我国国民经济的中坚力量和参与国际竞争的主力军，必须努力把握知识产权工作面临的国际国内形势，切实按照中央要求进一步加强知识产权工作。这是实施国家知识产权战略、增强国家竞争力的必然要求，也是中央企业自身发展和

---

① 本文节选自国务院国资委副主任黄淑和 2007 年 9 月 27 日在中央企业知识产权工作会议上的讲话。

做强做大所面临的重大战略任务。

（一）加强中央企业知识产权工作，是增强国家竞争力、应对新一轮国际竞争的战略选择

多年来，发达国家为保持和提高国际竞争优势，一方面纷纷制定和实施国家知识产权战略，积极推动企业技术创新和知识产权创造应用；另一方面，积极运用知识产权国际规则，加大本国知识产权的国际保护力度，抢占并控制相关领域的科技制高点，巩固其在全球市场中的垄断地位。目前，发达国家的研发投入已占世界各国的86%，掌握了90%以上的发明专利和98%的技术转让许可收入。发达国家较强的竞争力，集中体现在其拥有一批具有较高知识产权水平的大型企业。德国的经济规模和国家竞争力之所以能在欧洲首屈一指，就在于德国大型企业的国际竞争力很强。据了解，德国西门子、奔驰、博世等10家大企业申请的欧洲专利占德国企业申请总量的比重高达2/3。从我国企业发展状况看，目前能集中体现我国经济技术实力和国家竞争力的主要还是中央企业。近年来，中央企业取得了一批具有较大国际影响的重大科技成果，如"神五"、"神六"载人航天飞行的圆满成功，"歼十"飞机的成功研制，三峡工程的成功建设，青藏铁路的成功通车等，这充分证明中央企业完全有能力进行自主创新，在关键领域取得自主知识产权。因此，中央企业一定要从实施国家知识产权战略、提高国家竞争力的高度，进一步增强做好知识产权工作的紧迫感，在

参与国际竞争中发挥主力军作用。

（二）加强中央企业知识产权工作，是推进我国产业结构优化升级、保持经济持续快速发展的重要途径

改革开放以来，我国经济一直保持了快速增长的发展势头。从1978年到2006年的28年间，国内生产总值从3600亿元增长至21万亿元，增长了近57倍，位居世界第四；进出口总额由206亿美元增长至1.76万亿美元，已成为世界第三大贸易国。我国制造业规模已位居世界第三位。但是，我们必须清醒地看到，在我国经济增长过程中，科技进步的贡献率还很低，目前只有40%左右，不仅明显低于发达国家70%左右的水平，也低于印度、巴西等发展中国家的水平。企业缺乏自主知识产权、缺乏核心技术、缺乏知名品牌的问题十分突出。资源、环境、生态的约束在不断加大。从我国经济的长远发展看，这种发展模式将严重制约我国经济社会的持续协调发展，严重影响我国产业结构的进一步优化升级和国际产业分工地位的提升。而且，随着国际产业集中度提高和我国市场开放提速，我国产业安全和经济安全问题也日渐突出。目前，国外跨国公司已经开始凭借其资金、技术和品牌优势，对我国装备制造业等一些重要行业的骨干企业进行并购重组与合资控股，将国内一部分产业的龙头企业纳入其全球产业链，进而逐步吞噬国内部分企业的自主知识产权和知名品牌，最终控制国内部分

产业发展的主导权。对这种趋势和动向,我们要予以高度关注。中央企业大都是行业排头兵,控制着国民经济的命脉,肩负着发展我国民族产业和维护产业安全的历史重任。未来我国经济能否实现又好又快发展、能否在经济全球化形势下保证国家经济安全,在很大程度上将取决于能否造就出一批掌握核心技术和自主知识产权、站在国际产业发展前沿的中央企业。因此,中央企业一定要大力加强知识产权工作,在带动我国产业结构优化升级、提升我国国际产业分工地位、维护国家产业安全中发挥重要作用。

(三) 加强中央企业知识产权工作,是企业自身生存发展和做强做大的迫切需要

在市场经济条件下尤其是经济全球化背景下,知识产权就是市场,就是利润,就是核心竞争力。哪个企业拥有自主知识产权,哪个企业就能掌握市场竞争的主导权,就能在激烈的市场竞争中发展壮大。据了解,国际商用机器公司 (IBM) 连续多年在美国专利授权中名列第一位,日本佳能公司、韩国三星电子近几年也都在美国专利授权中占有重要地位,这些跨国公司正是依靠其拥有的数目可观的知识产权,奠定了其在全球市场竞争中的优势地位。中央企业的直接竞争对手主要是国外跨国公司,但是与国外跨国公司相比,我们一些企业在技术创新和自主知识产权方面的差距非常明显,企业大而不强、核心技术和关键产品依赖进口、知识产权受制于人的问题十分突出。

截至 2006 年年底，所有中央企业累计拥有专利 3.8 万项，还
赶不上国外一些大的跨国公司一家企业拥有专利的数量。在这
种差距面前，我国部分企业的经营发展不得不面临很大的压力
和冲击，不得不付出沉重的代价。比如，由于国外通过知识产
权设置贸易壁垒，我们不少企业的产品难以走出国门，只能在
国内销售；由于缺少核心技术专利，我们一些企业不得不将每
部国产手机售价的 20%、计算机售价的 30%、数控机床售价
的 20%～40% 支付给国外专利持有者；我国服装出口占世界服
装贸易额的 24%，但自主品牌不足 1%，相当一部分出口产品
是属于贴牌生产或来料加工，盈利空间很小；入世以来，我国
企业因知识产权纠纷引发的经济赔偿已经累计超过 10 亿美元，
2006 年我国企业因国外技术贸易壁垒造成的损失高达 360 亿美
元。因此，中央企业一定要认清当前国际竞争态势，切实增强
危机感和紧迫感，努力依靠自主创新和自主知识产权在做强上
下功夫，逐步缩短与国外跨国公司的差距。

（四）加强中央企业知识产权工作，是更好地实施"走出去"战略的重要举措

改革开放头 20 年，我国实施"引进来"战略，尤其通过
引进国外先进技术，有效地弥补了我国经济发展的技术缺口。
从 1998 年开始，我国逐步实施"走出去"战略，部分中央企
业面对全球范围内的资源、人才、技术、产品和服务的激烈市
场竞争，已经走出国门，开拓市场空间，获取国际资源，国际

竞争力在逐步提高。截至 2006 年，4 家在港澳的中央企业和其他中央企业在境外投资设立的境外单位共有 3717 户，中央企业境外单位资产总额 11570 亿元，净资产 4606 亿元。但是，由于缺乏自主知识产权和知名品牌，"走出去"的中央企业主要集中在石油、矿业、建筑等资源采掘型或劳动力密集型领域，与发达国家的跨国公司相比，国际竞争能力和投资效益一直处于弱势地位。而且，由于不了解知识产权国际规则，中央企业涉外知识产权法律纠纷也呈不断上升趋势。在当前复杂的国际背景下，知识产权纠纷往往与国际贸易问题乃至政治问题紧密联系在一起，如果处理不好，不仅影响企业的自身发展，而且影响我国的国际形象。因此，中央企业在"走出去"过程中，必须将创造自主知识产权与尊重他人知识产权有机结合起来，为更好地实施"走出去"战略打下坚实的基础。

今后一个时期中央企业知识产权工作的指导思想和总体目标是：以邓小平理论和"三个代表"重要思想为指导，深入贯彻落实科学发展观，适应国有经济布局结构调整和国有企业又好又快发展的要求，将企业的知识产权工作与企业改革、机制创新相结合，与结构调整、产业升级相结合，与企业开拓市场、经营发展相结合，与技术创新、提升自主开发能力相结合，全面实施知识产权战略，以创造为核心，应用为关键，管理与保护为基础，大力增强中央企业核心竞争力，努力打造一批拥有自主知识产权和知名品牌、国际竞争力较强的大公司大集团。

当前，中央企业知识产权工作要着力抓好以下五个重点：

（一）全面启动中央企业知识产权战略研究制定工作

企业知识产权战略既是企业经营发展总体战略的有机组成部分，又是国家知识产权战略的微观基础。进一步加强知识产权工作，应当将企业知识产权战略的研究制定放在首位。要充分借鉴"企业知识产权战略和管理指南"的研究成果，学习国内外先进企业好的做法和经验，抓紧制定和完善本企业的知识产权战略。一要准确把握知识产权战略目标。要紧紧围绕中央企业布局结构调整和产业优化升级的任务，将知识产权战略定位在增强自主创新能力、做强做大中央企业上。二要明确知识产权战略重点。目前，中央企业国有资产总额的80%以上集中在军工、能源、交通、重大装备制造、重要矿产资源开发等领域，国务院国资委已经确定了153户中央企业的主业。中央企业知识产权战略一定要适应国家要求和企业发展需要，针对有关重点领域、重要产业的技术特点和发展趋势，结合本企业主业的实际，明确企业知识产权战略的重点，找准企业知识产权工作的突破口。三要落实知识产权战略任务。要通过实施知识产权战略，着力提升中央企业"四种能力"，即加快提升企业原始创新、集成创新和引进消化吸收再创新的自主创新能力，加快提升企业知识产权成果产业化的转化应用能力，加快提升企业运用知识产权提高产品和服务市场占有率的竞争能力，加快提升企业依据法律法规和国际规则尊重和保护知识产权的战略管理能力。

（二）加大中央企业自主创新和知识产权创造的力度

创新是知识产权的源泉，知识产权为持续创新提供动力。中央企业要进一步加大自主创新和知识产权创造的力度，争取在较短时间内取得更多的重大创新成果。一要重视将中央企业的科研优势、技术优势转化为知识产权优势。目前中央企业已经拥有包括企业独立设置的或者与科研机构、高等院校共建的各类技术研发机构 476 家；拥有各类技术人员 161 万人，占中央企业职工总数的 15%。大部分中央工业企业建立了国家级研发机构，有的企业还组建了研究院、博士后科研工作站和国家重点实验室等。我们要充分发挥中央企业科研机构具有的学科比较配套、领域相对完整、科技人员集中、科研成果丰富、实验设施齐备的优势，通过加强企业知识产权的创造，取得更多更好的知识产权成果。二要突出中央企业知识产权创造的重点。在国家"十一五"规划的 14 项重大科技专项与重大科技基础设施项目中，中央企业直接参与了 12 项；在国家科技发展规划纲要确定的未来 15 年 11 个国民经济和社会发展的重点领域中，中央企业承担了一大批需要加快突破的重大关键技术项目。在"纲要"重点安排的近期可能获得技术突破的 68 项优先主题中，与中央企业相关的有 54 项。因此，中央企业知识产权创造工作一定要突出上述重点，尽快采取有力措施实现重点突破。与此同时，要注意形成一批具有自主知识产权和产业竞争优势的核心技术、主要产品和服务，加快促进相关产业的优化升级，使中央企业自主创新和知识产权创造优势转化为产业优势和市场竞争优势。三要加强创新成果的知识产权确权工作。要充分运用知识产权法律制度，将创新成果以适当的知识产权形式加以确认，以防止自主知识产权的流失和被侵害。

（三）加快中央企业知识产权创新成果产业化的应用步伐

知识产权成果必须立足于商品化、产业化。中央企业是自主创新和知识产权创造的主体，更是知识产权应用的主体。中央企业规模比较大、生产能力比较强，承担着我国原油、天然气和乙烯的主要生产任务，提供了全部的基础电信服务和大部分增值服务，生产的高附加值钢材约占全国的60%，发电量约占全国的55%。因此，加快知识产权成果的推广应用，对中央企业来说意义尤为重大。一要努力提高核心技术领域的专利实施率。中央企业要立足于市场需求和产业优化升级，加快核心技术专利的实施步伐，通过知识产权成果的广泛应用，加快提升中央企业的竞争能力和整体素质。二要加强本企业内部及中央企业之间的合作与联合。要通过组建技术联盟和知识产权联盟，共同实施知识产权成果，有效解决上中下游产业技术与服务的配套，形成合理的产业链和市场营销的群体优势。三要重视产学研的结合。要实现中央企业、高等院校和科研机构三方人力、物力、财力的最佳组合和技术资源的优化配置。对于科研机构已经开发并已取得专利的技术成果，凡具有市场潜在价值的，企业可以直接购买，并利用自身优势和条件尽快将专利成果转化为现实生产力。四要适时开展知识产权投资和许可证贸易。要以科学的知识产权价值评估为前提，鼓励知识产权成果的资本化运作，重视开展专利、商标以及非专利技术等的转让和许可。五要主动参与国内外行业标准的制定。要及时将拥有自主知识产权的核心技术和关键技术上升为国家标准和国际标准，主动取得标准制定的话语权。

（四）加快打造中央企业知名品牌

品牌是现代企业提升核心竞争力的重要标志，也是自主创新和知识产权的集中体现。我国经济的持续快速增长，为中国品牌的崛起提供了难得的机遇。中央企业近年来快速健康发展的良好态势，既为打造中央企业知名品牌创造了条件，又对中央企业打造品牌提出了迫切要求。因此，中央企业一定要结合知识产权工作，树立强烈的品牌意识，高度重视知名品牌的创建。一要以创建知名品牌为目标，以自主知识产权为支撑，大力实施品牌战略。二要加强知识产权战略与品牌战略的有机结合和相互促进。通过自主知识产权的创造与应用打造企业的知名品牌，通过自主知识产权的管理与保护维护和提升知名品牌的价值。三要适应国际竞争和"走出去"战略的需要，通过持续创新和长期维护，努力将知名品牌推向国际，逐步改变一些企业单纯贴牌生产的局面。四要围绕企业品牌法律地位的确立，及时、规范地进行商标、商号的注册和企业商誉的保护，充分运用法律武器保护品牌成果。

（五）进一步强化中央企业知识产权管理与保护

在企业知识产权创造和应用过程中，中央企业一定要重视企业知识产权的管理与保护。一要加强日常管理，发挥中央企业作为大公司、大集团的整体优势，抓好企业内部知识产权资源的优化配置，推动知识产权由分散管理转向集中管理。二要突出重点环节，重点抓好企业技术研发、成果转化、产品制造和市场营销等过程中的知识产权管理和保护工作。三要加强企业重组、改制、合资合作、对外投资等重大事项的知识产权法律审核，重视权属界定，依法保护和维权，有效避免侵权。四要特别重视"走出去"过程中的知识产权管理与保护工作，学习和研究有关国际条约、协定和国外法律，注意国外同行业相关知识产权信息的跟踪和查询，切实防止企业海外投资、跨国并购、国际项目合作、工程承包以及劳务合作等环节的知识产权流失，扎实做好涉外知识产权侵权和法律诉讼的防范工作。

市场竞争无情　必须遵从法律①

当前，国际国内市场环境正在发生深刻变化，我国法治环境正在加快完善，中央企业改革调整处于攻坚阶段。面对新形势新任务，中央企业改革发展涉及的法律事务日趋复杂艰巨，企业法制工作面临的挑战也越来越多。

（一）经济全球化和当前世界经济形势变化，对中央企业依法开展国际化经营提出了严峻挑战

近年来，中央企业融入经济全球化进程不断加快，境外上市、境外并购、企业"走出去"、引进战略投资等国际投资行为越来越多，全球范围内整合资源、人才、技术、产品等跨国经营行为逐步全方位展开。在国际投资和跨国经营过程中，不

---

① 本文节选自国务院国资委副主任黄淑和 2008 年 5 月 13 日在中央企业法制工作会议上的讲话。

可避免地会遇到大量的法律事务，涉及复杂的国际规则。稍有不慎，就可能卷入涉外法律纠纷，造成重大资产损失，甚至引发企业危机。据有关资料显示，中央企业近年来涉及的境外反垄断、反倾销、反补贴、知识产权、产品质量、食品安全、劳动用工、环境保护、安全生产等方面的法律案件，已经呈现出明显上升的趋势。当前，世界经济正进入新一轮调整期，失衡加剧，增速放缓，美国次贷危机影响蔓延，美元持续贬值，全球经济不确定因素在逐步增加。西方国家出于政治经济考虑，很可能更加频繁地滥用知识产权、技术标准、反倾销反补贴等措施，打压国内企业，中央企业涉外诉讼因此也会进一步增多。"不谋全局者不足以谋一域"。面对复杂多变的世界经济形势和世界一流跨国公司的激烈竞争，中央企业必须立足国际竞争，高度关注和研究国际规则和国外政策法规的调整动向，综合施策，趋利避害，加快提高依法整合利用全球资源的能力，确保在法律规则提供的框架内有效实施国际化经营战略。那种"规则不清主意多、事情不明决心大"的盲目蛮干，不仅难以在激烈的国际竞争中取胜，而且很有可能在国际竞争中被淘汰出局。

（二）国家法治环境不断完善，正对中央企业经营管理产生广泛深刻的影响

近几年来，随着社会主义市场经济不断发展，利益结构正在发生深刻变化，各方面的利益调整和法律诉求不断体现到相

关立法之中。其中，与中央企业密切相关的《公司法》、《证券法》、《物权法》、《劳动合同法》、《反垄断法》、《企业破产法》等一系列法律相继出台，正对中央企业经营管理产生广泛深刻的影响。如按照新《公司法》规定，需要对国有独资一人公司进行变更调整和加强规范；按照《劳动合同法》规定，需要对企业各种用工形式进行规范和调整等。同时还要注意到，按照深入贯彻落实科学发展观和构建和谐社会的要求，当前企业安全生产、环境保护、节能减排、产品质量等方面的标准日趋规范严格，行政执法力度正在进一步加大。日趋严格的法律环境，直接影响着中央企业的内部管理秩序和对外经营活动，需要我们从法律层面加强研究，提高企业依法经营管理水平。

（三）中央企业改革调整工作全面展开，对中央企业规范改制、依法调整提出了更高要求

国有企业改革是一场深刻的社会变革，涉及方方面面的利益调整和制度创新，既需要国家通过立法予以规范、引导和保障，也需要企业依法进行、规范运作。这是 30 年来国有企业改革经验的总结，也是当前进一步深化国有企业改革的迫切需要。中央企业能否依法处理好改革调整面临的法律问题，直接决定着中央企业改革发展的进程和成效。比如，推进中央企业公司制股份制改革，开展规范的董事会试点，完善法人治理结构，需要依照《公司法》规定，理顺国资委与企业董事会、董事会与经理层的关系，使试点措施和试点成果最终上升为制度

规范；当前中央企业下属企业通过改制重组，企业活力和效率不断提高，但同时经营风险也在逐步上升，需要中央企业严格依照《公司法》规定，加强对下属企业的管理控制，处理好"母子公司关系"或"总分公司关系"，依法规范地对子公司行使股东权；优化企业布局结构，加快企业整体上市，转让或并购企业国有产权，需要我们掌握《证券法》有关规定或上市地监管规则，处理好权利义务承继关系；加快中央企业主辅分离、辅业改制，需要严格依照法律程序，依法妥善处理分离人员的劳动关系等。

（四）实现企业持续快速发展，对中央企业依法加强内部制度建设提出了新的课题

加强企业内部制度建设，是国内外成功企业在复杂多变的市场环境中实现长期稳定发展、逐步做强做大的重要经验。忽视制度建设，则是不少企业昙花一现、难以逃脱"三十年河东、三十年河西"命运的深刻教训。正反经验教训反复证明，企业管理成在"规制"，败在"人治"。目前，中央企业大多处在投资高峰期和体制调整期，投资规模不断扩大，产业链条不断延伸，层级愈加复杂，企业管理难度和经营风险越来越大。而国际国内市场环境瞬息万变，法律环境约束逐步加强。相比之下，不少中央企业的内部制度建设与此还不相适应，制度不健全、管理不规范、靠人治靠个人权威管理企业的现象仍然屡见不鲜，企业内部财务管理、成本管理、质量管理和安全

生产管理等还存在不少漏洞，对外投资、研发生产、合同交易、劳动用工等方面的法律纠纷时有发生，有的甚至造成国有资产流失。中央企业要在复杂多变的市场环境中实现稳健发展，必须严格按照法律法规规定，结合企业自身实际，重视抓好中央企业规章制度建设，建立健全内部管理秩序，进一步完善全系统管控的各项制度，并不折不扣地贯彻落实好。

总之，市场竞争无情，必须遵从法律。面对新形势新挑战，中央企业必须进一步增强以下法制理念。一要牢固树立"市场竞争，法律先行"的理念。要充分研究市场竞争的法律环境，严格进行决策的法律把关，把法律风险防范工作摆到重要位置。二要牢固树立"依法经营，依法管理"的理念。无论是内部管理，还是市场经营，都要依法管理，按规经营。三要牢固树立"加强企业法制工作同样可以创造经济效益"的理念。堵塞法律漏洞，防范法律风险，避免资产损失，实际上就是创造了经济效益。四要牢固树立"守法诚信是企业第一生命，违法经营是企业最大风险"的理念。中央企业要走得快，走得好，走得远，就要当好重信守诺的表率，当好依法经营的表率，立足长远发展，打造百年老店。

今后三年，是中央企业改革发展的关键时期。根据党中央和国务院的要求，要加快推进国有企业公司制股份制改革，优化国有经济布局结构，增强国有经济的活力、控制力和影响力，到2010年要基本完成国有企业战略性调整和改组，建立比较完善的现代企业制度，打造一批拥有自主知识产权和知名品牌、国际竞争力较强的优势企业。中央企业法制工作必须以中国特色社会主义理论和党的十七大精神为指导，深入贯彻落实科学发展观，紧紧围绕企业又好又快发展的目标任务，在完成前三年工作目标的基础上，按照"深化工作，提高水平"的总体要求，再上新台阶新水平。

今后三年中央企业法制工作的总体目标是：以建立健全企业法律风险防范机制为核心，力争到 2010 年在中央企业及其重要子企业全部建立总法律顾问制度，企业规章制度、经济合同和重要决策的法律审核把关率达到 100%，因违法经营发生的新的重大法律纠纷案件基本杜绝，历史遗留的重大法律纠纷案件基本解决，企业法制工作在提高企业市场竞争力和发展壮大具有国际竞争力的大公司大集团中的保障促进作用得到进一步发挥。实现中央企业法制工作新的三年目标，要切实抓好以下重点工作：

一是加强法制宣传教育，进一步创建企业合规文化。企业法制宣传教育既是国家普法工作的重要组成部分，也是培育企业合规文化的重要基础。中央企业要根据"五五"普法规划，按照新的三年目标要求，创新普法方式，把日常经营管理涉及的法律法规和本企业法律风险管理制度作为普法培训的重要内容。要将法律学习纳入本企业党委（党组）中心组学习的内容，形成企业负责人定期学法制度。要把增强法制意识、提升法律素养作为评价企业负责人素质的重要内容。要定期组织法律轮训，促进"法律进决策、法律进业务、法律进部门、法律进班组"，使法制宣传教育工作经常化、固定化、长期化，为培育和构建企业合规文化、提升中央企业软实力奠定坚实基础。

二是全面落实企业法律事务机构职能，实现法律顾问队伍的专业化。进一步加强中央企业法律顾问队伍建设，是实现新的三年目标的重要组织保障。要力争到 2010 年年底，中央企业及其重要子企业法律事务机构作为独立职能部门的比例达到70% 以上。要实现法律顾问队伍的专业化，结合国资委刚刚公布的《国有企业法律顾问职业岗位等级资格评审管理暂行办法》，加强专业培训，提高执业水平，不断增强企业法律顾问队伍的整体素质，努力造就一支既懂法律又懂经营管理的复合型人才队伍。到 2010 年年底中央企业总法律顾问专职率达到70%；中央企业全系统法律人员中具有企业法律顾问执业资格的比例达到 70%。

三是依法完善企业规章制度，进一步夯实企业管理基础。规章制度建设是实现企业可持续发展的重要基础，也是实现新的三年目标的制度保障。中央企业要分析总结企业发展中面临的新情况新问题，进一步加强规章制度建设，规范企业决策、经营管理的各种行为。要加强对企业规章制度的法律审核把关，充分发挥法律事务工作机构在企业规章制度制定、实施过程中的审核、协调、统筹作用，保障企业规章制度的依法合规、科学高效。要重视提高规章制度的执行力，结合企业内控体系建设，落实规章制度要求，加大制度实施的监督力度，维护制度的严肃性。

四是以全面实施企业总法律顾问制度为重点，进一步创新企业法律管理模式。增强中央企业集团的控制力，必须依法提高集团公司对下属企业的管控能力。要通过实行中央企业总法律顾问制度，加快完善企业集团公司全系统法律管理体系，建立上下联动的法律工作机制。要进一步指导和推动下属企业法制工作，完善以事前防范、事中控制为主，事后补救为辅的法律管理制度，推进法律工作管理信息化建设，强化对重要子企业重大事项的法律监控。要加快推行集团公司总法律顾问领导下的多层次的法律顾问工作体系建设，优化整合中央企业系统内部法律资源，形成团队优势，建立健全企业重大法律问题"集体会诊、集体论证"制度，逐步形成全系统、大范围、广覆盖的法律工作网络。要鼓励探索中央企业集中管理与条块管理相结合的法律工作管理模式，从体制机制上逐步解决法律业务和人员管理分散、法律工作缺乏统筹的问题。

五是以企业合同和重要经营决策的法律审核为基础，进一步完善企业法律风险防范机制。加强对企业合同和重要经营决策的法律审核把关，是有效防范企业法律风险的必然要求，也是新的三年目标的重要内容。要根据《国有企业法律顾问管理办法》规定，赋予总法律顾问和法律事务机构应有的地位和职责，进一步发挥企业法律顾问制度在重要经营决策、企业合同中的审核把关作用。要进一步健全和完善企业重要经营决策会议纪要制度，规范决策程序，保证总法律顾问参加企业重要经营决策会议，保证企业作出重要经营决策须有法律审核意见，努力在决策层面上筑起法律的防火墙。要全面实行企业法律意见书制度，完善企业法律顾问全程参与企业重要经营活动的法律审核机制，把好重要合同的"签约、履行、维权"关，切实解决合同管理中"重订立轻履行、重实体轻程序、重业务轻法律、重效率轻安全"等问题。要加强合同管理基础工作，全面建立合同管理信息系统，积极推广合同范本，规范合同审查标准，提高合同审查质量。

六是加强企业知识产权的依法管理和保护，进一步提高中央企业核心竞争力。中央企业要认真贯彻实施《国家知识产权战略纲要》，充分借鉴和吸收《企业知识产权战略与管理指南》研究成果，完善知识产权依法管理和保护的机制和制度。要提高知识产权的维权意识和水平，充分运用知识产权法律制度，加强创新成果的法律保护，着力推进企业品牌建设，通过形成自主知识产权维护和提升企业品牌价值。要积极参与国内外各类标准的制定，及时将拥有自主知识产权的核心技术上升为国家标准和国际标准，主动取得标准制定的话语权。要加强企业重组改制、合资合作、对外投资、人才流动等领域的知识产权法律保护，防止知识产权流失。积极应对知识产权法律诉讼，依法维护企业自身合法权益。

七是加强境外国有资产监管，依法保障企业实施"走出去"战略。贯彻实施"走出去"战略，发展壮大具有国际竞争力的大公司大集团，必须高度重视对境外国有资产的规范和监管。要适应中央企业对外经济交流合作不断扩大，对外投资日益增加的形势需要，在"走出去"之前做好法律论证工作，认真研究投资和贸易所在国家和地区的法律环境，熟悉和了解世贸组织规则及有关国际条约。要充分利用所在国的法律资源，实现境内外法律资源的有机结合，不断增强应对涉外诉讼、国际贸易摩擦与争端的能力。要强化对境外企业的法律监管，依法规范对外经营行为，积极防范"走出去"过程中的法律风险，努力保障境外国有资产安全。

八是以重大法律纠纷案件的防控和处理为抓手，切实堵住企业国有资产流失的漏洞。加强重大法律纠纷案件管理是控制企业法律风险的最后一道屏障。中央企业要进一步贯彻落实《中央企业重大法律纠纷案件管理暂行办法》，切实加强重大法律纠纷案件管理。要建立中央企业重大法律纠纷案件的预警机制，实行动态监控，定期对企业系统内发生的重大法律纠纷案件进行会诊，分析发案原因和趋势，提出有效应对措施。要加快解决历史遗留的重大法律纠纷案件，深入分析案件发生的政策历史背景，加强与司法机关和有关政府部门的沟通与协调，共同探索案件解决的有效途径。要落实重大法律纠纷案件的责任追究制度，对疏于法律风险防范、发生重大法律纠纷案件、造成重大经济损失的，必须依法追究相关人员的责任，坚决杜绝因严重违规发生新的重大法律纠纷案件。要完善中央企业重大法律纠纷案件备案制度，督促子企业及时上报重大法律纠纷案件，集团公司定期向国资委备案。

守法诚信成为中央企业
"软实力"的重要标志①

市场经济就是法治经济。近几年来,国务院国资委高度重视中央企业法制建设,围绕打造具有国际竞争力的大公司大集团的目标,指导推进中央企业进一步拓展和深化企业法制工作,在促进企业依法经营管理、规范企业改制上市和调整重组、加大企业知识产权管理保护力度、加强重大法律纠纷案件管理等方面,取得了明显成效,守法诚信已经成为体现中央企业"软实力"的重要标志。

一、中央企业法制工作在企业改革发展中的保障促进作用进一步显现

2004 年 4 月国资委提出国有重点企业法制建设三年目标

---

① 本文节选自国务院国资委副主任黄淑和 2008 年 7 月 22 日在《经济日报》发表的署名文章。

后，中央企业高度重视，紧密结合自身的实际，认真加以贯彻落实。截至 2007 年年底，150 户中央企业中，已有 146 户设立了法律事务机构，占 97.3%；另有 4 户因规模较小、机构调整等暂未设立法律事务机构，但配备了专职法律顾问；53 户大型中央企业按照国资委要求全部建立了总法律顾问制度，中央企业法制工作三年目标基本实现。经过国资委和中央企业的共同努力，目前中央企业法律顾问组织体系基本建立。截至 2007 年年底，中央企业及其重要下属企业实行总法律顾问制度的户数达到 629 户；三级以上企业设立独立法律事务机构的户数达到 1769 户；中央企业全系统法律工作人员达到 14308 人，比 2004 年年底增长了 49%。国有重点企业法制建设三年目标的基本实现和企业法律顾问组织体系的基本建立，为中央企业依法推进各项改革调整、树立守法诚信的良好形象、实现又好又快发展奠定了坚实的法制基础。

三年来，中央企业注重在经营活动中发挥法律审核把关和决策参谋作用，逐步实现法律事务机构对经营业务的全过程参与，中央企业活力和竞争力得到进一步增强。一是企业坚持用制度来管人、管事、管资产，高度重视规章制度的法律审核把关工作。据统计，2005～2007 年，中央企业总部经法律事务机构审核的规章制度已达 12626 件。二是企业领导高度重视重大决策过程中的法律审核把关。三是企业合同管理进一步加强，合同法律审核把关率大大提高，为企业经营堵塞了大量的法律漏洞。据统计，2007 年中央企业通过法律审查的合同近 370 万份。

中央企业股份制改革不断深入，整体改制、整体上市步伐不断加快，企业法制工作服务于企业改制上市和调整重组，中央企业各项改革得以顺利推进。企业法制工作在推进中央企业重组上市、提高上市公司质量等方面发挥着越来越重要的作用。中国中铁在境内外整体上市过程中，充分发挥法律部门的作用，依法解决了职工持股会、工商变更登记、土地房屋确权等疑难问题。东方电气集团在主业资产整体上市方案的策划和实施过程中，让法律部门牵头解决了换股要约收购中的诸多法律难题，创造了证券市场的"东电模式"。宝钢通过总法律顾问对公司资产转让、兼并破产等重大决策进行法律前置审核，保证了公司决策层直接获得法律风险防范建议。

中央企业紧紧围绕增强企业核心竞争力，不断加强企业知识产权依法管理与保护工作，为打造拥有自主知识产权和知名品牌的大公司大集团奠定了基础。2007年，中央企业共申请专利21374项，同比增长45.4%。中央企业在2007年国家科技进步奖中，获得了唯一的特等奖；获得一等奖5项，占该奖项总数的46%；获得二等奖52项，占该奖项总数的30%。许多中央企业积极运用法律手段，加强商标管理，注重提升企业品牌价值。2001年以来，中央企业商标申请量年均增长25%。

许多中央企业进一步完善企业法律纠纷案件管理制度，积极运用法律手段，妥善协调处理了一批重大法律纠纷案件，避免和挽回了企业重大经济损失，为维护国有资产安全、防止国有资产流失作出积极贡献。据统计，2005～2007年，中央企业法律事务机构处理的各类法律纠纷案件达6.4万件，避免和挽回经济损失705亿元。截至2007年年底，国资委帮助中央企业协调处理重大法律纠纷案件 227 起，为企业避免和挽回直接经济损失近 120 亿元。

二、中央企业法制工作提出
今后三年新目标

今后三年，是中央企业改革发展的关键时期。中央企业法制工作今后三年的总体目标是：以建立健全企业法律风险防范机制为核心，力争到 2010 年在中央企业及其重要子企业全部建立总法律顾问制度，企业规章制度、经济合同和重要决策的法律审核把关率达到 100%，因违法经营发生的新的重大法律纠纷案件基本杜绝，历史遗留的重大法律纠纷案件基本解决，企业法制工作在提高企业市场竞争力和发展壮大具有国际竞争力的大公司大集团中的保障促进作用得到进一步发挥。

加强法制宣传教育，进一步创建企业合规文化。中央企业要根据"五五"普法规划，把日常经营管理涉及的法律法规和本企业法律风险管理制度作为普法培训的重要内容。要将法律学习纳入本企业党委（党组）中心组学习的内容，并定期组织企业全员法律轮训，促进"法律进决策、法律进业务、法律进部门、法律进班组"，为培育和构建企业合规文化、提升中央企业软实力奠定坚实基础。

全面落实企业法律事务机构职能，实现法律顾问队伍的专业化。力争到 2010 年年底，中央企业及其重要子企业法律事务机构作为独立职能部门的比例达到 70%；中央企业总法律顾问专职率达到 70%；中央企业全系统法律人员中具有企业法律顾问执业资格的比例达到 70%。

依法完善企业规章制度，进一步夯实企业管理基础。要加强对企业规章制度的法律审核把关，充分发挥法律事务工作机构在企业规章制度制定、实施过程中的审核、协调、统筹作用。要重视提高规章制度的执行力，结合企业内控体系建设，加大制度实施的监督力度。

以企业重要经营决策和合同的法律审核为基础，进一步完善企业法律风险防范机制。要进一步健全和完善企业重要经营决策会议纪要制度，规范决策程序，保证总法律顾问参加企业重要经营决策会议，做到"决策先问法，违法不决策"。要全面实行企业法律意见书制度，把好重要合同的签约、履行、维权关。加强合同基础管理工作，全面建立合同管理信息系统，积极推广合同范本。

加强企业知识产权的依法管理和保护，进一步提高中央企业核心竞争力。中央企业要认真贯彻实施《国家知识产权战略纲要》，完善知识产权依法管理和保护的机制和制度。要提高知识产权的维权意识和水平，加强创新成果的法律保护，着力推进企业品牌建设，通过形成自主知识产权维护和提升企业品牌价值。

以重大法律纠纷案件的防控和处理为抓手，切实堵住企业国有资产流失的漏洞。中央企业要进一步贯彻落实《中央企业重大法律纠纷案件管理暂行办法》，建立中央企业重大法律纠纷案件的预警机制，实行动态监控。要加快解决历史遗留的重大法律纠纷案件，深入分析案件发生的政策历史背景，加强与司法机关和有关政府部门的沟通与协调，共同探索案件解决的有效途径。

关于"后危机时代"
加强中央企业法制
工作的五个问题^①

结合当前中央企业法制工作面临的新形势、新任务和新要求，我提出一些重点问题，和大家一起来思考和研究。

（一）如何积极应对"后危机时代"对中央企业法制工作提出的新挑战

今年以来，我国经济企稳回升势头逐步增强，总体形势积极向好。尽管国际金融危机还没有完全过去，不确定因素还很多，但是机遇与挑战并存，世界各国都已经开始积极谋划"后危机时代"的经济发展。对于企业而言，危机之初，关键是树立信心；危机之中，关键是危机管理和应对；危机之后，关键

---

① 本文节选自国务院国资委副主任黄淑和 2009 年 11 月 30 日在中央企业法制工作研讨会上的讲话。

是如何打造新的竞争优势。我预测,"后危机时代"很可能出现三大显著变化:一是经济发展模式的变化;二是市场竞争层面的变化;三是相关制度规则的变化。对此,中央企业要予以高度关注,要通过体制、机制、技术和管理的进一步优化和创新,提高在全球经济中的市场适应能力和竞争能力。这是中央企业应对"后危机时代"的重要任务,同时也对中央企业法制工作提出了新要求和新挑战。

一是金融市场的监管更为严格,法律的保驾护航作用更加凸显。从法律角度来看,国际金融危机暴露的一个突出问题是金融监管乏力,经济自律缺失,虚拟经济脱离实体经济。当金融杠杆作用被过分夸大时,交易双方的风险分担往往极不合理。目前,各国已普遍开始致力于加强对信贷、证券和金融衍生品交易监管制度的完善,许多国际大公司大集团也纷纷强化本企业在信用市场和资本市场交易活动的法律风险控制。随着中央企业优质资产向所控股上市公司的不断集中,上市公司在金融证券市场的各项活动对中央企业的影响更加举足轻重,其中的法律风险防范将尤为重要。

二是行业整合、并购重组活动日益频繁,尽职调查、法律审核的广度和难度不断增加。随着全球产业升级和结构调整力度不断加大,有人称"并购黄金时代"已经到来。中央企业基于产业投资的战略考虑,利用金融危机中资产价格下降的有利契机,海外并购步伐进一步加大。同时,中央企业在国内也不断推进强强联合、上下游整合等多种形式的联合重组。据统计,2008年中央企业国内外并购总计达到423起。并购重组活动的大量增加,要求企业一方面要防止一味注重规模扩张或者盲目做大,另一方面要加强对投资所在地政策法律的深入了解和所兼并企业的权属、债务、担保等调查,绝不能在"并购潮"过后留下法律隐患。

三是在国家刺激经济的大环境下,企业投资力度加大,法律风险防范更不容忽视。为应对国际金融危机,国家出台了一系列刺激经济增长的政策措施,中央企业抓住机遇,在国家基础设施投资中获得了不少订单,同时企业信贷资金也比较充足,项目投资力度明显加大。危机过后,需要高度关注在投资过程中可能出现的重复建设、产能过剩等问题,对投资项目相关方履约能力要进行持续跟踪,做好企业投资法律风险分析,制订风险防范预案,确保投资回报和资产安全。

四是国际市场从产品、服务竞争向技术竞争转变,知识产权管理与保护工作更加重要。当前,国外跨国公司都力图以科技创新和产品创新优势,通过运用知识产权国际规则,频繁发起对发展中国家企业的知识产权诉讼,加快抢占"后危机时代"市场竞争的主动权。我国制造业尽管在全球市场的份额不少,但大多位于全球价值链的低端,核心技术和知识产权主要掌握在跨国公司手中。这就要求中央企业要高度重视制定实施企业知识产权战略,积极运用知识产权法律手段保护自身科技成果,大力提高知识产权管理水平,积极应对日益增多的涉外知识产权法律纠纷。

五是国际贸易保护主义抬头,应对反倾销、反补贴调查形势严峻。在国际金融危机情况下,许多国家为扶持本国产业、刺激经济发展,往往更多地采取贸易保护措施,且花样翻新,颇具隐蔽性。我国作为世界第三大贸易实体和第二大出口国,已成为发达国家采取贸易保护措施的主要对象。据商务部统计，2008 年我国遭遇反倾销、反补贴调查案件总数分别占全球的 35% 和 71%。今年 1～10 月，我国遭遇的反倾销、反补贴调查已分别达到 65 起和 13 起，频率之高、强度之大，超过以往任何国家，其中钢铁、铝制品、轮胎、纺织品等行业更为突出。面对国际贸易保护主义的巨大压力，中央企业对外贸易中的前期法律风险防范和法律论证将尤为重要，应对反倾销反补贴调查的任务将更为复杂繁重。

六是新能源经济、低碳经济快速发展，企业经营需要更多关注环境资源等方面的法律规制。美国、日本等发达国家在危机中纷纷提出了"绿色新政"，把清洁能源、低碳经济作为新的经济增长点。今年 6 月美国通过《清洁能源与安全法案》，以主张"碳关税"这一环境壁垒形成对发展中国家的制约，试图在国际贸易和国际产业分工中进一步争取主动。从我国来看，资源瓶颈和低碳经济发展滞后已对工业化进程形成双重约束，国家相关法律法规正在加快健全完善。国际贸易中的环境壁垒制约和国内法律监管的加强，需要企业在对经营决策和项目合同的法律审核中，高度关注环境保护、资源开发利用等方面的法律规制。

（二）如何正确把握和有效满足中央企业改革发展中的内在法律需求

中央企业经过多年改革，已经作为独立的市场主体和法人实体，完全置身于市场化、全球化和法治化的经营发展环境，其内在法律需求不仅客观存在，而且正在不断增长。如何正确把握和有效满足这种法律需求，是对中央企业法制工作提出的一个新课题。实践中，一些企业法制工作已经开始从事务型向管理型转变，有的则还处于法律顾问"找事做、等活干"的状态。这种工作进展的不平衡，实际上反映了企业把握内在法律需求能力的不同。

随着中央企业改革发展的不断深入，无论企业改制上市、调整重组还是跨国经营等，都蕴藏着大量的法律需求。例如，中央企业经过公司制股份制改革，在多元股东持股的情况下，如何规范行使股东权、向所出资企业派出股东代表、维护股东权益，如何理顺集团公司与整体上市公司的关系等问题，亟待从法律角度开展前沿研究，并依法制定和完善企业内部相关制度。在加快建立规范的董事会工作中，如何规范董事会与股东会、监事会、经营管理层之间的权责，充分发挥其科学决策、防控风险的作用，需要深入研究并执行好《公司法》、《企业国有资产法》等相关法律规定。在加快整体改制上市、整合控股上市公司等工作中，如何处理好国有产权变更、权利义务承继等问题，需要熟悉掌握《证券法》有关规定和上市地监管规则。在中央企业参与国内外并购、做强做大过程中，如何通过市场手段依法运作，既应对好反垄断调查，又学会运用反垄断法律武器打破国外竞争对手的市场垄断，需要进一步加强对《反垄断法》的深入研究。在中央企业实施"走出去"战略，境外投资大幅增加的形势下，如何加强对境外机构、离岸公司和投资项目的有效监管，确保境外国有资产安全，需要根据国内、国外不同政策和法律，制定和完善企业各项控制约束的监管制度。

在中央企业加强管理、持续发展过程中，也同样蕴藏着许多法律需求。例如，在人力资源管理方面，如何按照《劳动合同法》及相关分配制度规定，对企业各种用工形式、薪酬分配等进行依法规范和调整。在履行社会责任方面，如何健全完善节能减排、安全生产的相关规章制度；如何依法规范企业对外捐赠行为。在企业管理信息化、网络化方面，如何应对现代化管理手段所带来的电子合同管理、商业秘密保护等新的法律问题。在企业信息公开方面，针对全社会对国有资产经营管理关注度日益升高的新情况，如何依法公开企业相关信息，防范企业信誉危机，维护企业自身形象与合法权益，等等。这些法律需求如果把握不住、处理不好，就有可能引发法律风险，不仅导致企业和相关个人承担法律责任，而且还会引发企业经营管理的重大危机。

所以，善于挖掘并充分满足企业内在法律需求，在很大程度上决定着企业法制工作的成败。对这个问题，一定要给予高度重视。

（三）如何加快促进法律管理与企业经营管理的有效融合

对企业经营发展各种法律事务和法律风险的判断和处理，是现代企业管理的重要内容。促进法律管理融入企业经营管理，既是提升企业法制工作水平的重要手段，同时也是实现企业管理现代化的一个重要标志。据了解，目前有一些中央企业特别是一些子企业，在管理制度和机制设计上，至今仍没有将法制工作考虑进去，法律部门仍然游离在外，遇到法律诉讼案件后才安排法律部门牵头处理；一些企业在签署重大项目协议的最后一刻，才送到法律部门进行审核；有的企业在从事金融衍生品等高风险业务时，事前未经法律审核把关，面临重大损失时才想到法律部门。这些现象说明，少数中央企业的法律管理与经营管理仍然存在着"两张皮"，这对中央企业的稳健发展是极为不利的。

加快促进法律管理与企业经营管理的有效融合，并不会给企业增加多少成本，只会给企业带来良好效益。实践证明：加强合同法律管理，减少合同法律纠纷损失；加强企业重大决策法律把关，防止发生重大决策失误；运用知识产权法律手段，加强自主创新技术和产品的保护等，都可以为企业创造价值和带来效益。

当前，加快促进法律管理与企业经营管理的有效融合，需要着力推进企业法律风险防范机制建设。这是促进两者有效融合的基本途径。例如，许多中央企业通过经营管理流程再造，吸收法律部门参与前期审核，使法律审核成为企业管理和决策的重要一环；通过明确企业各部门、各岗位在法律风险防范中的职责，并进行全程管理和监控，使法制工作全面渗透到企业生产经营的各个环节。这些经验表明，企业法律风险防范机制的健全完善，可以有力地促进法律管理与经营管理的有效融合。最近，国资委对中央企业新三年目标进展情况进行了通报,在法律审核把关率达到"三个100%"要求中,企业对实现重大决策法律审核的比率打分最低;个别企业尽管自评分很高,但仍然存在因自身失误所引起的重大法律纠纷。我们对这些问题的解决,既有利于进一步完善企业法律风险防范机制,又有利于促进法律管理与企业经营管理的有效融合。

加快促进法律管理与企业经营管理的有效融合,还需要充分发挥企业法律顾问队伍的主观能动性。企业法律顾问如果只是习惯于传统上"坐堂行医"的工作模式,不能变被动服务为主动参与,就难以捕捉到两者有效融合的工作领域和有利契机。有的法律顾问在企业经营会议上只会单纯背法条,不会"用法律的思维审视管理问题,用管理的语言表述法律问题",与企业领导和经营业务部门的沟通不畅,两者的有效融合就无从谈起。我过去常讲,企业法律顾问在对企业重要决策提出法律审核意见时,既要敢于说一个"不"字,也要善于说一个"可"字。敢于说"不"字,也就是对企业经营决策违反法律规定要敢于表达不同意见;善于说"可"字,也就是要为企业实现经营目标指出一条既不违法又可行的途径。要善于在法律框架内提出解决问题的方法,不能因为法律审核工作的介入,降低决策效率,贻误企业商机。"润物细无声",促进法律管理与企业经营管理的有效融合是一个潜移默化的过程。企业法律顾问一定要秉承法律思维与管理思维相结合的工作理念,坚持法律管理"围绕中心、服务决策"的工作原则,时刻注意自己的工作方式方法,努力使自己的工作适应企业经营管理的实际需要,这样才能真正做到贴得上、融得进、见实效。

（四） 如何进一步创新中央企业全系统法律管理模式

近几年来，中央企业按照国资委的部署和要求，依法规范母子公司关系，提高集团控制力，有效控制国有资产经营风险。为此，一些企业把加强法律管控作为提高集团管控能力的重要组成部分，提出了积极探索建立全集团系统的新的法律管理模式。

进一步创新中央企业法律管理模式，应当与企业实际相结合，与集团系统整体管理架构相适应，不能搞"一刀切"。从美国大型跨国公司的做法看，它们大多采取纵向集中的法律管理模式，公司总部总法律顾问全面负责企业法制工作，其子（分）公司法律机构负责人由总部委派；也有的企业采取纵横结合的法律管理模式，公司总部和其子（分）公司各自设立独立的法律部门，但对于涉及公司重大利益的重大事项，则实行总部垂直管理。借鉴国外的做法和经验，从中央企业实际情况出发，进一步创新法律管理模式需要把握好以下几点：一要有利于保障企业依法决策，保障企业重大经营利益，有效控制国有资产经营风险；二要有利于确保总法律顾问对企业法制工作的全面领导，建立上下联动的法律工作机制；三要有利于优化整合集团系统法律资源，形成团队优势，提高法律资源使用效率，逐步解决法律力量缺乏集中、法律工作缺乏统筹的问题；四要有利于强化中央企业对重要子企业法制工作的推动，逐步形成全系统、大范围、广覆盖的法律工作网络。

进一步创新中央企业法律管理模式，还应当适应企业信息化管理的发展趋势，注意运用信息化手段提高企业法律管理水平，进一步强化对下属企业的法律管控。有的中央企业通过加快建立和完善企业规章制度、合同管理、法律纠纷的全系统数据库，积极推进法律事务管理的规范化和标准化；还有的中央企业积极探索全系统法律资源集成信息系统，子企业遇到各类专业法律问题时，可以通过这一信息系统进行"集体会诊"，实现法律资源的有效配置。这些做法值得肯定和推广。

（五）如何进一步健全完善企业总法律顾问制度

总法律顾问制度是企业法律顾问制度的核心，是企业法律风险防范机制建设的重要内容。中央企业和地方国有重点企业总法律顾问制度建设已经取得明显进展，但目前一些企业在总法律顾问定位、职责和能力等方面还存在突出问题。进一步健全完善这项制度，是中央企业法制工作上层次上水平的一个关键环节。

进一步明确企业总法律顾问定位，是健全完善这项制度的基础。在国有重点企业推行总法律顾问制度，目的就是要使国有重点企业尽快适应国内外激烈的市场竞争需要，大力提高企业依法决策水平。国外大公司大集团普遍将总法律顾问定位于企业管理层的核心成员，从而有效保障企业依法决策。我们在推行这项制度之初，就明确规定总法律顾问是全面负责企业法律事务的高级管理人员，直接对企业法定代表人负责。总法律顾问这个定位，是由这项制度性质决定的，有利于充实完善国有重点企业领导层的人才结构和知识结构。只有把握好这个定位，才能发挥好这项制度创新在保障和促进国有重点企业依法决策、依法经营管理中的重要作用。

进一步落实企业总法律顾问岗位职责，是健全完善这项制度的关键。据反映，目前一些企业还存在着总法律顾问参与决策不充分、至今没有形成一项固定制度的问题。《国有企业法律顾问管理办法》明确规定，企业总法律顾问的职责包括"参与企业重大经营决策，保证决策的合法性，并对相关法律风险提出防范意见"。由此可见，保证总法律顾问参与决策，是企业国有资产监管工作的一项重要制度安排，也是加强企业重大决策法律审核把关所采取的一项重要组织措施。所以，要强调这项制度的严肃性，不能因人而异、因事而异、因企而异。

进一步提高企业总法律顾问履职能力，是这项制度发挥作用的重要条件。"有为才有位、有位更有为"。企业总法律顾问要有大局观和战略眼光，既要随时跟踪了解外部法律环境的发展变化，时刻关注国家法律法规制定出台可能给企业带来的影响；又要始终以企业经营发展战略为立足点，组织领导好全系统法律工作。企业总法律顾问是法律顾问队伍中的"领军人物"，要不断提高带好队伍的本领，注意争取企业领导对这支队伍的关心和支持，落实法律顾问的知情权，拓宽培养渠道，积极为法律顾问的成长创造条件。

　　以上五个问题，是进一步加强中央企业法制工作需要探讨的一些共性问题。形势在发展，情况在变化，各个企业开展法制工作可能还有一些重点和难点问题。希望大家认真总结，深入研究，以此推动中央企业法制工作的进一步深化和提高。

完善法律风险防范机制
提高央企核心竞争力[①]

记者：您自 1993 年以来一直主抓企业法律顾问制度建设，目前，这支队伍发生了什么变化？

黄淑和：变化很大。企业法律顾问制度建设大致分为几个阶段：1997 年主要是法律顾问制度建设，2000 年以我国加入世贸组织为契机进一步加大总法律顾问制度建设力度，2003 年国资委成立后则从出资人角度要求加强国有企业法律风险防范机制建设，2004 年国资委提出国有重点企业法制建设三年目标，要求中央企业全部设立法律事务机构，53 户大型中央企业全部建立总法律顾问制度。2008 年国资委又提出中央企业法制工作新三年目标。

新三年目标要求，到 2010 年在中央企业及其重要子企业全部建立总法律顾问制度，企业规章制度、经济合同和重要决策的法律审核把关率达到 100%，因违法经营发生的新的重大法律纠纷案件基本杜绝，历史遗留的重大法律纠纷案件

---

① 国务院国资委副主任黄淑和 2009 年 12 月接受《法人》杂志专访。

基本解决。

目前，从统计数字来看，中央企业落实新三年目标取得明显进展。总法律顾问制度建设正在由 53 户中央大型企业加快向所有中央企业推进。截至今年 10 月底，132 户中央企业已有 99 户实行总法律顾问制度，其中任命专职总法律顾问的有 62 户。而中央企业规章制度、经济合同、重要决策法律审核把关率达到100%的，分别有 81 户、113 户和 72 户，分别占全部中央企业的 60%、83% 和 53%。

由于新三年目标第一次将中央企业重要子企业总法律顾问制度建设纳入指标范围，在拟建立总法律顾问制度的 1200 户重要子企业中，截至今年 10 月底，已建立总法律顾问制度的有 556 户，其中有 14 户中央企业已在全部重要子企业建立总法律顾问制度。

从实效上看，企业法律风险防范机制在应对金融危机中已发挥重要作用。危机发生以来，中央企业以建立健全企业法律风险防范机制为核心，及时采取措施，进一步梳理法律风险源点，确保经济合同和对外投资未发生重大纠纷案件，为保障中央企业稳健经营和国有资产安全发挥了重要作用。

记者：在我国经济企稳回升，世界经济即将步入"后危机时代"的新形势下，企业将面临哪些法律挑战？

黄淑和：通过体制、结构、技术的进一步优化，提高在全球经济中的市场适应能力和竞争能力，是中央企业应对"后危机时代"的重要任务，中央企业法制工作也面临新的严峻挑战。

一是金融市场的监管更为严格，各国普遍致力于加强完善对信贷、证券和金融衍生品交易的监管，许多国际大公司大集团也纷纷强化本企业在信用市场和资本市场交易活动的法律风险控制。随着中央企业优质资产向所控股上市公司的不断集中，上市公司在金融证券市场的各项活动对中央企业的影响更加举足轻重，其中的法律风险防范将尤为重要。

二是行业整合、并购重组活动日益频繁，尽职调查、法律审核的广度和难度不断增加。2008 年中央企业国内外并购已达到 423 起，并购重组活动的大量增加，要求企业一方面要防止一味注重规模扩张，另一方面要加强对投资地政策法律的深入了解和所兼并企业的权属、债务、担保等调查，绝不能在"并购潮"过后留下法律隐患。

三是在国家刺激经济的大环境下，企业投资力度加大，危机过后，需要高度关注在投资过程中可能出现的重复建设、产能过剩等问题，对投资项目相关方履约能力要进行持续跟踪，做好企业投资法律风险分析，制订风险防范预案，确保投资回报和资产安全。

四是国际市场从产品、服务竞争向技术竞争转变，知识产权管理与保护工作更加重要。当前，国外跨国公司都力图以科技创新和产品创新抢占"后危机时代"市场竞争的主动权，频繁发起对发展中国家企业的知识产权诉讼。我国制造业尽管在全球市场的份额不少，但大多位于全球价值链的低端，核心技术和知识产权主要掌握在跨国公司手中，这要求中央企业要高度重视制定实施企业知识产权战略，积极应对。

五是国际贸易保护主义抬头，应对反倾销、反补贴调查形势严峻。我国作为世界第三大贸易实体和第二大出口国，已成为发达国家采取贸易保护措施的主要对象，其中钢铁、铝制品、轮胎、纺织品等行业更为突出。中央企业对外贸易中的前期法律风险防范和法律论证将尤为重要，应对反倾销、反补贴调查的任务将更为复杂繁重。

六是新能源经济、低碳经济快速发展，美国、日本等发达国家在危机中纷纷提出了"绿色新政"，把清洁能源、低碳经济作为新的经济增长点，国内相关法律法规也正在加快健全完善，企业在对经营决策和项目合同的法律审核中，需要高度关注环境保护、资源开发利用等方面的法律规制。

记者：记得国资委成立之后召开第一次法制工作会时，企业法律顾问对领导不够重视、人才缺乏等抱有一些怨言。如今，抱怨的声音少了，更多的企业开始思考法制工作如何与企业经营管理更好地结合，如何创新法律管理模式。法律顾问要怎么做才能不让自己尴尬？

黄淑和：我一直告诉大家的一句话是："有为才有位，有位更有为。"中央企业经过多年改革，已经作为独立的市场主体和法人实体，完全置身于市场化、全球化和法治化的经营发展环境，其内在法律需求不仅客观存在，而且不断增长。如何正确把握和满足这种法律需求，是法律顾问们的一个重要课题。

实践中，有的企业法制工作已经开始从事务型向管理型转变，有的则还处于法律顾问"找事做、等活干"的状态。这种工作进展得不平衡，实际上反映了企业正确把握内在法律需求能力的差异。

随着中央企业改革发展的不断深入，无论企业改制上市、调整重组还是跨国经营等，都蕴藏着大量的法律需求。比如，企业在多元股东持股情况下，如何规范行使股东权、向所出资企业派出股东代表、维护股东权益，如何理顺集团公司与整体上市公司的关系等问题，这些法律需求如果处理不好，就很可能引发法律风险，甚至引发重大危机。所以，企业法律顾问只有紧紧围绕企业改革发展的中心任务，善于挖掘并充分满足企业内在法律需求，才能为企业创造真正的价值。

当然，目前有的企业法律风险防范意识薄弱，一些中央企业特别是一些子企业在管理制度和机制设计上，仍然将法律部门游离在外，遇到诉讼才安排由法律部门牵头处理；企业重大项目在签署协议的最后一刻，才送到法律部门进行审核；有的企业在从事金融衍生品等高风险业务时，事前未经法律审核把关，面临重大损失时才想到需要法律部门帮助。这说明，必须重视并加快促进法律管理与企业经营管理的有效融合。

企业法律顾问如果只是习惯于"坐堂行医"，不能变被动服务为主动参与，就难以捕捉到两者有效融合的工作领域和契机。有的法律顾问在企业经营会议上只会单纯背法条，却不懂得转换成管理语言，不会"用法律的思维审视管理问题，用管理的语言表述法律问题"，与经营业务部门和企业领导的沟通不畅。

我过去常讲，法律顾问在对企业重要决策提出法律审核意见时，既要敢于说一个"不"字，也要善于说一个"可"字。要善于在法律框架内提出解决问题的方法，不能因为法律审核工作的介入，贻误企业商业机会，降低决策效率。"润物细无声"，促进法律管理与企业经营管理的有效融合是一个潜移默化的过程。

记者： 曾经有位到过 GE 的央企总法律顾问谈到这样一个问题：当我们告诉他们的总法律顾问，我们的制度建设进行了十几年时，他很惊讶地表示，"那么之前企业就可以想做什么就做什么吗"？荣融主任和您都曾谈过央企要与跨国公司"对标"，我们与他们的差距何在？今后国资委将如何进一步推动这项工作？

黄淑和： 总法律顾问制度是企业法律顾问制度的核心，是企业法律风险防范机制建设的重要内容。在我们国家正加快依法治国的大背景下，总法律顾问制度建设是一个循序渐进的过程。目前一些企业在总法律顾问定位、职责和能力等方面还存在一定问题，要在下一步工作中努力加以解决。

首先，要进一步明确企业总法律顾问定位。国外大公司大集团普遍将总法律顾问定位于企业管理层的核心成员，从而有效保障企业依法决策。我们在推行这项制度之初，就明确规定总法律顾问是企业高级管理人员，直接对企业法定代表人负责。

其次，要进一步落实企业总法律顾问岗位职责。《国有企业法律顾问管理办法》明确规定了总法律顾问从参与重大经营决策到指导下属单位法律工作等七项职责。保证总法律顾问参与决策，是企业国有资产监管工作的一项重要制度安排，也是加强企业重大决策法律审核把关所采取的一项重要组织措施。所以，要强调这项制度的严肃性，不能因人而异、因事而异、因企而异。

最后，要进一步提高企业总法律顾问履职能力。企业总法律顾问是法律顾问队伍中的"领军人物",要加快提高带好队伍的本领,积极争取企业领导对这支队伍的关心和支持,落实法律顾问的知情权,拓宽培养渠道,积极为法律顾问的成长创造条件。

记者:许多人对于企业法律风险防范的认识是在中航油(新加坡公司)事件发生之后,但现在仍然有企业在为法律风险防范不到位而付出沉重代价,可见这项工作的难度。我知道,十几年来,您一直在推动这项工作往前走,能否谈谈个人体会?

黄淑和:企业法律顾问制度建设和法律风险防范机制建设不仅关系到企业法制工作水平,也是国家法治进程的体现。从1993年以来,我认准了这个方向,从未放弃。

当前,各国大企业之间的竞争,已经超出资源、科技、资本等硬实力的较量,演变为包括法律风险防范在内的软硬实力的综合较量。没有一流的法律管理,就不可能打造国际一流的大公司大集团。中央企业要顺利实施"走出去"战略和打造30家至50家具有国际竞争力的大公司大集团,就必须把法律风险防范机制建设作为提高核心竞争力的重要战略任务。

在推进过程中,必然有困难和挑战,也会有"出现问题时盼星星盼月亮地盼着你来,解决问题了像英雄一样拥戴,但明天可能仍然游离或被忘记"的情况。希望广大企业法律顾问在开展工作中把握好以下八个字:"享受、毅力、方法、亮点"。"享受",就是牢记历史赋予我们的光荣使命,培养我们对工作的热爱和兴趣,在迎接挑战、开拓进取中享受工作给我们带来的乐趣。"毅力",就是要对我们所从事的事业充满信心,对我们所认准的目标坚忍不拔，坚持到底，力争实现。"方法"，就是要讲求工作策略，完善工作方式方法，争取企业领导重视和支持，减少工作阻力，顺利推进工作。"亮点"，就是要把握工作重点，将重点工作做成精品，并做出亮点和特色。只要坚持这八个字，法律顾问队伍一定会有更好的明天。

"后危机时代"中央企业法律风险防范机制建设面临的五大挑战^①

党的十七届五中全会深入分析了后危机时代国际国内形势的深刻变化，明确提出以科学发展为主题，以加快转变经济发展方式为主线，推进"十二五"时期经济社会全面协调可持续发展。在这一重要战略机遇期，中央企业改革调整、转型升级、自主创新、"走出去"步伐将不断加快。中央企业法制工作要进一步强调"围绕中心、服务中心"，立足于健全完善企业法律风险防范机制，为加快提升中央企业核心竞争力提供更加全面、更加有力的法律支撑和保障。

---

① 本文节选自国务院国资委副主任黄淑和 2010 年 11 月 26 日在中央企业法制工作座谈会上的讲话。

（一）产业转型升级不断提速，要求法律风险防范机制加快向新兴产业拓展

产业转型升级是中央企业打造新的核心竞争力的重要契机。后危机时代，国内外产业结构正在发生深刻变革，发达国家纷纷将信息技术、节能环保、新能源、生物、高端装备制造、新材料、新能源汽车等产业作为新的突破方向和增长引擎。我国推动产业转型升级的力度不断加大，国务院发布了《关于加快培育和发展战略性新兴产业的决定》，"十二五"规划建议进一步做出了改造提升制造业和培育发展战略性新兴产业的全面部署。适应这一新形势新要求，中央企业转型升级步伐不断提速。比如，集团内部高新技术与传统产业加快融合，从事汽车、钢铁、石化等传统产业的企业努力从价值链中低端向中高端升级，一批重大技术装备实现自主制造，清洁能源、第三代移动通信等一批新兴产业正在快速培育发展。同时应当看到，在中央企业转型升级的过程中，也面临着一系列新课题，包括如何熟悉和运用新的规则，如何利用知识产权保护技术创新成果，如何制定新技术和新产品的标准等，这些新课题都要加紧研究和突破。

中央企业产业转型升级的新趋势，必然要求企业法律风险防范机制加快向新兴产业拓展，做到超前介入，及时跟进。要更加注重产业转型升级相关政策法律的研究和把握。特别是结合国家出台的《科学技术进步法》、《循环经济促进法》等法

律法规和相关政策，注意研究其中的鼓励性措施和规定，将法律风险防范与用好用活有关鼓励性政策有机结合起来。要更加注重参与新兴产业相关法律、法规和政策的制定完善。结合企业和产业发展实际，积极提出建议，推动相关立法，特别是积极争取国际标准制定的话语权，为企业发展营造良好的政策法律环境。要更加注重实施企业知识产权战略。对企业在转型升级中获得的新技术、新产品，及时运用专利、商标、商业秘密等知识产权手段予以保护，妥善处理知识产权纠纷，为发展更多的"中国创造"、"中国品牌"提供有力的法律支持。要更加注重总结企业转型升级中法律风险防范的有效实践和成功经验，建立健全相关工作机制和工作流程，尽快实现法律风险防范在企业新领域的规范化和制度化。

（二）企业并购重组活动日趋频繁，要求法律风险防范机制在企业整合中更好地发挥作用

有效的并购重组是中央企业做强做大、提升核心竞争力的一条重要途径。近几年来，中央企业并购重组活动明显增多。2009 年，67 户中央企业实施了对外并购，被并购企业达 771户，比上年增长 72.9%；并购资产规模 5034.8 亿元，比上年增长 66.8%。从发展趋势看，随着国家进一步加大对企业兼并重组的政策支持，特别是《国务院关于促进企业兼并重组的意见》的实施，结构调整优化正在成为加快转变经济发展方式的主攻方向。今后一个时期，预计中央企业的并购重组活动将继

续保持较高的增长态势。与此同时，应当清醒地看到，一些企业的并购重组活动并不成功，特别是在并购后的企业整合方面存在的问题很多，蕴含的法律风险也很大。实践反复证明，整合成功则会做强做大，整合失败则会由盛转衰。如何依法促进企业整合，需要引起高度重视。

中央企业并购重组活动的日益增多，对法律风险防范机制建设的要求必然越来越高。企业法律部门不仅要在并购重组的前期和中期提供法律服务，更要重视在并购重组的整合阶段提供法律服务，使法律风险防范机制贯穿于企业并购重组的全过程，在企业制度、管理、文化的融合中发挥应有作用。要通过内部规章制度的整合，形成共同的行为规则；通过内控机制的整合，加强各业务板块法律风险防范的有机协调；通过合规文化的整合，形成"守法诚信是企业第一生命，违法经营是企业最大风险"的共同价值准则。要通过有效整合，进一步促进企业核心竞争力的提高。

（三）企业组织形式和管理手段的发展变化，要求法律风险防范机制逐步形成一个完整链条

不断完善组织形式和管理手段，是推动中央企业改革发展、进一步增强核心竞争力的内在要求。近几年来，中央企业及其下属子企业的公司制股份制改革进一步深入，改制面已经从2002年的30%提高到70%以上。截至2009年底，中央企业所属上市公司资产总额已占全部资产的49.4%。中央企业组织

形式不断发展变化，企业股东日益多元化，对子企业的管理也逐渐从直接管理向规范行使股东权转变。随着中央企业主要资产和业务的下沉，子企业面临的法律风险逐渐增多，子企业的违法违规行为不仅会使母公司面临经济损失，在一定条件下还有可能使母公司直接承担法律责任。因此，进一步加强对子企业的法律风险管控，已经成为中央企业有效维护股东权益的必然要求和选择。从集团层面看，为加强集团管控和实施规模化经营，许多中央企业对集团品牌、标识、财务等实行一体化管理，在为企业带来效益的同时，也有可能导致风险的一体化，企业集团"一荣俱荣、一损俱损"的现象今后会逐步凸显。这些新变化，客观上要求中央企业必须把全系统的法律风险防范机制尽快打造成为一个完整的工作链条。

构建法律风险防范机制的完整链条，就是要将全系统的法律风险防范机制作为一个整体，纵向到底，横向到边，不留死角，形成合力。要做到企业设到哪一层级，法律风险防范就要延伸到哪一层级；企业业务领域拓展到哪里，法律风险防范就要跟到哪里。要自上而下完善组织体系，形成上下联动的工作机制。要覆盖企业经营管理的各个领域，不摆花架子、不走过场。尤其是要重点关注企业在开展重大投融资、金融衍生品等业务时的法律风险防范。要按照一级对一级负责的原则，层层建立责任制，切实做到任务到位、责任到位、落实到位，使全系统法律风险防范机制发挥出应有的整体效能。

（四）"走出去"步伐不断加快，要求企业法律风险防范机制进一步从国内向国际延伸

加快实施"走出去"战略，是中央企业提高国际化经营水平，打造具有国际竞争力的大公司大集团的重要举措。进入后危机时代，中央企业"走出去"步伐正在进一步加快。截至2009年底，共有108户中央企业投资设立境外单位5901户，境外资产总额超过4万亿元，当年利润占到中央企业利润总额的37.7%。当前，中央企业"走出去"过程中面临的投资环境日趋复杂，法律风险大幅增加。许多国家为保护本国产业，进一步加大对外国投资的审查力度，更加频繁地利用税收、知识产权、环境保护等多种壁垒，大幅提高外国投资门槛。根据近期联合国发布的《二十国集团投资政策报告》，在这些国家有关投资政策中，限制性措施所占比重从2000年的2%增加到2009年的30%，投资自由化和投资促进措施则从98%减少到70%。此外，一些国家关于外国投资的法律政策稳定性进一步减弱，甚至通过随意变更国家政策谋取本国经济利益。而中央企业的境外投资涉及金额大、敏感度高，政治、经济利益相互交织，一旦决策或经营失误，往往带来不可挽回的严重损失。所以，中央企业一定要高度警惕"走出去"过程中国际投资环境发生的最新变化，绝不能对所在国和地区法律政策的规制掉以轻心，绝不能因为短期投资收益而忽视长期潜在的法律风险。

企业"走出去",法律风险防范机制一定要跟着"走出去"。一是对境外投资环境及法律政策的研究要跟上去。企业在对外投资时,不仅要关注硬环境,更要关注软环境。要弄清吃透当地的法律规定、政策要求、交易习惯和文化传统。有的企业在"走出去"过程中,往往习惯于按照国内做法办事,不重视按照当地的法律规则办事,最终吃了大亏。二是投资项目的法律论证和尽职调查要跟上去。企业法律顾问参与境外投资项目的法律审核关口要前移,要全程参与项目的前期谈判和论证,深度参与尽职调查,及时提供法律支持。三是投资项目运营中的法律风险防范要跟上去。在投资项目协议签署后,法律风险防范工作并未大功告成,绝不能出现"掉队"现象,要进一步关注项目实际运营中容易出现的公平竞争、税收、劳动用工、环境保护等法律风险,及时做好防控预案,确保项目依法合规稳妥运营。四是海外维权要跟上去。企业境外投资一旦发生法律风险,其处理难度往往大于国内处理难度,必须及时整合企业境内外法律资源,努力改变我国企业在涉外仲裁和诉讼中的被动局面,有效控制风险蔓延,切实维护企业海外合法权益和国有资产安全。

(五)国际贸易摩擦不断增多,要求企业法律风险防范机制进一步从被动防守向主动应对转变

妥善应对国际贸易摩擦,是中央企业巩固和拓展国际市

场、提升市场竞争能力的必然要求。金融危机发生后，美日欧三大经济体不同程度地出现了经济衰退或增长放缓，纷纷开始实施"再工业化"战略，重新大力提振制造业，并或明或暗地采取了有利于本国利益的贸易保护办法。前不久，美国宣布实施量化宽松的货币政策，对全球经济可能产生的负面影响不可小觑。发达国家的这些举措，进一步加剧了全球市场的争夺，导致贸易保护主义抬头，国际贸易摩擦日趋严重，并逐渐从货物贸易向知识产权、服务贸易、汇率和投资等各个领域扩散。近几年来我国一直是遭遇国际贸易摩擦最多的国家。据统计，2009 年全球对华发起贸易救济案件共 116 起，比 2008 年增长 24.7%，涉案总金额 127 亿美元，比 2008 年增长 106.8%，立案数量之多、涉案金额之大前所未有，钢铁、纺织、石化、轻工、有色、建材等行业成为重灾区。中央企业作为我国各个行业的排头兵，正面临着国际贸易摩擦的巨大压力。一些企业在面对国际贸易摩擦时，由于对当地法律政策不了解、对贸易摩擦的案由和证据缺乏深入分析或者出于对高额诉讼成本的担心等，出现了对涉外案件不重视、不积极、不主动的"三不"现象，导致应对不力，对企业自身及所在行业都产生了重大影响。

国际贸易摩擦，究其实质是发达国家利用市场、技术等方面的领先优势，在国际贸易规则上大做文章，保护本国企业。其主要方式就是采取反倾销反补贴调查、特保调查以及知识产权诉讼等法律手段。因此，为妥善应对国际贸易摩擦，中央企业法律风险防范机制必须进一步发挥作用。要尽快变被动为主动，做到敢于应对、善于应对、有效应对。要进一步深入研究国际贸易规则，根据我国加入的国际协议和条约，及时调整企业自身的规章制度和经营行为。要重视"内外结合"，有效应对国际贸易摩擦。在国内，积极配合有关部门做好实地核查等工作，并及时向政府主管部门、行业协会反映情况，寻求支持，力争在行业内部形成合力；在国外，善于联合当地利益共同体一起应对，有效抑制国际贸易保护主义。要积极配合国家参与国际贸易规则的谈判和制定，为我国企业争取更好的国际竞争环境。目前，我国正在进行加入政府采购协议（GPA）谈判。针对部分国有企业的采购可能适用 GPA 规则的情况，中央企业要高度重视，深入研究加入 GPA 对企业生产经营的影响，积极配合有关政府部门做好谈判工作。

总法律顾问要真正成为
中央企业法制工作的
"领军人物"①

    "十一五"时期，国务院国资委高度重视指导推进中央企业总法律顾问制度建设，连续提出法制建设两个三年目标（2005～2007年、2008～2011年），明确要求中央企业要将总法律顾问制度建设作为深入推进企业法制建设、加快提高企业管理水平的一项重要制度来安排。截至目前，在121户中央企业中，已有111户建立了总法律顾问制度，比例达到92%；中央企业全系统共有791户重要子企业建立了总法律顾问制度，企业法律顾问组织体系基本建立，上下联动的企业法律管理链条开始形成。五年多来，中央企业总法律顾问根据国务院国资委有关制度规定和企业经营战略总体要求，认真履行职责，切实做好本企业法律事务和管理的组织领导工作。中央企业规章制度、重大决策和经济合同的法律审核得到明显加强，改制上

---

    ① 本文节选自国务院国资委副主任黄淑和2011年2月27日在《经济日报》发表的署名文章。

市、调整重组过程中的法律论证与保障得到进一步落实，企业实施"走出去"战略中的法律风险防范工作机制逐步形成，企业业重大法律纠纷案件协调处理的力度进一步加大。不少中央企业还提出了以建立健全总法律顾问制度为契机，实现企业法律风险最小、案件纠纷最少、创造价值最大和由事务型向管理型转变的"三最一转型"的法制工作要求。中央企业以总法律顾问制度为基础的法律风险防范机制在抵御国际金融危机的冲击中发挥了重要作用，为避免和挽回企业重大经济损失、维护国有资产安全作出了积极贡献。

"十二五"时期，是中央企业改革发展的关键时期。围绕培育具有国际竞争力的世界一流企业的目标，中央企业法制工作面临新的机遇和挑战。目前，部分企业总法律顾问定位不清晰、参与决策不规范、专业化素质偏低等问题仍然存在，进一步健全完善企业总法律顾问制度的任务还很艰巨。按照国务院国资委的总体工作部署和要求，中央企业法制工作将在全面实现前两个三年目标的基础上，进一步实施第三个三年目标，加快完善和深化企业总法律顾问制度。要进一步明晰总法律顾问职责定位，适应现代企业制度需要，充实完善企业管理层的知识结构。要确保总法律顾问充分参与企业重大经营决策，做到"决策先问法，违法不决策"。要大力提高总法律顾问履职能力和专职率，使其作为企业法律顾问队伍的优秀"领军人物"，切实组织领导好企业集团系统法律工作，努力为中央企业提高国际竞争能力、实现科学发展提供更加有力的法律支撑和保障。

防范风险　应对未来[①]

　　我们正处在一个复杂多变的时代。全球经济虽然正在缓慢复苏，但前景依然变幻莫测。今年以来"黑天鹅"频频造访，更使复苏基础脆弱的全球经济雪上加霜。如欧元区主权债务危机再度出现，加剧了国际市场的恐慌；西亚北非相继发生动乱，导致国际油价进一步推高；日本强震引发海啸和核泄漏所带来的危机，对全球经济也将会带来一定影响。未来岁月究竟还将发生哪些突发事件，仍属未知之数。但可以断定，今后一个时期，世界经济发展中所面临的挑战和影响将更加难以预测和把握。在复杂严峻的外部环境中，企业经营发展面临的风险将日益增多，挑战将越来越大。如何评估和防范风险，更好地应对未来，是当前企业家必须认真思考的一个重要管理课题。

　　企业的前途命运，既取决于外部的机遇和挑战，更取决于内部的风险管理。随着企业经营风险日益加大，企业要战胜危机，保持长盛不衰，就必须构建全面风险管理体系，加强风险

---

　　① 本文节选自国务院国资委副主任黄淑和 2011 年 4 月 14 日在博鳌亚洲论坛 2011 年年会上的讲话。

识别，梳理风险源点，开展风险评估，建立风险预警，制定风险防范措施和应急处理预案，通过事前防范、事中控制、事后补救的完整管理链条，增强防范和化解风险的能力和水平。

当前，要高度重视以下几类风险：一是战略风险。战略方向迷失，往往是许多企业轰然倒下的主要原因。目前世界经济已进入大规模的调整重组、转型升级时期，未来新一轮国际竞争必将更加激烈。企业必须把握正确的发展方向，因势而变，调整战略，提升战略管理能力，防止战略决策失误。二是法律风险。违法经营是企业最大的风险，往往直接危及企业的生存发展。目前各国对低碳经济、环境保护、产品质量、安全生产等方面的法律规定日趋严格，企业面临的法律风险更加凸显，必须把法律风险作为企业重要风险加以防范。三是财务风险。目前，部分企业资产负债率居高不下，债务风险凸显；部分企业不顾自身能力盲目扩张，资金链条出现紧张；一些企业投资金融衍生品业务，资金管理风险上升。在通货膨胀预期加大、大宗商品价格高位上扬、国内货币政策逐步收紧的影响下，企业财务风险管控面临严峻挑战。四是境外风险。受金融危机影响，当前不仅国际贸易摩擦处于高发期，而且境外政局动荡风险、汇率风险、投资风险、市场风险等都在不断增加，强化境外风险管控，是关系企业"走出去"和国际化经营成败的关键。五是形象风险。随着互联网的快速发展和普及，网络信息的放大效应正使企业面临着前所未有的社会舆论压力，企业处理突发事件的难度也随之大大增加。如丰田汽车召回事件、东京电力公司核泄漏危机等，通过网络快速传播，对这些大企业的发展带来了短期内难以消除的负面影响。

　　企业没有核心竞争力，随时会面临被淘汰出局的风险。目前中国企业正处于高速成长期，但总体来讲，许多企业"大"而不"强"，缺乏自主品牌和核心技术，产业分工处于国际产业链的中低端，国际竞争能力仍然较弱。一有风吹草动，许多企业就会大受影响。为此，国资委提出，"十二五"时期中央企业要做强做优、发展具有国际竞争力的世界一流企业，要实施转型升级、自主创新、人才强企、国际化经营、和谐发展等五大战略，其核心就是要进一步增强企业核心竞争力，这也是提高企业抗击和应对风险能力的根本要求。

　　近几年来，一些国内外知名企业漠视法律，漠视生命尊严，漠视社会责任，引发了一系列失信经营、污染环境、危害健康等方面的重大风险事件，恶化了经济发展和企业经营的环境，加剧了人类与自然的矛盾。因此，企业在追求利润的同时，必须遵守职业道德，积极履行社会责任，成为既创造经济效益，又创造社会效益的受人尊敬的企业。

为培育世界一流企业提供坚强的法律保障^①

  "十二五"时期是全面建设小康社会的关键时期，也是深化改革开放、加快转变经济发展方式的攻坚时期。中央企业改革发展面临的环境更加复杂，任务更加繁重。国务院国资委在综合研判现阶段中央企业改革发展特点的基础上，提出了"做强做优中央企业，培育具有国际竞争力的世界一流企业"的大目标。中央企业法制工作要在前两个三年目标顺利完成的基础上，紧紧围绕这一大目标，以实施第三个三年目标为契机，继续把企业法制工作推上一个新台阶。

  中央企业法制工作第三个三年目标的总体要求是：紧紧围绕做强做优中央企业、培育具有国际竞争力的世界一流企业的大目标，按照"完善提高"的总体要求，力争再通过 2012 ~ 2014 年的三年努力，着力完善企业法律风险防范机制、总法律顾问制度和法律管理工作体系，加快提高法律顾问队伍素质和

---

  ① 本文节选自国务院国资委副主任黄淑和 2011 年 9 月 20 日在中央企业法制工作会议上的讲话。

依法治企能力水平，中央企业及其重要子企业规章制度、经济合同和重要决策的法律审核率全面实现100%，总法律顾问专职率和法律顾问持证上岗率均达到80%以上，法律风险防范机制的完整链条全面形成，因企业自身违法违规引发的重大法律纠纷案件基本杜绝，为培育世界一流企业提供坚强的法律保障。

中央企业法制工作第三个三年目标的重点任务，概括起来就是：围绕"一大目标"，着力"三个完善"，加快"两个提高"。

（一）围绕"一大目标"，充分发挥企业法制工作在培育世界一流企业中的支撑保障作用

培育世界一流企业，是"十二五"时期乃至更长时期中央企业改革发展的大目标。企业法制工作要紧紧围绕这一大目标，立足内在需求，把握工作方向，努力发挥作用。要在加强法律管理与经营管理的有效融合上狠下功夫，不断拓展工作领域，探索创新工作模式，努力推进企业法制工作向纵深发展。今后三年，要重点抓好企业法制工作与经营管理工作的"五个有效融合"。

一要抓好企业法制工作与企业转型升级的有效融合。推进中央企业转型升级，是培育世界一流企业的关键，也是企业法制工作的重要着力点。要系统梳理企业转型升级的各类法律需求，选准开展法律管理的切入点，超前介入，及时跟进。要研

究把握产业转型升级的法律环境，积极参与有关立法，提出立法建议。同时注意用足用好国家鼓励新兴产业发展的相关政策，准确把握产业布局向传统产业链高中端发展、向战略性新兴产业转移的政策法规依据，并及时细化为企业内部制度措施，融入工作流程，为推进转型升级提供有力的制度支撑。要加强企业转型升级各项重大决策的法律审核，对企业并购重组、资源整合、产业链延伸等重要经营活动，要提前分析掌握法律风险，主动加强与业务部门协同配合。

二要抓好企业法制工作与企业科技创新的有效融合。国际金融危机爆发以来，全球掀起新一轮科技创新浪潮，世界经济进入创新密集和产业结构深度调整的新阶段。应当看到，市场经济条件下的企业科技创新，说到底就是要使科技力量成为提高企业核心竞争力的主要源泉，知识产权则是保护和转化这种科技优势的主要法律手段。因此，中央企业法制工作要更加注重向知识产权领域拓展。要着力抓好企业知识产权战略实施，协同企业有关业务部门加大知识产权创造、应用、管理与保护的力度，加强知识产权的集中管理。要综合运用专利、商标等知识产权法律手段，及时把科技创新成果转化为自主知识产权，并通过知识产权把科技优势转化为市场竞争优势，把具有竞争力的产品打造成为国际知名品牌，提升品牌价值。要努力将具有自主知识产权的技术上升为技术标准，积极争取国际标准制定的话语权。

三要抓好企业法制工作与企业国际化经营的有效融合。当前，中央企业"走出去"的步伐不断加快，国际贸易摩擦明显升级。切实加强境外业务的法律管理，有效防范涉外法律风险，是中央企业提高国际化经营能力和管理水平的必然要求，也是今后企业法制工作面临的严峻课题。中央企业要以全球化的视野和思维，更加重视涉外法律风险防范工作，把境外投资经营决策的法律论证与市场论证、技术论证放到同等重要的位置。要把法律管理嵌入境外投资管理、财务管理、资产管理等业务流程，确保法律部门全程参与境外投资尽职调查、立项决策、谈判签约和运营管理，形成依法决策、防控风险、高效运转的境外项目管理团队。法律部门要深入研究境外投资的法律环境，努力做好涉外法律风险的识别评估和防范控制工作。要平衡好法律风险防控与商业利益之间的关系，对于风险巨大、难以防控的境外项目，即使有较好的商机和效益，也不要轻率进入。要积极应对涉外法律案件，既要充分发挥外部律师的专业优势，更要紧紧依靠企业内部法律顾问，落实法律顾问对外聘律师的协调管理职能，注意把企业法律顾问与外部律师的作用组合好。

四要抓好企业法制工作与企业精细化管理的有效融合。企业经营管理无不涉及法律的规制，同时也无不存在法律风险。当前，部分中央企业管理粗放，违规违约、违章操作还时有发生，使企业面临无法预见的法律风险。因此，防范控制好经营管理中的法律风险，是切实加强企业精细化管理的内在要求，也是企业法制工作的永恒课题。要全面梳理和评估企业经营管理面临的各种法律风险，进一步细化企业内部管理制度，建立法律风险防范长效机制。要完善法律风险控制流程，将法律风险管理逐步转化为企业所有部门和全体员工的共同职责。要把法律风险管理作为集团内部的公共资源，积极探索建立集中高效的法律风险管控模式，有效提升集团法律风险防范能力。

五要抓好企业法制工作与企业和谐发展的有效融合。中央企业在我国国民经济中具有特殊且重要的地位，要求我们必须坚持把履行经济责任与履行政治责任和社会责任有机统一起来，这是实现企业和谐发展的重要前提，也是企业法制工作的重要内容。要继续提倡"守法诚信是企业第一生命，违法经营是企业最大风险"的法治理念，严格执行国家法律法规，共同维护好中央企业的整体形象。要平等参与市场竞争，依法处理好与竞争者、投资者、消费者和合作伙伴的法律关系。要坚持以人为本，自觉遵守《劳动合同法》的各项要求，妥善处理与企业职工的劳动关系，切实维护职工合法权益。要认真落实国家有关节能减排和安全生产的各项规定，努力做节约资源、保护环境和安全生产的表率。

（二）着力"三个完善"，推动中央企业法制工作不断深化

按照第三个三年目标要求，中央企业法制工作要继续以法律风险防范机制为核心，以总法律顾问制度为重点，以法律管理规范化、系统化、信息化为手段，立足深化完善，努力再攀高峰。

一要着力完善企业法律风险防范机制。完善企业法律风险防范机制，是确保企业稳健经营、实现可持续发展的根本要求。随着中央企业市场化、国际化经营程度不断提高，防范法

律风险的任务将更加艰巨。目前，一些企业法律风险防范还主要停留在集团总部层面，许多法律风险防范的制度措施尚未在系统内得到全面落实；一些企业重大经营决策的法律审核把关还不到位，法律审核质量和水平亟待进一步提高；个别企业还存在"重违约风险、轻违规风险"的现象，违规经营给企业造成的损失和影响仍未引起足够重视。落实第三个三年目标，应当从中央企业做强做优、加快发展的战略高度，继续突出企业法律风险防范机制建设这个核心，并围绕这个核心着力抓好完善。要建立健全中央企业及其重要子企业法律风险防范机制，进一步发挥法律风险防范机制在企业重大决策和经营管理中的支撑保障作用。要进一步增强重点业务法律审核的专业性和有效性，确保法律审核能够发现问题，控制风险，创造价值。要全面杜绝因企业自身违规违约引发新的重大法律纠纷案件，依法维护企业合法权益，避免损害中央企业形象和商誉。

二要着力完善企业总法律顾问制度。企业总法律顾问制度建设，特别是总法律顾问的职责定位、作用发挥和业务素质是否到位，对于做好企业法制工作具有全局性的重要意义。目前，通过实施前两个三年目标，中央企业及其重要子企业总法律顾问制度框架基本建立，但中央企业总部已经到位的总法律顾问专职率只有49%，总法律顾问的专业能力和综合素质有待提高。一些企业对总法律顾问定位不准，职责未完全落实，作用发挥不到位。今后三年，要继续采取切实有效的措施，着力完善总法律顾问制度。要加快推进总法律顾问专职化、专业化，进一步提高总法律顾问能力素质，继续通过内部培养和面向海内外公开招聘等方式，选拔优秀总法律顾问人才，大幅提升总法律顾问专职化比率。要进一步明确总法律顾问作为企业高管的定位，按照制度要求落实总法律顾问直接对企业法定代表人或总经理负责，全面组织领导本企业法律管理的各项工作。要健全工作流程和制度，进一步确保总法律顾问参与企业重大经营决策，使总法律顾问成为企业决策层的当然成员，真正发挥其保障依法决策的职责作用。要系统总结有关企业总法律顾问列席董事会议、担任董事会秘书或者进入董事会下设的风险管理委员会等做法和经验，积极探索在建立规范董事会的企业加强总法律顾问制度建设的有效途径。

三要着力完善企业法律管理工作体系。大力提高法律管理的规范化、系统化、信息化水平，是进一步提高企业法制工作水平和效率的重要途径。目前，一些企业的法律管理工作缺乏完善的制度规范，有关程序不健全，管理手段还比较落后，集团总部和子企业法律管理水平参差不齐，工作效率有待提高。今后三年，要着力完善中央企业法律管理工作体系。要加快推进集团法律管理的规范化，建立健全保障集团内部法律管理程序严密、高效运行的制度体系和机制，将法律管理纳入制度化的轨道。要加快推进集团法律管理的系统化，真正将法律资源作为企业内部公共资源进行优化配置，在集团内部确立集中管理与专项授权相结合的法律管理工作模式，切实增强集团公司法律管控能力。要加快推进集团法律管理的信息化，通过信息化手段将法律审核作为不可逾越的节点，嵌入业务流程，建立健全法律资源信息共享机制，提高全集团系统法律管理沟通互动的效率，努力使法律信息化系统成为法律管理的工作平台、法律顾问的学习交流平台和全体员工的法律培训平台。

（三）加快"两个提高"，提升中央企业法制工作的层次和水平

今后三年，中央企业法制工作要进一步发挥支撑保障作用，必须全面提高企业法律顾问队伍素质和企业依法治企能力。

一要全面提高企业法律顾问队伍素质。经过前两个三年目标的推进，中央企业法律顾问队伍已经达到相当规模，但目前法律顾问队伍专业资格持证率仅达47%，组织开展法律顾问岗位等级资格评定的比率还不到10%，中央企业一级法律顾问仅有26人，高素质法律顾问转岗、流失现象仍然比较突出。与世界一流企业同行相比，中央企业法律顾问在法律执业资格、专业能力、管理经验等方面，还存在较大差距。今后三年，要立足企业内部需求，加快培养懂法律、懂管理、懂外语并具有较强实践能力和较高国际水准的复合型法律人才，努力建设一支能与国外大公司大集团法律专业队伍相抗衡的中央企业法律顾问队伍。要大幅提升中央企业及其重要子企业法律顾问持证上岗的比率，采取各种措施，加大培训力度，督促没有专业资格的在岗法律人员积极参加执业资格考试，连续多年不能取得执业资格的，要适时调整到其他岗位。要高度重视法律顾问队伍的稳定发展工作，重视为优秀法律顾问的成长拓宽职务、职级和专业技术等级的提升通道，建立健全优秀法律顾问的评价发现、选拔任用、保障激励机制，稳定法律顾问骨干队伍，加

大法律顾问的海内外招聘力度，为吸引和留住优秀法律顾问创造更加良好的条件。

二要全面提高企业依法治企能力。全面提高中央企业依法治企能力，是系统检验中央企业法制工作连续实施三个三年目标成效的根本标志，也是中央企业法制工作的出发点和落脚点。今后三年，要把全面提高中央企业依法治企能力，作为第三个三年目标的根本任务，突出重点，抓好落实。要进一步健全完善企业依法决策、依法经营管理的工作机制，确保企业的各项经营管理活动都能在国家法律法规的框架内运行。要高度重视企业规章制度体系建设，大力增强企业制度的执行力，促进企业从决策者、管理者到全体员工都能自觉运用法律手段，依法依规处理好企业改革改制和生产经营的各项涉法业务。要围绕企业投资管理、资金管理、金融运作、招投标等重点领域，切实加大法律审核把关力度，提高法律审核质量，强化法律监督检查，坚决纠正各种违规违章行为。要把进一步加强企业国有资产监管，与中央企业及其各级子企业依法管理企业财产结合起来，积极完善企业内控机制，切实维护企业国有资产安全，有效促进国有资产保值增值。

有为才有位　有位更有为①

按照新三年目标的总体要求，今后一个时期，中央企业法制工作要全面对标世界一流，从更高站位、更广视野、更深层次上，加快完善制度机制，不断提高能力水平。从当前中央企业面临的形势、任务看，在深入落实新三年目标、切实加强企业法制工作的过程中，需要高度关注以下五个问题。

（一）适应复杂严峻的市场竞争环境，更加重视筑牢企业合规经营的底线

企业发展，诚信为本。但凡成功的优秀企业，都将依法经营作为企业发展的前提，将行为合规作为企业诚信的底线。今年以来，世界经济复苏仍呈乏力态势，国内经济下行压力加大，深层次矛盾和问题不断显现，企业经济效益普遍下滑。在

---

① 本文节选自国务院国资委副主任黄淑和2012年9月27日在中央企业法制工作座谈会上的讲话。

这种背景下，一些经济形势好的时候被掩盖、被忽视的潜在风险逐步暴露出来，近期发生的国内外个别大企业因违规经营遭受重大损失的案例，再一次给人们敲响了警钟。面对错综复杂的经济环境，当前绝大多数中央企业正在按照"稳中求进"的要求，通过调结构、强管理、控成本、保市场等方式，千方百计地化解经营困难。但少数企业忽视效益与风险的平衡，一味拓展发展空间，盲目投资高风险业务；个别企业甚至不顾法律风险、违章操作、非正常程序决策，隐藏了大量违规风险，对企业平稳健康发展带来极大挑战。近年来一些中央企业因法律风险防范不力所引发的重大法律纠纷案件，不仅影响了企业自身经营发展，更损害了中央企业的整体形象，值得认真总结和深思。

实践反复证明，越是市场形势严峻，越要坚持合规经营。中央企业各级领导班子要牢固树立合规经营的理念，不搞违法获利，不踩法律红线，不抱侥幸心理，做到违法违规"一票否决"。要牢牢把住企业决策层面的法律审核关，针对上下游一体化的合资合作项目、风险管控难度大的产融结合项目、媒体及资本市场高度关注的敏感项目等，决策时务必做好合规性审查，决不能以时间紧急、项目保密等借口跳过法律审核关。"制治于未乱，保邦于未危"，要牢牢坚持用制度管人管事，建立健全各项规章制度，在企业经营管理层带头倡导讲规则、讲诚信，自觉形成按规办事的思维方式和行为习惯，努力防范违规风险的发生。

（二）服务中央企业改革发展的新任务，更加重视发挥企业法制工作的价值作用

企业法制工作的价值，始终体现在保障和促进企业改革发展的大局上。当前，中央企业深化改革、加快发展的任务依然繁重。集团层面的公司制股份制改革需要进一步加大力度，公司治理结构需要进一步规范和完善；一些企业主业还不突出，盈利基础还不稳固；一些企业盲目铺摊子，经营风险不断累积。这就要求企业法制工作要在着力解决上述问题中体现自身价值。近几年来，随着中央企业法制工作的深入推进，企业之间的工作差距逐步拉大，分化现象开始出现。一批先进企业的法制工作通过全面融入经营管理，保障依法决策、规范改革重组、防控法律风险，价值作用日益被企业各业务部门、特别是企业领导所认同。但一些落后企业对法制工作的认识还比较粗浅，法制工作的价值作用发挥还很不到位，少数企业仍将法制工作定位于"打官司"的层次，将法律顾问定位于"救火队"的角色。所以，大力推动中央企业法制工作向纵深发展、向高端发展，需要进一步认清和发挥企业法制工作的价值作用，并对企业法制工作做出准确定位。

今后一个时期，中央企业法制工作应当围绕企业改革发展，着力发挥好四个作用：一是在公司治理中，进一步发挥法律规范作用。在公司章程制定、组织架构设计、管理职能划分等方面，要深入开展法律论证，明确法律依据，确保权利、义

务和责任的科学配置；要通过依法规范董事会建设、实现集团对下属子企业规范履行出资人职责，确保企业在法律框架内有效实施公司治理。二是在战略规划中，进一步发挥法律支撑作用。要根据国家相关行业及产业政策，主动研究、准确把握涉及产业发展的法律法规，围绕做强主导产业、做优传统产业、培育新兴产业，用足用好国家有关鼓励政策和法律规定，确保企业发展战略与国家有关政策法律的要求相吻合。三是在业务拓展中，进一步发挥法律防范作用。要不断强化法制工作与经营业务的深度融合，切实做好法律风险的事前防范与事中控制。企业拓展业务涉及的并购重组、合资合作、股权转让等重大经营行为，都要遵守规范的程序，加强尽职调查和法律审核把关。四是在转型升级中，进一步发挥法律保护作用。要通过知识产权法律保护手段，将企业科技优势转化为市场竞争优势，把具有竞争力的产品打造成国际知名品牌，不断提升企业品牌价值。

（三）围绕培育世界一流企业的核心目标，更加重视提升中央企业法律管理的能力和水平

"做强做优、世界一流"，是中央企业"十二五"乃至今后更长时期的核心目标。没有一流的管理，就没有一流的企业。今年起，国资委正式决定在中央企业开展为期两年的管理提升活动，其中法律管理是企业管理提升的重点领域和重要环节。全面提升企业法律管理的能力和水平，不仅是企业强基固本、

控制风险的重要手段，也是企业参与全球市场竞争、维护自身合法权益不可或缺的重要保障。从国际上看，国外大企业普遍重视法律管理。它们很早就置身于市场经济和跨国环境中，比较习惯于按市场规则运作，企业的法治文化和法律管理能力已经成为综合竞争力的重要组成部分。相比之下，中央企业市场化、国际化经营起步晚、时间短，法律管理的基础比较薄弱，在法治理念、制度机制、管理体系和方法上，较世界一流企业还有很大差距。

因此，中央企业法制战线的同志们要抓住这次开展管理提升活动的契机，大力提升法律管理的能力和水平。当前和今后一个时期，要突出抓好以下五点：第一，全面开展法律管理对标工作。要对标国际、国内行业先进，结合企业实际，深入查找法律管理存在的突出问题，形成全面系统的自我诊断书面材料，并制定好专项整改方案。第二，进一步加强集团法律管控。要顺应现代企业管理扁平化的发展趋势，积极探索集中管控与专项授权相结合的法律工作模式，优化整合系统法律资源，确保在法律管理领域有效实现全集团信息通畅、工作顺畅、管控有力。第三，扎实推进法律管理信息化和标准化。要通过先进的信息技术手段固化法律管理流程，使法律审核论证成为各项业务绕不开、躲不过的必经程序；通过实现各项法律管理工作的标准化，制定法律审核工作规程，推行格式合同文本，完善法律意见书制度，大力提高法律管理的质量和效率。第四，将法律管理提升与落实新三年目标有机结合。要紧紧围绕新三年目标各项要求，明确本企业法律管理提升的突破口，把"三个完善、两个提高"作为法律管理提升的重要目标，把

"三个100%、两个80%"作为法律管理提升的基本内容，通过法律管理提升，探索形成企业法制工作发挥作用的长效机制。第五，注意把握法律管理与其他重点领域管理提升的协调与配合。这次中央企业十三个重点领域的管理提升应当作为一项系统工程。法律管理不仅不能成为企业管理的短板，而且还要通过制度规则、行为规范，保障和促进其他领域的管理提升。要切实做好法律管理体系与企业其他管理体系的紧密衔接，避免体系之间产生不必要的交叉和矛盾。

在开展法律管理提升活动中，要特别重视加强中央企业之间的交流、学习与借鉴。按照国资委的统一部署，法规局已组织中国石油、中粮集团、中国建筑三家企业，集中编写了法律管理辅导手册，在建立健全法律管理制度体系、创新法律管理工作模式、加强系统法律顾问队伍建设等方面，提供了比较成熟的先进经验，希望各中央企业认真学习借鉴。

（四）应对中央企业国际化经营的新挑战，更加重视加强境外法律风险防范

随着国际化经营战略的深入实施，中央企业"走出去"步伐进一步加快，境外上市并购、承揽重大项目、引进战略投资等涉外经营活动全方位展开，面临的境外法律风险也随之大幅增加，涉外法律纠纷案件呈不断上升趋势。分析这些涉外案件，有三个明显趋势：一是种类增多。由过去主要以合同纠纷为主，逐渐扩展到知识产权、环境保护、劳工责任、产品质

量、证券交易等多领域。二是涉及面广。有的纠纷不仅涉及一家或几家企业，甚至可能波及整个行业。三是损失加大。这些纠纷一旦败诉，动辄数千万、上亿美元损失，有的还可能被排挤出该国或地区的整个市场。因此，中央企业境外法律风险防范正面临十分严峻的挑战。

针对上述情况，中央企业要高度重视做好境外法律风险防范工作。一是切实加强对境外企业的规范和监管。集团总部要注意按照法律程序，进一步加大对境外子企业的管控力度。有条件的可以通过在境外单位设置法律事务机构或法律顾问岗位，依法保障境外单位经营活动的正常开展。二是加快完善境外法律风险防范的链条。要通过规范相关工作流程，切实将法律审核把关嵌入境外业务的各个环节，从可行论证到立项决策，从谈判签约到项目运营，努力实现法律风险防范全覆盖。三是进一步健全境外法律风险防范的责任机制。要把"两个问责"制度延伸到境外企业，境外业务因法律风险防范不到位造成重大损失的，要依法追究有关人员的责任。四是依法妥善应对境外投资审查。要坚持独立的市场主体和法人实体地位，突出市场化运作特征。五是主动参与WTO贸易政策审议。

（五）落实总法律顾问履职能力建设的新要求，更加重视处理好"有位"与"有为"的关系

随着法制工作三个三年目标的连续推动，中央企业及其

重要子企业已经全面建立总法律顾问制度。截至今年6月，中央企业全系统在岗总法律顾问达到了1400多人。总法律顾问配备基本到位后，关键是要真正发挥作用。今年上半年，国资委法规局对总法律顾问履职现状进行了调查，结果显示，中央企业集团总法律顾问中，专职的仅占61%，具有法律专业背景的仅占58%；重大事项经总法律顾问签字才能上报企业主要领导的仅占43%，另有11%的总法律顾问未能确保参加企业重要决策会议。重要子企业涉及的上述比例也不理想。这些数字背后反映了两个问题：一是部分中央企业对发挥总法律顾问作用仍不够重视，二是部分总法律顾问的专业素质仍有待提高。

我常讲一句话："有为才有位，有位更有为。"目前，中央企业总法律顾问"有位"的问题在一定程度上得到了解决，下一步要将重点放在如何更加"有为"上。"十二五"时期，中央企业法制工作要全面对标世界一流，并要完成第三个三年目标，这为总法律顾问提供了更加广阔的事业舞台，我们面临的机遇与挑战并存，只有加快提升履职能力，才能更加有所作为。

要进一步提升战略思维能力。总法律顾问要始终围绕企业发展战略，紧密结合经营发展难题，从全局的、长远的角度，科学谋划本企业法制工作目标任务。要时刻关注国家法律法规和监管政策的新变化，结合企业内外部环境，形成正确的法制工作思路。

要进一步提升统筹领导能力。总法律顾问对上要服务企业决策，取得企业领导的充分信任；对下要领导全系统法律顾问队伍，形成完整的法律工作体系；对外要协调各类法律关系主体，切实维护企业合法权益；对内要融入企业经营管理，获得各职能部门和生产经营单位的工作支持。为此，企业总法律顾问既要有统筹协调能力，也要有领导决策能力；既要有干事业的能力，也要有带队伍的能力。

要进一步提升法律专业能力。总法律顾问是一个专业性很强的领导岗位。新三年目标强调提高总法律顾问的专职率，其实质是要加快提升专业化水平。中央企业专职总法律顾问往往具有一定的法律专业背景，要适应本企业转型升级、国际化经营发展的需要，进一步充实新的法律知识，同时加强相关领域的业务学习，努力成为合格的专家型领导干部。中央企业分管法制工作并兼任总法律顾问的负责同志，管理经验比较丰富，要在组织、领导本企业法制工作方面进一步加大精力投入，同时注意学习法律专业知识，尽快考取执业资格，努力成为法律顾问队伍的优秀领军人才。

要进一步提升自身思想境界。"为将之道，当先治心"。总法律顾问要有所作为，能力固然重要，但思想境界更重要。在这里，我送给总法律顾问八个字："激情、毅力、智慧、奉献"。具体来讲，一要有干事的激情。自觉把企业法制工作当事业、把总法律顾问职责当使命，充满激情去工作，享受开拓的过程和成效。二要有坚韧不拔的毅力。企业法制建设是一项专业性很强、难度很大的工作，在推进工作中难免会遇到很多困难，甚至会得罪人。要顶住压力，不畏艰难，迎难而上，百折不挠。三要有做成事的智慧。要善于协调各方，讲究工作方式，主动争取领导重视，尽快打开工作局面。四要有甘于奉献的精神。做好法制工作一定要耐得住寂寞、守得住平淡，少抱怨、多投入，不计较眼前得失，长远看待职业前景和事业发展。总之，广大总法律顾问只有自觉加强思想修养，努力提高思想境界，才能更好地行权履职、有所作为。

中央企业法制工作十年
实现三步跨越^①

主持人： 各位观众、各位网友，大家好。欢迎走进本期节目，关注"中央企业法制建设十年发展纪实"系列访谈节目。本期节目是整个系列节目的开篇之作，我们请到的嘉宾是国资委副主任、党委副书记黄淑和。黄主任您好！

黄淑和： 您好。

主持人： 刚才节目开头的宣传片提到了由国资委推行的总法律顾问制度，这项制度和中央企业法制建设紧密相关，已经走过了十年的发展历程。我们当时为什么要在中央企业推行总法律顾问制度？

黄淑和： 企业总法律顾问制度是随着我国市场经济的不断发展，从国外借鉴过来的一项重要制度。我们当时主要考虑五个方面：第一，适应应对我国加入世贸组织的需要。我国加入世贸组织之后，要遵守世贸组织的一系列规则，但企业当时法

---

① 国务院国资委副主任黄淑和 2013 年 10 月接受新华网《中央企业法制建设十年发展纪实》节目专访。

制观念、遵守规则的意识不强，需要一套机制和制度来保障我们遵守入世的承诺。第二，适应市场经济发展的需要。市场经济越向前发展，越需要法治；市场经济的本质就是依法规范、依法发展。第三，适应建立现代企业制度的需要。现代企业制度必然要求企业遵守法律法规。第四，适应企业自身改革发展的需要。改革发展每走一步，都会碰到诸多法律问题，没有一套制度机制来解决，改革发展就会大受影响。第五，适应依法治国的需要。国家推进依法治国，企业作为经济细胞就要做到依法治企。中央企业作为国家队，在依法治企、遵守法律方面，无疑而且必须要起到表率作用。基于上述考虑，从2002年7月开始，国家经贸委、中组部、司法部、人事部（等）七部委在全国重点企业推进了总法律制度。国资委成立以后，作为出资人代表依法行权履责，进一步加大力度推进这项制度。

主持人：在您看来，总法律顾问制度的特色和优势在哪？

黄淑和：法律风险在企业内无处不在，需要一套机制和制度予以防范。企业总法律顾问制度起到了"五种角色"的作用。一是企业重要决策的参谋和助手。企业领导在做出重要决策的时候，首先要考虑什么违法、什么合法，合法能干、违法不能干。因此，企业领导需要一批法律专家帮助审核把关，提供法律意见和建议。二是企业重要合同的把关者。法律纠纷基本体现在合同上，企业订立合同首先要在法律上把好关。总法律顾问要对合同把好关，把法律陷阱填平补齐，在法律上筑起一堵"防火墙"。三是企业合法权益的守护者。当企业合法权益受到侵害时，总法律顾问要依法维护好自身合法权益。四是企业法律风险的守门者。总法律顾问要通过事先防范，牢牢锁住企业大门，让风险进不来，为企业创造效益、减少损失。五是依法治企的推动者和实践者。国家要依法治国，企业就要依法治企。企业依法治企，就要靠法律专门人才来推动、来实践，确保企业依法经营、依法管理、依法发展。

这项制度有三大特征：一是这项制度进入了企业的决策层。总法律顾问从过去的"消防队员、救火队员"，转向了参与企业决策。二是这项制度跟企业经营管理融为一体。在企业经营管理过程中，每一个环节都有法律风险防范和法律审核把关，大大地减少了法律风险。三是这项制度从过去的事后补救为主，转为以事前防范、事中控制为主。过去出了问题再打官司，现在事先就把法律风险防控住，在事情发展过程中就把法律风险消灭掉。

主持人：目前，中央企业总法律顾问制度建设取得了怎样的成效？

黄淑和：中央企业总法律顾问制度建设，经过十年的努力取得了很大的成效，主要体现在以下几个方面。

第一，企业领导和广大职工法制意识普遍增强。十年发展，大量事实教育了大家，法制观念、法律意识有了很大进步。第二，企业法律顾问组织体系逐步完善。中央企业集团层面全部设立了总法律顾问制度、建立了法律顾问队伍，很多重要子企业也建立了这项制度和这支队伍。第三，企业法律风险防范机制逐步建立。中央企业历史遗留的法律纠纷案件逐步减少，新发的法律纠纷案件越来越少，总法律顾问制度作用逐步发挥。第四，企业法制工作价值创造作用日益显现。特别是在中央企业"走出去"过程中，法制工作提供了强大支持。第五，法制工作为中央企业做强做优提供了支撑服务。中央企业要想成为世界一流，首先在法律风险防控上要一流。

主持人：您刚才提到企业法制工作，从一开始充当"救火队员"转变为以防范风险为主，再到现在的"创造价值"，发生了巨大变化。您能不能简要地给我们概括一下自实施三个三年目标以来，中央企业法制工作发生了哪些变化？

黄淑和："建立机制、发挥作用、完善提高"，是国务院国资委提出中央法制工作三个三年目标的总体思路。通过三个三年目标的推进，中央企业法制工作发生了很大变化。第一，从工作机制上，法制工作实现了从事后补救为主，转变为以事前防范、事中控制为主，再到进一步强调与企业经营管理深度融合的三步跨越。第二，在业务领域上，法制工作实现了从传统的打官司、审合同，到参与决策、审核规章制度，再到全面参与企业的并购重组、改制上市、知识产权、顶层管理等的三步跨越。第三，在功能作用上，企业法制工作实现了从权益保护，到业务保障，再到价值创造的三步跨越。可以说，中央企业法制工作的作用、功能发挥得越来越好，从低的层次向中的层次、再向高的层次不断发展。

主持人：我们知道，"做强做优、世界一流"是中央企业的发展目标。国资委下一步推动中央企业法制建设的重点在哪？

黄淑和：下一步，我们要把中央企业法制工作推向一个更高的层次。中央企业要做成世界一流，首先法制工作要做成一流；法制工作要做成世界一流，就要对标国际上最先进的跨国公司，重点抓好四项工作。第一，在法制工作与企业经营管理的有效融合上下功夫。要融得越来越深、融得越来越好。第二，在培养高端人才上下功夫。中央企业法制工作要做成世界一流，首先要有一流的人才。第三，在加强境外法律风险防范上下功夫。市场竞争、法律先行，"走出去"也必须法律先行。第四，在与国际跨国公司同台过招上下功夫。中央企业的总法律顾问们要能够跟国际跨国公司交手过招，要有同等的功夫、同等的本事、同等的水平保障中央企业实现做强做优。

主持人：您有没有切身体会给您留下印象非常深刻的例子？

黄淑和：我从1993年当经济法规司司长到现在，二十年间体会最深的有三点。一是法制工作与整个国家的法制环境密切相关。1993年那时候特别艰难，现在整个国家、社会的法律意识大大增强了。二是抓一项工作要持之以恒，要有一种韧劲，敢于去攻坚克难。刚开始抓中央企业法制工作的时候，不少企业领导意识不到法律工作的重要性，开展工作的过程非常艰难。最核心的还是要看得准，看准了以后还得有办法、有高招、有勇气。三是要有一支忠实的、有水平的、执行力很强的队伍来执行。这支队伍要按照我的思路和意图坚定不移往前推。作为我来说，就是把方向、当后盾，不管怎么艰难，都在后头强有力地站着。

现在所有中央企业领导认识都一致了，都认为必须要抓好法制工作。这个观念转变就是2008年的金融危机，很多订单要撤销、合同要撕毁，但正因为法律顾问这支队把好了关，中央企业在法律上造成的损失比其他企业要少，让企业领导认识到了法律风险防范机制的重要性。这是企业法律风险防范工作的一个转折点。在此之前推进法制工作还有难度，还有一些非议；2008 年以后，事实教育了大家，大家越来越重视这项工作。

主持人：我发现您在谈到这个问题的时候，您的眼睛已经红了，不知道这个让您有感而发的，是背后的艰辛还是现在取得成绩的欣慰呢？

黄淑和：我热爱这项工作，对这项工作一往情深。从 1993 年当国家经贸委经济法规司司长，到当经贸委副主任主管这项工作，再到国资委副主任主管这项工作，一直都是饱含深情，很热爱这项工作。我感觉到人生并不一定非得要干多少事，但是有一件需要干的、重大的事干成了，就聊以自慰，是一种莫大的安慰。

主持人：难能可贵的是，您这个热情足足保持了二十年。从 1993 年一直到 2013 年。

黄淑和：退休以后还会保持、还会关注它的发展。

主持人：好，谢谢黄主任。各位观众、各位网友。我们本期节目就到这里。

中央企业法制工作在国资国企改革中的"五个适应"问题^①

党的十八届三中全会对全面深化国资国企改革作出了一系列重要部署,为中央企业改革发展注入了强大动力。企业法制工作如何贯彻落实三中全会精神,围绕中央企业改革发展,在更新领域、更深层次、更高水平上发挥作用,是当前我们面临的重大课题。

(一)适应市场化、国际化不断发展的新形势,进一步增强中央企业领导的法治思维

党的十八届三中全会明确提出,要"使市场在资源配置中起决定性作用",这为进一步加快市场化改革指明了方向。随着社会主义市场经济体制的不断完善,平等的市场准入、公平

---

① 本文节选自国务院国资委副主任黄淑和2014年1月16日在中央企业法制工作研讨会上的讲话。

的竞争条件、相同的产权保护等制度机制将进一步健全，法治在规范市场秩序、调整利益关系中的作用将进一步突出。与此同时，随着新一轮国际经贸规则重构的全面展开，全球市场竞争在一定意义上已经上升为规则的竞争，国有企业议题也已经成为多边、双边投资及自贸区谈判的热点之一。所有这些，对进一步提高中央企业依法治企能力提出了严峻挑战。应当看到，近几年来，通过连续实施法制工作三个三年目标，中央企业领导的法治意识总体上得到了明显提升，但目前仍然存在一些突出问题。例如，有的企业领导对依法治企的要求还停留在口头上，对法制工作存在观望情绪，赶着上路、被动前行；有的企业领导不重视法律风险防范，出了案子才抓、没了案子就不抓；有的企业领导将国内的习惯做法简单搬到国际化经营中，盲目开展境外投资，引发重大法律纠纷。上述问题，说明一些中央企业领导的法治思维还有待进一步增强。

法治不彰，企业发展根基就不牢。当前形势下，中央企业要以打造"法治央企"为目标，着力增强企业领导的四种法治思维：一要增强底线思维。企业经营的底线就是法律。要将企业行为始终规范在法律框架内，严禁违法违规为企业牟利，确保各项经营管理活动不踩线、不越界。二要增强理性思维。既要克服忽视风险、盲目扩张的投机心理，也要克服畏惧风险、不敢开拓的保守心理。要从法律上保障企业"挂得上挡、刹得住车"，努力实现追求经济效益和防范法律风险的有机统一。三要增强契约思维。重合同、守信用，是传承百年的成功企业必须具备的良好品质。企业家精神，其核心之一就是契约精神和诚信精神。要善于运用合同条款，确认权利义务关系；强化合同全面履约，保障企业经营效益；通过合同追究责任，维护企业合法权益。四要增强规则思维。注重通过制定规则和程序，明确企业行为标准，规范企业经营决策，确保全体员工形成按章操作、按规办事的行为习惯。要在国际竞争中学会掌握并运用国际规则，更加积极主动地参与制订新的国际经贸规则，努力取得国际规则制定的话语权。

（二）适应加快股权多元化改革的新挑战，进一步强化中央企业的法律治理

近年来，中央企业股权多元化改革不断推进。截至目前，中央企业中公司制、股份制企业比例已达89%，控股境内外上市公司已达385家。党的十八届三中全会作出了混合所有制经济"是基本经济制度的重要实现形式"的新论断，明确要求积极发展混合所有制经济。按照这一部署，以引入非公资本为重点，中央企业股权多元化改革将进一步提速。从国有独资到混合所有，意味着企业在治理结构、组织形式、决策程序等诸多方面都将面临一系列深度调整，对企业规范经营管理、依法行使股东权提出了更高要求。当前，在股权多元化状态下，中央企业管理子企业的思想观念、体制机制仍然存在一些问题，主要表现为：股东定位不准确，控股时越位、参股时缺位的现象还比较突出；治理结构不完善，协调运转、有效制衡的法人治理结构尚未真正形成；行权方式不规范，习惯于传统的审批下文，忽视相关法律的程序性规定，等等。

中央企业股权多元化改革，一个重要目的就是优化治理结构、促进机制完善，使企业实现由单一股东治理向规则治理的转变。今后，中央企业法制工作应当围绕股权多元化改革，切实发挥好规范公司治理、保障依法行权的作用。要注意突出以下三个重点：一要高度重视公司章程的制定。充分认识到章程作为公司内部宪章，对体现股东意志、维护股东权益的重要作用。结合企业行业特点、管理架构等实际情况，认真研究制定章程，绝不能照猫画虎、形似神离，为企业治理埋下隐患。根据企业股权结构，合理配置股东权利义务，依法明确议事规则和决策机制。二要切实做好公司治理顶层设计。依法厘清股东会、董事会、监事会、经理层的关系，合理界定职责权限。进一步健全授权委托制度，明确授权权限和程序，既不能过度集权，又不能过度授权。同时，确保股东会、监事会的知情权，防止出现内部人控制。三要依法规范行使股东权。国有控股股东，要依法平等行使权力，避免按照老大思维行事，忽视其他股东合法权益。国有参股股东，要积极参与管理，提高资产运营效率，依法维护国有股权益。要严格按照法定程序，通过股东会决议等手段，实现对企业重大事项的管理，防范其他股东诉讼风险。

（三）适应国有资本运作不断加强的新趋势，进一步完善企业法律风险防范机制

加强国有资本运作，是优化国有经济布局结构调整、加

快中央企业转型升级、实现国有资本保值增值的重要举措。党的十八届三中全会提出了"以管资本为主加强国有资产监管"的明确要求。可以预见，下一步中央企业加强国有资本运作、促进国有资本合理流动的趋势将更为明显。与企业具体生产经营活动相比，资本运作涉及的交易往往更为复杂、专业要求更高、不可控因素更多、蕴含的法律风险也更大。从近几年中央企业的实践来看，既有通过证券、产权市场实现改制上市、增资扩股的成功案例，也有不少因违规操作、过度投机，栽了跟头的惨痛教训。当前，全球资本市场的规制越来越严格，欧美国家对国内金融创新的限制逐步收紧，进一步加大了各类金融产品向新兴市场的输出力度。因此，中央企业资本运作今后面临的法律风险将会逐步增多。而我们许多企业的法律顾问，在处理本行业、本领域传统法律事务时往往得心应手，但在面对资本运作，特别是重大投资并购、上市融资、产融结合等法律问题时，却感到心里没底，致使一些资本运作项目实际上处于法律风险难以得到有效控制的状态。

今后一个时期，中央企业法制工作必须在增强资本运作法律风险防范能力上下更大的功夫。重点实现"三个抓好"：一要抓好资本运作程序的法律把关。无论什么类型的资本运作，都要作为企业规划、财务、投资等部门的重点工作，都要确保法律部门的全程参与和法律把关。企业任何一个资本运作项目，都不能完全依赖社会上的投资机构和中介组织，企业自己要有一个准确的市场判断和基本的法律判断。二要抓好资本运作主体的规范管理。对于投资公司、财务公司、国际公司，以及以信托基金、证券、融资租赁等金融业务为主的企业，应当在法律管理方面提出更高的标准和要求。对于法律环境复杂、标的额大、周期长的重点资本运作项目，更应配备力量较强的法律人员，确保全程提供法律支撑和服务。三要抓好资本运作重点领域的法律风险防范。加强对上市公司合规事项的管理，防范各类证券违法违规风险。重视企业并购、资产重组项目的法律风险防范，切实防止国有资产流失。依法规范金融衍生品等高风险业务的决策、操作和管理，切实做到不盲目下险棋、不碰任何红线。

（四）适应不断深化企业内部改革的新要求，进一步推动企业配套制度建设

不断深化企业内部改革，是中央企业完善现代企业制度的重要内容。党的十八届三中全会在考核激励、选人用人、薪酬分配等方面，对国有企业加快内部改革提出了一系列新部署、新举措。历史经验表明，推进改革探索，必须制度先行。推动中央企业尽快建立健全相关配套制度体系，是积极有序推进改革、充分释放改革红利的重要支撑和保障。目前，中央企业基本都建立了一整套内部规章制度，但随着新一轮企业内部改革的全面展开，调整完善内部规章制度的任务仍然十分繁重。如何本着"于法周延、于事简便"的原则，将改革要求、法律规定和实际需要有机结合，使企业内部规章制度更加成熟定型，是当前法制工作面临的一项重要任务。

因此，未来一个时期，中央企业法律部门要注意在企业内部改革的配套制度建设中，切实发挥好牵头和把关作用。要重点把握好三点：一要高度关注重点领域的配套制度改革。例如，按照建立科学的激励约束机制的要求，推动健全完善考核评价和薪酬分配制度；在增加市场化选聘管理人员比例过程中，依法建立以合同管理为核心的市场化劳动用工制度；在混合所有制企业探索实行员工持股制度，依法规范允许持股的员工范围、持股比例、出资方式、离职时的股权处置等。二要重视提高企业内部规章制度体系的科学性。要结合当前深化企业内部改革的需要，深入梳理有关规章制度，及时开展立、改、废工作。对于改革有要求、却还没有相关制度规定的，抓紧建章立制；对于原有制度不适应新的改革要求的，尽快修改完善；对于一些制度交叉重复，或者不符合现行法律法规和相关政策规定的，及时予以废止。三要切实增强企业各项制度的执行力。有制度不执行，束之高阁、形同虚设，不仅会造成制度浪费，更会损害制度权威。要进一步加大对制度执行的监督检查力度，增强制度的刚性约束，对于违规、变通、规避等行为，严格追究相关人员责任，切实做到有规必依、违规必究。

（五）适应打造世界一流企业的新需要，进一步加强中央企业法律顾问队伍建设

党的十八届三中全会强调，要"普遍建立法律顾问制度"，

这不仅是对加强政府法治提出的明确要求，同时也为企业法律顾问队伍的发展指明了方向。推进法治企业建设，必须要有一支过硬的企业法律专业队伍作支撑。中央企业法律顾问队伍经过十多年的快速发展，已经改变了过去"散兵游勇"的状态，逐步呈现体系化、专业化发展趋势。然而，对标国际先进的跨国公司，中央企业法律顾问队伍建设仍然存在较大差距。比如，队伍的整体素质有待提高，复合型人才缺乏，尚不能完全满足企业参与国际竞争的迫切需要；法律顾问在一些企业的定位不尽准确，被边缘化现象还时有发生；法律顾问队伍稳定性有待增强，职业精神亟须加快培养，等等。

适应改革需要，对标世界一流，中央企业法律顾问队伍建设面临的任务更重、责任更大。在这方面，要努力做到"三个更加注重"：一要更加注重总法律顾问制度的深化完善。总法律顾问是法律顾问队伍的核心和关键。要从制度上逐步解决总法律顾问的职责定位问题，进一步发挥其在完善公司治理结构中的重要作用。企业各级领导要有识人之智、容人之量、成人之德，加快总法律顾问后备人才的培养。二要更加注重法律顾问队伍整体素质的提升。在稳定队伍规模的同时，要下大力气提高队伍质量、优化队伍结构。要强化在公司治理、资本运作、国际化经营等领域的法律培训，着力培养一批法律领军人才。要善于通过市场化选聘，吸引和配置法律顾问专业人才，做到引得来、留得下、用得好。三要更加注重法律顾问职业精神的培养。法律顾问队伍是企业依法诚信文化的专业践行者和传播者，承担着促进国家法治、维护企业权益、创造职业价值的三重职责。如果法律顾问队伍丧失职业操守、放弃法律底线，企业经营管理的法律"防火墙"就会出现裂缝。因此，法律顾问队伍要进一步树立忠诚于企业、忠实于法律的职业精神，既服务好企业各项经营业务，又坚守住独立的专业判断，有效实现追求效益与崇尚法律的统一。

中央企业法律顾问是打造"法治央企"、践行法治经济的重要力量^①

党的十八届三中全会明确要求"普遍建立法律顾问制度"。在中央企业普遍建立法律顾问制度,努力打造"法治央企",是企业实现"做强做优、世界一流"的重要标志,也是完善社会主义市场经济、全面推进依法治国的必然要求。

一、连续实施三个"三年目标",中央企业法律顾问制度不断完善

2004 年以来,国资委按照"建立机制、发挥作用、完善提高"的总体思路,在中央企业连续实施了法制工作三个"三年

---

① 本文节选自国务院国资委副主任黄淑和 2014 年 10 月 21 日在《法制日报》发表的署名文章。

目标",以总法律顾问为核心大力推进企业法律顾问制度建设,企业法律顾问的组织体系、业务领域、工作机制实现了跨越式发展。

法律顾问组织体系逐步健全。截至目前,113家中央企业集团层面全面建立了总法律顾问制度,全系统有2560户企业建立了总法律顾问制度。总法律顾问直接参与企业重大决策,全面领导企业法制工作,成为保障企业依法决策、依法经营的核心岗位。中央企业集团层面全部设置了法律事务机构,其中90%以上作为一级职能部门,绝大部分重要子企业也设置了独立的法律事务机构。企业各级法律事务机构上下联动,并与其他业务部门横向合作,初步建立起了"横向到边、纵向到底"的法律风险防范链条。中央企业全系统法律顾问队伍已经超过2万人,持有各类法律职业资格证书的比例接近80%。通过畅通专业技术晋升通道、设立职业岗位津贴制度、联合知名高校和律师事务所开展专项培训等配套措施,企业法律顾问队伍的法律职业素养不断提升。

法律顾问业务领域不断拓展。在风险防范、业务保障、价值创造和权益维护等方面,中央企业法律顾问的重要作用日益彰显。企业法律顾问坚持规章制度、重要决策和经济合同应审必审,进一步强化法律风险的事前防范,2013年中央企业集团及重要子企业规章制度、重要决策、经济合同三项法律审核率分别达到96.7%、98.1%和98.6%。企业法律顾问工作逐步融入整体上市、并购重组、国际化经营等业务,全程参与诸如收购加拿大尼克森石油公司等一大批重大项目决策,全面开展法律尽职调查,发挥了重要的法律支撑保障作用。企业法律顾问积极开展企业知识产权管理与保护、参与企业品牌建设，大幅提升了中央企业无形资产的价值，同时妥善应对各类法律纠纷案件，近几年来平均每年为中央企业避免和挽回经济损失上百亿元。

法律顾问工作机制日趋完善。中央企业依据《国有企业法律顾问管理办法》等规范性文件，结合自身实际，逐步建立健全企业法律顾问工作规则，构建了职责清晰、程序严密、运转高效的法律顾问制度体系和工作流程。许多中央企业确立了集中管理与专项授权相结合的法律管理工作模式，并将法律资源作为企业内部公共资源进行优化配置，创新了法律顾问区域协作中心、法律专家工作小组、一线项目法律顾问等工作机制，大幅提高了法律顾问工作的规范化水平。不少中央企业开发建成了法律管理信息系统，将法律管理各项要求嵌入业务流程，使法律审核成为不可逾越的节点，实现了法律管理链条可追溯、法律审核意见可查询，进一步杜绝了法律漏洞，降低了法律风险，实现了法律顾问工作与经营管理的有机融合。

二、打造"法治央企"，践行法治经济，中央企业法律顾问作用日益彰显

十年砥砺，中央企业法律顾问立足企业改革发展大局，从推进社会主义市场经济和依法治国的要求出发，努力找准工作

定位，深入挖掘内在价值，辛勤耕耘、开拓进取，日益成为打造"法治央企"、践行法治经济的一支重要力量。

企业法律顾问是"法治央企"的建设者。十年来，通过企业法律顾问的不懈努力，中央企业依法治理、依法经营管理的水平不断提高，适应社会主义市场经济要求的企业合规文化、法人治理结构、经营机制、规章制度等逐步建立健全，成为企业经营发展的重要软实力。中央企业领导班子法治理念和法治思维明显强化，"决策必问法、违法不决策"、"加强法制工作同样可以创造经济效益"等观念普遍树立。中央企业依法决策的制度逐步健全、流程日益完善，普遍实现了决策事项未经法律审核"领导不签字、议题不上会、单位不用印、上级不受理"。超过半数的中央企业依法开展了规范董事会建设，企业法人治理结构初步建立。2002～2013年，中央企业资产总额年均增长15.6%，营业收入年均增长19.7%，实现利润年均增长16.6%，但多数企业不良资产呈递减趋势，企业因自身违规违约引起的重大经济纠纷案件明显减少。

企业法律顾问是法治经济的践行者。市场经济就是法治经济，市场经济越发展成熟，就越要求企业依法合规经营。十年来，中央企业作为社会主义市场经济的重要微观主体，依托企业法律顾问制度，一手抓依法经营管理，防范法律风险，一手抓规范促进企业改革发展，依法独立决策，公平参与竞争，为中央企业成为合格的市场主体发挥了重要的支撑保障作用，并带动了其他国有企业和其他所有制企业合规经营。特别是在中央企业"走出去"开展国际化经营过程中，通过法律顾问的积极参与，切实做到了遵守东道国法律，履行社会责任，自觉依法合规经营，为我国企业树立了良好的国际形象，赢得了国际社会的广泛赞誉。

企业法律顾问是法治社会的推动者。十年来，中央企业法律顾问将"五五"、"六五"普法工作与企业依法治理紧密结合，通过报刊、网站等多种宣传方式，在企业营造了浓厚的法治氛围。90%以上的中央企业定期组织开展领导人员集中学法，80%以上的中央企业将依法治企纳入了对子企业的绩效考核。"市场竞争、法律先行"、"守法诚信是企业第一生命、违法经营是企业最大风险"等法治理念在广大企业职工中逐步内化于心、外化于行。在中央企业的带动下，国有企业从业的法律顾问超过10万人，其他所有制企业法律顾问队伍也得到快速发展。企业法律顾问与社会律师共同成为法治社会建设的重要力量。

三、立足改革发展新任务，中央企业 法律顾问工作舞台将更加广阔

党的十八届四中全会作出了"全面推进依法治国"的战略抉择，对打造"法治央企"提出了新的要求。中央企业法律顾问队伍要紧紧围绕改革发展大局，勇于担当，积极作为，努力在更新领域、更高层次上发挥作用。

要在服务中央企业改革发展上努力做出新贡献。当前，国有企业改革已进入深水区和攻坚期，深化改革是一场伟大的制

度创新,党中央和国务院多次强调国有企业改革必须依法有序推进。中央企业法律顾问要在依法推进改革中努力发挥作用,牢牢守住法律底线,确保企业各项改革举措依法依规;要结合企业改革实际,着力加强制度创新,将考核评价、薪酬分配、劳动用工、员工持股等改革成果定型固化,构建系统完备、科学规范、运行有效的企业制度体系;要准确把握法律需求,在股权多元化、国有资本运作、法人治理结构完善等方面加大工作力度,进一步推动企业法制工作与改革发展各项任务深度融合。

要在打造"法治央企"上努力取得新成效。中央企业市场化、国际化程度不断提高,面临的法律事务更加繁重复杂。当前,国际经贸规则对国有企业的特殊约束明显增多,国内市场规则更加注重对市场准入、公平竞争的统一规范,对中央企业打造"法治央企"、平等适用法律提出了新要求。中央企业法律顾问要高度重视掌握运用国际国内市场规则,不断提高运用法律思维、法律手段解决各种复杂疑难问题的能力,在支撑中央企业依法决策、公平竞争、实现做强做优中切实发挥作用。

要在加强专业队伍建设上不断实现新作为。过去十年,中央企业法律顾问队伍在专业化方面迈出了积极的步伐,但对标国际跨国公司,仍有不小的差距。中央企业法律顾问要继续在提高专业能力上下更大功夫,进一步强化法律业务和经营业务的交叉培训,尽快在公司治理、资本运作、知识产权、国际化经营等领域培养一批法律领军人才。要在培养职业精神上下更大功夫,进一步树立忠诚于企业、忠实于法律的职业精神,既服务于企业各项经营业务，又坚守住独立的专业判断，实现追求效益与崇尚法律的统一。要在完善工作制度上下更大功夫，充分运用信息技术，在法律管理中强化刚性约束，使依法合规成为中央企业每一个员工自觉遵守的行为准则。

只有"法治央企"
才能做强做优^①

国务院国资委成立以来，立足于中央企业改革发展大局，始终将打造"法治央企"作为提升企业核心竞争力的重要举措，积极指导推动中央企业依法决策、依法竞争、依法发展，不仅有力保障了中央企业稳健发展，而且在全社会产生了良好的示范带动效应。

一、充分认识打造"法治央企"的重要意义

打造"法治央企"，是中央企业做强做优的必由之路，对于推进法治国家建设和市场经济进程具有重要意义。

---

① 本文节选自国务院国资委副主任黄淑和2014年10月23日在《经济日报》发表的署名文章。

依法治企是推行依法治国的微观基础。全面推行依法治国涉及社会、经济、文化等各个领域的各类主体。目前，15.5万户国有企业、3700万国有企业职工，遍及各个行业领域，涉及各类社会关系，既是法律法规的重要实施者，也是法治社会的重要建设者。中央企业作为我国企业的"国家队"，必须在法治国家建设中树形象、作表率，通过建立健全依法治企制度机制，对外依法经营，对内依法治理，大力培育企业法治文化，努力夯实法治社会基础。

依法治企是推动社会主义市场经济进程的必然要求。市场在资源配置中起决定性作用，必然要求将国有企业打造成为合格的市场主体，按照平等的市场规则、通过公平的市场竞争求生存、谋发展。党的十八届三中全会明确要求各种所有制经济依法平等使用生产要素、公开公平公正参与市场竞争、同等受到法律保护。中央企业必须带头遵守国家各项法律法规，通过自主平等、规范有序的经营行为，与各种所有制企业共同维护良好的市场秩序和竞争环境。

依法治企是中央企业深化改革、做强做优的内生需要。依法治企是企业参与市场竞争的重要软实力。当前，中央企业在深化改革、科技创新、转型升级、国际化经营等领域任务繁重，面临的法律环境更加复杂，市场竞争更加激烈，迫切需要中央企业建立健全法律风险防范机制，充分发挥法律顾问队伍作用，加快提升法律风险防范能力，有效维护国有资产安全。

二、紧紧围绕打造"法治央企",中央企业法制工作取得显著成效

近10年来,国资委紧紧围绕打造"法治央企",按照"建立机制、发挥作用、完善提高"的总体思路,指导推动中央企业连续实施法制工作三个"三年目标",取得了令人瞩目的成效。

中央企业依法经营水平显著提升。通过连续实施法制工作三个"三年目标",中央企业领导班子法治理念和法治思维明显强化,"决策必问法、违法不决策"、"加强法制工作同样可以创造经济效益"等观念普遍树立。中央企业带头遵守法律、公平参与竞争,带动了其他国有企业和其他所有制企业依法合规经营。特别是在我国企业"走出去"过程中,中央企业遵守东道国法律,充分履行社会责任,自觉依法合规经营,为我国企业树立了良好的国际形象,赢得了国际社会的赞誉。

中央企业依法治理能力不断提高。通过连续实施法制工作三个"三年目标",依法治企成为中央企业的重要软实力。目前,已有超过半数的中央企业集团依法开展了规范董事会建设,企业法人治理结构逐步建立。截至2013年底,中央企业全系统有2560户企业建立了总法律顾问制度,集团及重要子企业规章制度、重要决策、经济合同三项法律审核率分别达到96.7%、98.1%和98.6%。2002～2013年,中央企业资产总

额年均增长 15.6%，营业收入年均增长 19.7%，实现利润年均增长 16.6%，但多数企业不良资产呈现递减趋势，企业因自身违规违约引起的重大经济纠纷案件明显减少。

法治建设的专业队伍迅速发展壮大。通过连续实施法制工作三个"三年目标"，中央企业全系统培养了一支 2 万余人的法律顾问队伍。在中央企业的带动下，国有企业从业的法律人员超过 10 万人，其他所有制企业法律人员队伍也得到快速发展。法律顾问队伍通过多种载体方式，积极营造法治氛围，成为企业传播法治理念、培育法治文化的重要力量。可以说，企业法律顾问和社会律师已经共同成为推动法治社会建设的重要力量。

三、适应全面深化国企改革的需要，进一步加快提高依法治企能力和水平

中央企业法制工作在我国社会经济的市场化、法治化改革进程中起步，也必将伴随改革的深化而不断发展。党的十八届三中全会明确提出："坚持法治国家、法治政府、法治社会一体建设。"中央企业要全面贯彻落实"依法治国"的部署要求，以打造"法治央企"为抓手，找准定位、主动作为，充分发挥企业法制工作在服务改革、支撑发展中的重要作用。

更加全面地保障依法合规经营。2014 年，国务院国资委监

管的中央企业有 47 家入选世界 500 强。但相比于国际跨国公司，中央企业在法治理念、制度机制和管理体系上仍有一定差距。因此，中央企业要继续着力提高运用法律思维、法律手段解决企业运作、市场竞争中各种复杂疑难问题的能力。一是要依法公平参与竞争。继续带头遵守法律法规，重信守诺，按照市场规则平等开展竞争，积极维护市场秩序。二是要依法完善企业内部治理。充分发挥公司章程的作用，进一步依法厘清股东会、董事会、监事会、经理层的职责权限，明确议事规则和决策机制，确保公司重大决策依法合规。三是要依法维护自身权益。妥善处理企业在市场经营中遇到的法律纠纷，服从司法机关依法作出的裁决，切实依法维护企业合法权益。

更加深入地服务企业改革发展。当前，中央企业改革发展正处于攻坚阶段和关键时期，改革越是进入深水区，越要强调依法合规。中央企业要更加注重在法治框架下推进各项改革措施。要坚守法律底线，在推动改革的过程中，注重履行法定程序，依法实施法律监督，有效防范违规操作、避免国有资产流失。要加快制度建设，探索总结企业在考核评价、薪酬分配、劳动用工、员工持股等领域的改革经验，逐步构建系统完备、科学规范、运行有效的企业制度体系。要强化重点支撑，重点在国有资本运作、股权多元化改革、法人治理结构完善、企业转型升级和国际化经营等方面加大工作力度，进一步推动企业法制工作与改革发展各项任务深度融合。

更加有力强化法律风险防范。中央企业资产规模大、改革任务重、市场挑战多，面临的法律风险更为复杂，必须更加重视健全法律风险防范机制。首先，要大力完善企业法律顾问制度。从制度上逐步解决总法律顾问的职责定位问题，进一步发挥其在公司治理中的重要作用，同时继续优化法律顾问队伍结构，尽快在公司治理、资本运作、国际化经营等领域培养一批法律领军人才。其次，要重点强化关键环节法律审核。运用信息技术手段、梳理优化业务流程，进一步提升规章制度、重大决策和经济合同法律审核的质量和效率。再次，要积极培育企业法治文化。结合"六五"普法工作，开展全员法制教育，进一步树立法治理念，增强法治思维，加快提升企业法治文化建设水平。

打造"法治央企"是中央企业在法治中国建设中的神圣使命^①

　　刚刚召开的党的十八届四中全会,作出了"全面推进依法治国"的重大决策部署,必将对中央企业改革发展产生重大而深远的影响。中央企业要把全面推进法治央企建设,作为贯彻落实四中全会精神的重要举措,深入推进依法治企的各项工作。

(一) 高度认识全面推进法治央企建设的重要性和紧迫性

　　第一,全面打造法治央企,是落实依法治国基本方略的必然选择。四中全会提出"全面推进依法治国",确立了

---

　　① 本文节选自国务院国资委副主任黄淑和 2014 年 11 月 4 日在中央企业法制工作会议上的讲话。

"建设中国特色社会主义法治体系，建设社会主义法治国家"的总目标，必将为中央企业在法治轨道上推进改革发展产生强大推动力。在全会精神的指引下，我国市场经济立法进程将不断加快，保障公平竞争的法律规范将更加完备；依法行政深入推进，政府职能转变、简政放权的深度和广度将进一步加大；公正司法通过一系列体制机制改革得到有效保障，司法公信力将明显提高；全民法治观念进一步增强，各类社会主体的依法治理能力也势必大幅提升。所有这些，都将为中央企业改革发展创造更加良好的法治环境，同时也对中央企业平等适用法律、公平参与竞争、依法合规管理提出了新的任务和挑战。

第二，全面打造法治央企，是进一步深化国资国企改革的内在要求。随着国资国企改革进入深水区和攻坚期，我们所面临的问题大都是比较难啃的硬骨头，包括国有经济布局结构调整和企业转型升级，国有资本投资运营公司的组建和授权运作，混合所有制企业的规范发展，完善公司治理结构和建立职业经理人制度，等等。全面深化改革的艰巨性和复杂性前所未有。改革必然带来利益关系的调整和法律关系的重构，因此，改革越是艰难，越要依法合规。中央企业只有全面提升依法治企能力，自觉将改革精神与法治思维有机结合，严格遵守国家法律制度，规范运作，才能落实好各项改革措施，有效避免在实践中出现重大矛盾和问题。

第三，全面打造法治央企，是中央企业实现可持续发展的迫切需要。近十几年来，中央企业经过跨越式发展，资产规模不断扩大，经营指标大幅攀升，经济效益显著增加。而国内外大企业经验教训表明，企业越大，其经营发展就越依赖法治。正如一艘巨轮在大海航行，法治就是压舱石。如果离开了法治的保障，很有可能带来巨轮倾覆的大风险。未来一个时期，中央企业结构调整、转型升级的任务很重，提质增效和保增长的压力也不小。面对宏观经济下行、市场需求不足、产能过剩以及融资成本偏高等不利因素，中央企业平衡短期增长与长期发展的难度将进一步加大。与此同时，中央企业还面临着日益严峻的内外部法律挑战。从国内市场监管看，有关市场准入、公平竞争的统一规范更加严格；从国际经贸规则看，对国有企业的特殊约束将逐步加大。在这些挑战面前，中央企业只有信法守法用法，才能使企业巨轮在市场经济中乘风破浪驶向远方，才能在全球竞争中立于不败之地。

第四，全面打造法治央企，是企业法制工作向更高目标迈进的强大动力。打造法治央企，是中央企业依法治企的升级版，代表着企业法制工作的新高度。我过去常讲，法制工作的价值，始终体现在保障和促进企业改革发展的大局上。当前，中央企业主营业务伴生的传统风险依然很多，重组整合遇到的风险问题错综复杂，国际化经营中的境外风险更加凸显，社会各界对央企广泛关注期待的舆情风险交织呈现。可以说，各种风险"警报声"不绝于耳，中央企业对风险防范的需求比任何一个时期都更加迫切。然而，当前中央企业一些领导干部运用法治化解风险的能力仍然不强，对法制工作的重视程度仍有待提高，企业法律顾问的配备比例不足，队伍的能力素质还不能完全适应企业快速增长的法律需求。因此，在顺利完成三个三年目标基础上，将央企法制建设全面提升到法治央企建设，这既是企业应对法律风险挑战的现实需要，同时也是企业法治建设进程中要实现的一次新飞跃。

（二）准确把握法治央企的核心内涵

全面推进法治央企建设，要求中央企业根据法治中国建设的目标任务，在新的历史起点上，努力将企业打造成为对外依法经营、对内依法治理的法治社会模范成员。要深入理解法治央企的精神实质，准确把握法治央企的核心内涵。

首先，法治央企是依法治理的企业法人。要使法治成为企业各级领导干部内化于心、外化于行的价值观。企业治理结构要依法构造，各治理主体要按规履职。企业规章制度体系要健全完备，制度执行要严格有效。全员合规意识要牢固树立，依法办事和按章操作要成为广大员工高度自觉的行为习惯。

其次，法治央企是诚信守法的经营实体。要带头遵守国家各项法律法规，坚决杜绝违法牟利现象，为全民守法作出表率。要崇尚契约精神和诚信精神，重合同、守信用。支持公正司法、严格执法，善于依法维护企业权益，切实保障国有资产安全。要进一步健全完善法律风险防范机制，充分发挥以总法律顾问为核心的法律顾问队伍作用，确保法律审核全面到位，企业经营发展的法律支撑和保障坚强有力。

再次，法治央企是公平竞争的市场主体。要在遵守市场规则的前提下实现企业的可持续发展，通过自主平等、规范有序的市场行为，引领带动各类所有制企业共同营造法治化的市场环境。要重视倡导公平正义,自觉维护市场秩序,积极履行社会责任。要进一步增强参与国际竞争的主力军意识,熟练掌握国际规则和东道国主要法律,逐步取得有关国际规则制定的话语权。

法令行则国治,法令弛则国乱。国家如此,企业亦如此。全面推进法治央企建设,使法治成为中央企业实现做强做优、世界一流目标的基本遵循和保障,这是中央企业在推进法治中国建设中承担的神圣使命和重要职责。我们一定要大力彰显法治精神,增强厉行法治的积极性和主动性,努力成为社会主义法治经济的践行者、推进者和带动者。

全面推进法治央企建设,必然要求中央企业法制工作在顺利完成三个三年目标的基础上,努力实现"再深化、再提升、再创辉煌"。今后五年(2015~2019年),中央企业法制工作的总体目标是:深入贯彻落实党的十八届四中全会精神,紧紧围绕中央企业改革发展中心任务,按照全面推进法治央企建设的总体要求,力争再通过五年努力,进一步深化企业法律风险防范机制、法律顾问制度和法律工作体系建设,进一步提升合规管理能力和依法治企能力,中央企业以总法律顾问为核心的法律顾问队伍全面实现专职化,法律人员配备比例接近国际同行业标准,全部中央企业法制工作达到国内领先水平,1/3以上企业力争进入世界先进行列,努力为中央企业改革发展、做强做优提供更加坚实的法律支撑和保障。

根据上述总体目标,下一阶段中央企业法制工作的重点任务是:

（一）继续推动企业法律风险防范机制建设再深化

这是中央企业法制工作服务企业改革发展、更好发挥作用的核心要求。要围绕法治央企建设，进一步拓宽企业法律风险防范领域。结合积极发展混合所有制经济、规范开展国有资本投资运营、加快完善法人治理结构等重点改革任务，严格开展法律审核，确保企业各项改革于法有据，切实加强产权保护，防止国有资产流失。要着力将法律服务全面融入企业转型升级、创新驱动和国际化经营，重视处理好风险与商机的平衡，以更加完备的法律风险防范机制促进中央企业提质增效升级。要加快建立全集团统一的法律管理信息系统，运用信息化手段使法律审核成为企业经营管理的刚性约束，从而有效实现法律风险防范的全覆盖。要针对境外企业法律风险高发频发领域，深入研究制订法律风险防范的具体措施，妥善应对境外重大法律纠纷案件，坚持独立法人地位，有效防范因"刺破公司面纱"带来的法律风险。

（二）继续推动企业法律顾问制度建设再深化

加强和深化企业法律顾问制度建设，是推动中央企业法制工作再上新台阶的重要组织保障。要按照十八届三中、四中全会关于普遍建立法律顾问制度、加强法治工作队伍建设的要求，切实把进一步健全完善中央企业法律顾问制度作为今后一个时期在组织建设方面的重点任务。要继续推进总法律顾问的专职化和专业化，全面落实总法律顾问职责。在业务规模大、国际化程度高、法律工作机制完备的企业，积极探索推动专业素质高、管理能力强的总法律顾问进入核心决策层。要适应企业法律顾问执业资格制度的改革要求，深入研究企业法律顾问能力评价机制，抓紧推动建立并积极发挥全国性企业法律顾问协会的作用。要进一步加大企业法律顾问培养力度，健全保障激励机制，拓宽职务职级和专业技术晋升通道，深入开展企业法律顾问岗位等级资格评审工作。努力打造一支适应法治央企建设需要、能与国际法律同行同台过招的优秀法律顾问队伍。

（三）继续推动企业法律工作体系建设再深化

健全完备的法律工作体系，是进一步提升中央企业法制工作层次水平的重要基础。要全面促进法律工作体系不断完善提高，确保在机构设置、职能配置和作用发挥三个方面同步推进。要科学界定企业法律部门承担的法律管控、法律服务、法律监督等职责，深入推动法律管理与企业经营管理的有效融合。要加快健全中央企业境外法律工作体系，大力推动在境外重要子企业全面设立法律事务机构或配备专职法律顾问。要积极开展与国际跨国公司法律工作的对标，加快制定本企业法律工作规范和指引，全面明确法律工作内容、程序和手段方法，努力提高企业法律工作规范化、标准化水平。

（四）努力实现企业合规管理能力再提升

大力加强合规管理，是未来一个时期中央企业法制工作应对法律规则变化、支撑企业稳健发展的重要着力点。所有中央企业都要坚持把依法合规作为业务开展的前提、检验结果的标准，在处理合规管理与经营业务的关系上，要始终坚持合规要求高于经济利益，业务活动遵守合规制度，对违规行为实行"零容忍"。要尽快建立统一有效、全面覆盖、内容明确的合规制度准则，健全企业前期防范、过程控制及违规惩处机制。要结合各企业实际，探索建立分工负责、协同联动的合规管理工作体系，明确由总法律顾问牵头，法律部门作为合规管理综合部门，相关业务部门和纪检审计监察等部门共同参与、齐抓共管。要突出反垄断、反不正当竞争、反商业贿赂以及环境资源、税务、劳工、知识产权等合规管理的重点领域，面向企业领导干部、关键岗位人员、海外工作人员等重点人群，有针对性地加强合规教育培训，加快形成全员合规的良性机制。

（五）努力实现依法治企能力再提升

不断提升依法治企能力，是全面推进法治央企建设的内在要求，也是中央企业法制工作的最终目标。未来五年，要持续强化企业各级领导的法治思维，将企业领导干部集中学法制度化、常态化，要把法治建设成效作为衡量领导干部工作实绩的重要内容，把能不能遵守法律、依法办事作为考察干部的重要指标。要深入推动将依法治企成效纳入所属子企业考核体系，积极探索具体有效的考核办法。要进一步提高中央企业依法治理水平，高度重视公司章程作为企业内部宪章的统领性、基础性规范作用，依法明确公司治理各主体间的职责权限。要依法规范中央企业对子企业行使股东权，加快完善授权委托制度，正确处理好维护出资人权益与尊重子企业经营自主权的关系。要深入培育中央企业法治文化，努力为依法治企能力的再提升营造良好的法治文化氛围。

行进在法治的大道上

李朝晖[①]

一、引　子

自 2004 年国资委提出了法制工作三年目标，现在已进入第三个三年目标检查验收的收官阶段。经过九年的努力，央企法制工作发生了显著的变化。九年中开始时我是中国核工业集团公司首席法律顾问，后来调中国核工业建设集团公司任总法律顾问。作为集团公司法制工作的组织者与推动者、实践者，一直战斗在法制工作第一线，亲历、见证着央企法制工作进程。回想点点滴滴，不禁感慨万千。数千文字难以承载多年法制工作之重，仅以寥寥文字勾勒集团公司法制工作激情岁月的几幕场景。

---

① 作者为中国核工业建设集团公司总法律顾问。

二、建立机制的第一个三年

——强化基础　扎实推进　取得实效

在 2004 年国务院国资委提出中央企业法制工作第一个三年目标之时，集团公司正处于国家核电发展进入快车道的大背景下。集团公司领导对法律工作高度重视，总经理在工作会上明确要求，在全系统推进以企业总法律顾问制度为核心的法律顾问制度建设，总法律顾问制度试点是全系统重点工作。当时总部法律人员除自己外，全是新阵容。新老结合的法律团队，全力以赴推进集团公司的法律工作。召开全系统法制工作会进行全面工作部署，下发《集团公司在成员单位开展总法律顾问试点工作的通知》，提出了总法律顾问工作的任职条件及开展总法律顾问试点工作步骤。其实早在 2002 年国资委开展总法律顾问试点工作时，集团公司就给予了积极响应，总经理办公会认可并上报国资委的试点方案由于总法律顾问的层级不符合要求未获批准，集团公司从实际出发创新性地将我聘为首席法律顾问负责集团公司法制工作。2004 年在总部聘任了具有企业法律顾问和律师双重资格的集团公司党组成员兼任总法律顾问。在成员单位通过要求报送试点方案、阶段性工作总结进行督促；开展工作检查与调研，对照各家试点方案提出检查整改意见，试点工作如火如荼有效推进。

法律部门作为集团制度建设归口管理部门，按照集团公司成立之初即提出的"凡事有章可循，凡事有据可查，凡事有人负责，凡事有人监督"的规章制度管理原则，发挥在规章制度制定、实施过程中的统筹作用。除做好年度计划、制度审核、编号发布等传统的基础工作外，重点在制度制定过程中部门职责接口与流程优化的协调上着力，并且组织全系统的重点制度宣贯会、培训会，阐述制定制度的目的、主要管理原则、工作流程和实施要求，推动制度意识深入人心。通过与政研、人力、审计、监察等部门对制度执行情况的联合检查与评估，发现问题，通报整改，确保制度的有效实施、动态完善。邀请管理咨询公司与标准化机构围绕"企业制度建设与标准化"进行研讨，配合外聘专业机构进行制度体系梳理，开展制度升版工作。制作重要制度简本，用简要文字加流程图，方便理解与执行。法律部门在促进集团公司制度建设方面下足了功夫，成为部门职责协调、流程优化工作的权威，推动全系统上上下下形成重视制度、遵守制度的良好氛围。法律部门对制度的管理工作获得集团公司主要领导的认同，在年度工作会上提交专题报告向成员单位推介。

法律部门还牵头制定了规章制度、合同、授权、企业法律顾问管理等多个专项制度，进一步明确了合同、规章制度、重要决策等提交法律审核的流程、时间节点、法律部门的审核时限等。在合同管理工作中，深入重点项目，提供法律支持。通过参与尽职调查，直接参与合同谈判，或者参加办公会、专题会，涉及铀资源开发、核电、核燃料、房地产、改制并购、重组上市、融资担保、中外合资合作等集团公司业务发展的方方面面，大量法律意见被采纳，维护了集团公司利益。针对成员单位改制和新设立公司较多的情况，法律部门结合实际主动研究，对公司治理机构职责权限划分有了更为明确清晰的界定，特别是研究提出了总经理办公会在公司治理机构中定位问题的解决方案，制定的公司章程文本成为有关部门批复新设公司和公司改制的格式文本。法律部门被有关部门誉为"良好的战略合作伙伴"。

针对法律顾问队伍力量薄弱的问题，法律部门加大力度组织多层次、多主题的法律培训。邀请外部各方专家学者为法律顾问讲解新法律，开展业务交流。包括在集团公司工作会期间，邀请我国当代著名法学家江平教授对成员单位一把手集中讲授《公司法》。对企业管理人员进行为期一个月的法律专业培训，增强管理人员法律意识，拓展法律后备人员。创造条件，争取资助，多年连续安排成员单位总法律顾问、法律人员参加国际机构为期半个月的核法律培训，系统学习覆盖核产业链各环节的有关国际公约、主要国家核法律制度。提升了总法律顾问和法律从业人员服务企业发展的专业能力和履职素质，加强了队伍建设。

通过扎实的工作，集团公司法律基础管理进一步加强，法律人员的作用逐步得到发挥，法律部门赢得了集团公司领导和各部门的信任，获得成员单位的赞扬与认可。在第一个三年法制工作目标总结时，自己有幸经集团公司推荐被国资委授予央企"十佳"优秀法律顾问荣誉称号。

三、发挥作用的第二个三年目标

——深度融合　深入突破　体现价值

　　2008年，国资委提出了法制工作第二个三年目标的要求。集团公司在法制工作上台阶、求深化、寻突破上加大工作力度，取得一定效果。集团公司将法律专业人员培养引进工作纳入"十二五"人才规划，并全面系统开展法律培训工作，成员单位领导、法律机构负责人、法律专业人员必须参加培训，必须报名参加企业法律顾问职业资格考试。召开全系统法制工作会，明确三年法制工作目标和28家重点成员单位的细化要求。法律部门逐家走访，与成员单位领导和法律部门商讨交流，明确目标，指出不足。总法律顾问制度以及法制建设在全系统大范围得以推进和拓展。

　　在国家发布"十二五"核电发展规划的形势下，社会上对集团公司铀资源供应保障能力提出质疑。为解决这个问题，集团公司实施了铀资源供应"三个三分之一"的战略（国内生产三分之一、国外购买三分之一、国外开发储备三分之一）。这样，海外铀资源开发成为集团公司一项重要的战略任务，为"走出去"项目提供法律支持保障成为法律部门的重点工作。如当时加紧进行的某海外铀资源开发项目，商业模式较为复杂。先是设立离岸公司，到目的地国成立铀资源合资公司，然后设计项目融资模式、争取政府出口信贷与优惠贷款、安排出口信用保险、铀资源销售长期协议，过程中合资公司引入政府项目基金，以及借壳香港上市公司并收购项目公司等等，法律部门全程参与相关工作，查询有关国家投资环境、法律规定等资料，研究审核项目所有法律文件。操作中往往时间紧、内容繁杂，法律部门多角度统筹把好法律关，与业务部门同进退，保证项目顺利进行、公司利益最大化。集团公司负责项目推进、国际开发、风险管控的分管领导虽然从不同角度对项目工作有要求，却也一致认可了法律部门的工作成效。从该项目可以体现法律工作与经营工作的有效融合，法律部门切实发挥了作用、实现了价值。

法律部门对项目的审核把控，不只是体现在单个项目上，而是通过制度、流程保证早期介入，过程参与，并形成了有效的工作机制，实实在在发挥作用。为推动全系统法律风险防范工作，组织召开集团公司法律风险防范机制建设工作研讨会，组织成员单位法律顾问及相关领域经营管理人员，对集团公司通用法律风险和核行业特有法律风险进行分析梳理，编印发布了《集团公司法律风险防控指引》，为成员单位进一步建立健全法律风险防范机制提供指导。一些成员单位结合实际，建立健全相应管理制度，发布本单位法律风险分析导则、工作手册等，建立了本单位法律风险防控机制，实现了国资委要求的"三项审核率100%"。

日本福岛事故后，各方对核电发展安全性的关注度急剧增加，我国制定《核安全法》的议案得到全国人大的高度重视，纳入其立法计划。为及时有效推动该项工作，全国人大要求集团公司在三个月内拿出法律草案，作为后续工作的基础。集团公司主要领导对此高度重视，亲自布置工作，要求法律部门按要求完成好工作。在时间紧、要求高的情况下，法律部门利用以前开展《原子能法》研究的工作基础，抓紧组织各方面专业人员论证、梳理核产业链条涉及和应当解决的核安全重大问题，应当建立的法律制度，搭建法律框架，然后组织集团公司内部各产业链上的专家进行研讨，并由集团公司主要负责人主持会议向集团公司以外的企业、科研院校专家学者广泛征求意见，完善法律文本，最终按照要求提交了高质量的法律草案，反映了业界对核安全立法的意见。之后，法律部门又陪同全国人大、国务院法制办、有关政府部门组成的立法调研组到集团公司内外核电基地、科研基地开展调研工作，准备调研接待方案、专家座谈会材料，提供全方位支持，为推动相应立法工作发挥了作用，受到全国人大专门委员会领导的认可与赞扬。

事实上，作为国家战略核力量的核心和国家核能发展与核电建设的主力军，集团公司一直重视并支持法律部门深度参与国家相关立法和课题研究工作，包括参加相关国际公约的制定修改工作，提供专业支持，反映修改意见建议，维护行业利益。本人作为国家《能源法》起草专家组成员，直接参与了从《能源法》大纲、工作初稿、工作稿、第二、三、四稿到征求意见稿各阶段文本的修改以及专家组课题研究、座谈研讨各项工作，不仅从《能源法》法律定位、立法思路、框架设计、制度安排等重大、涉及能源领域共性问题发表意见，更是结合核能发展需要法律保护的内容，专门组织课题组，带领业内人员开展《能源法》中有关原子能问题的研究工作，并先后召开四次研讨会及专家审评会进行深入研究，提出修改意见，与其他专家有效沟通，产生积极影响。对近年来不断引起重视、纳入立法计划数量大增的涉核法律规定，组织有关专业人员进行研讨分析，提出有利于行业、公司发展的意见和建议。多年来，已经出台或正在制定、修订的《矿产资源法》、《产品质量法》、《侵权法》、《能源法》、《电力法》等法律中出现了反映核工业特殊管理要求的特别条款。这些法律规定出台后，法律部门又开展跟踪与对策研究、学习宣贯活动，力争国家立法工作符合核工业实际，集团公司法律工作能真正为公司发展保驾护航。

可以说，法制工作必须超越单纯的法律思维，从企业经营实际出发进行谋划，从企业的逻辑出发充分利用法律规则，为企业谋取最大利益。努力做到国资委法规局周渝波局长在央企法制工作研讨会上所指出的："关键是我们要站在企业经营的角度审视法制工作，而不是站在法制工作的角度去看企业经营。"因此，着力推动法制工作和企业改革发展的各项任务紧密结合、深度融合应是法律工作坚持不懈的追求。由于管理思维与法律思维在工作中的统筹运用，提高了各方涉法事件处理的认知感和协同度，最终形成"法治合力"，进一步推动法制工作的深化。

四、完善提高的第三个三年目标

——创新　跨越　法律长存心间

国资委提出法制工作第三个三年目标之时，正值集团公司深化改革、实施新的管理模式之际。法律部门统筹内外形势与工作要求，在集团公司上下层层分解责任，建立适应新要求的法律管理体系，发挥法律风险防范机制在企业重大决策和经营管理中的支撑保障作用。

为了进一步将法律服务与企业的生产经营相结合，根据集团公司的整体战略规划，集团公司领导指示将"法律事务部"重组为"商务法律部"，整合公司商务工作资源，建立商务管理平台，负责重大项目的商务统筹协调工作。这就从顶层设计上解决了法律服务介入生产经营前端环节的问题，真正做到"事前预防、事中控制、事后监督"。

为进一步规范集团公司及成员单位法律工作，集团公司发布了《总法律顾问意见书要素指引》、《合同审核要素指引》、《法律尽职调查要素指引》，为成员单位出具法律意见书、开展尽职调查、审核合同中识别法律风险提供参考。要求成员单位进一步梳理法律风险点，建立动态评估机制，识别、防范本单位法律风险。

采取一系列专项措施不断推进法制工作的深入。提出集团公司落实法制工作第三个三年目标考评标准，明确落实目标的保障措施。建立法律风险防范责任追究制度。组织开展成员单位总法律顾问年度述职、企业法律顾问职业等级资格评审工作，推动总法律顾问履职能力的提高，全面保障法律人员的职称待遇。针对部分成员单位追索应收账款提起的诉讼案件增多的情况，法律事务部修订相关制度，对在办理法律纠纷案件中为企业挽回或避免重大损失的，可适当提取相应金额作为办案人员的奖励。实施持证上岗奖励制度，成员单位领导班子成员兼任总法律顾问的，只要取得企业法律顾问执业资格，可单列补贴。对通过考试人员给予适当的持证奖励。实施法律事务考核制度，明确将成员单位的法制工作纳入企业负责人的经营业绩考核，考核内容覆盖法制工作的各方面。其中，新三年目标的落实情况是考核的重点内容。

欣慰的是，经过坚持不懈的努力，依法经营意识显著增强，重视法律的氛围已经形成。预防为主、过程管控的法制工作理念已经深入人心。法制工作与业务工作有效融合已经成为我们的工作实践，依法治理、合规经营的水平迈上新台阶。

五、一路走来一路思考

在央企法制工作的推进中，国资委功不可没。出资人的到位为央企法律工作提供了平台，创造了机会。国资委主任每次对法制工作的批示，给予我们莫大的鼓舞。分管法制工作的委领导黄淑和副主任具有远见卓识，对央企法制工作更是一往情深，每次开会发表的慷慨激昂的讲话，总是让我们热血沸腾，情不自禁地追随，忘我地奋斗。难忘有一次黄主任腰有疾患，仍带病到会，坚持发表让人动情动心的演讲。可以说，淑和主任作为央企法律工作的带头人和精神领袖，犹如一位虔诚的布道者，带着使命，满怀热忱，传扬法治福音，为我们指明方向，鼓舞士气。

国资委法规局，央企法制工作的旗帜，法律顾问的"精神家园"，在推动法制工作中不遗余力。召开工作会、研讨会，印发文件，分析央企面临的环境、机遇与挑战，提出前瞻性的要求。举办法治大讲堂，组织调研培训，拓展视野，进行国际对标，深入交流，取长补短，提升职业能力与水平。开展检查评价，亲临指导，大力推动，确保央企法制工作整体推进。对我们遇到问题找上门时，总是热情接待，积极支持；对央企法制工作出现困难提出要求时，总是伸出援手，给予帮助。儒雅的周渝波局长，是央企法制大家庭的"掌门人"，运筹帷幄，协调八方，有力推动着央企的法制工作，注定会为法制建设的画卷抹上亮丽的色彩。

央企法制工作离不开领导的重视，法治氛围、合规文化形成对推动法律工作至关重要。经过一系列的推动措施和长期的潜移默化，法制工作逐步进入各级领导的视野。如今，集团公司领导对法律工作高度重视，但凡涉及生产经营决策的问题，集团公司领导第一反应就是让法律部门表达专业意见。总经理办公会的议题在上会前均需要经过法律部门的审查，作为专职总法律顾问，参加总经理办公会，为企业的生产经营提供法律专业意见和建议。

团队建设是法制工作的基础。离开了人，是什么事情也干不成的。以前法律部门人少，经常加班加点，但大家勤勤恳恳，主动作为。现在的法律部门，人员整齐，年轻上进，是一个朝气蓬勃、锐意进取的团队。在以效益为目标的企业中，法律工作难以成为企业中的主流，探索之艰辛，创新之不易，个中酸甜苦辣，只有我们法律人能够体味，但法律人的坚持和付出为企业的发展注入法律的理性保障。央企法律人，能打硬仗，勇于担当，在国资委的引领下，在各自的岗位上，充满激情，有韧劲，兢兢业业，积极作为，勇创佳绩，获得领导、员工、合作伙伴以致竞争对手的好评与认可。一系列骄人的数字，反映了央企法律人坚实的足迹。我们信仰法律、追求正义、崇尚秩序。我们不会因为法制工作处于初级阶段而消解我们的激情与理想，更不会因法律工作的具体琐碎而消磨我们的万丈雄心。我们选择，我们坚守，我们因为热爱充满激情，秉承敬业态度，迎接挑战，收获职业的荣光。在深情的阳光里，我们有理由自豪。

党的十八大、十八届三中全会提出全面推进深化改革的总目标，走具有中国特色的政治发展道路，"推进法治中国建设"成为我们法律人的历史担当。任重道远，我们将在国资委"法治央企"的战略指引下，一如既往，奋发有为，追随着国家法治的脚步，胸怀理想执着前行，让法律的梦想远航！

在法制工作三个
"三年目标"中前进

王中原①

2006 年，我从原国家国防科工委调任原中国航空工业第二集团办公厅主任。这一年，恰逢国资委推动中央企业法制工作建设第一个"三年目标"的第二年。时光荏苒、光阴似箭，转眼 9 年过去了，今年已是第三个"三年目标"的收官之年。回想这 9 年，我从以综合办公管理和政策研究工作为主，逐步转型为中航工业法律事务管理的推动者。一路走来，我在努力做好转型的同时，也见证了航空工业法律事务管理的收获与成长。

一、从政策研究到法律管理

从原中航二集团办公厅主任，到中航工业政策与法律事务

① 作者为中国航空工业集团公司副总法律顾问。

部部长，再到集团公司副总法律顾问，这9年来，我从企业法律管理工作的参与者，逐步融入其中，成功实现"主营业务"从政策研究到法律管理的转变，也在这个转变中积极为落实中央企业法制工作三个"三年目标"、提升航空工业法律管理工作水平贡献自己的力量。

在第一个"三年目标"期间，航空工业法律管理事务之于我，好比是"看在眼里"的关系。2006年我进入中航二集团工作时，并未直接参与公司具体法律管理工作，但作为分管公司法律办的部门领导，我已经开始接触并逐步了解当时航空工业的法律管理工作情况。当时航空工业的法制工作已经具备了较好基础，早在1994年中国航空工业总公司成立之初，航空企业就开始探索实行总法律顾问制度，由西飞公司等10家企业率先进行了试点。2002年，原中航第一、第二集团参加了国资委总法律顾问制度第一批试点，在总部及集团开始推行总法律顾问制度。2006年我进入中航二集团工作时，当时中航二集团总法律顾问李申田和中国一航总法律顾问郑晓沙，都是军工集团乃至整个央企内非常优秀的总法律顾问。在他们的大力推动下，两个集团积极贯彻落实国务院国资委第一个"三年目标"要求，在集团总部及所属重点企业积极建立总法律顾问制度，取得了很好成绩，为航空工业法制建设工作打下了坚实基础。截至2008年中航工业改革重组前，共有集团总部和54家成员单位实行了总法律顾问制度。

在第二个"三年目标"期间，中航工业法律管理事务之于我，变成了"握在手里"的关系。2008年中航工业整合成立后，我担任政策与法律事务部部长，正式开始组织推动企业法律管理工作。这一年，也正好是中央企业法制工作第二个"三年目标"的开局之年。由于整合前基础较好，当时中航工业重点成员单位总法律顾问制度实施比例超过60%，但是新设立的20家直属单位只有2家实施总法律顾问制度，大部分直属单位法制机构、职责和人员都是空白，基本未设专职法律顾问，许多法律事务基本依靠外聘律师，日常的法律事务无人管理，这与国资委"三年目标"和中航工业改革发展的要求差距甚远。为了改变这一现状，我们迅速采取行动，经过充分调研和论证，于2010年1月制定下发了《中航工业企业法律顾问制度实施方案》，确定了分段实施的方案，并把包括20家直属单位在内的77家重点单位纳入实施范围，超越了国资委要求的覆盖范围，这可以说是自我加码，客观上增加了实施难度。为了推动方案落实，我们将总法律顾问制度落实情况列入企业年度工作任务平衡积分卡考核内容，与企业一把手、分管领导和部门负责人业绩挂钩；并通过总法律顾问制度推进座谈会、年中工作检查和调研等措施加以督促；还创造性地将"三年目标"和总法律顾问制度实施情况列入"五五"普法验收内容（占总分的50%）。经过三年的努力，至2011年第二个"三年目标"结束时，中航工业实现总法律顾问在二级子企业和重要子企业100%覆盖，77家重要子企业实施数量在央企中领先（后因改革变动缩减至75家）。

在第三个"三年目标"期间，中航工业法律管理事务之于我，上升为"融进心里"的关系。2012年初，国资委法制工作第三个"三年目标"开始实施。同年3月，我们召开了集团公司第二次法制工作会，部署落实新"三年目标"任务。为了解决新"三年目标"的重大疑难事项，我们经过组织调研和深入研讨，于2013年7月下发了《中共中航工业党组关于加强法制工作若干事项的决定》，这在中航工业法制工作史上具有里程碑意义。站在推动实施"两融、三新、五化、万亿"集团发展战略的高度，从法制工作的总体要求、体系搭建、流程管理、队伍建设等14个方面全面系统地进行了部署和安排，创新性地解决了总法律顾问职级问题，为专业法律人才晋升为企业高管、更有效地发挥作用开辟了一条绿色通道，对全面提升中航工业法制建设工作意义重大。同时面对2012年全集团75家重点单位总法律顾问专职率仅为13%的局面，我们多管齐下、攻坚克难，通过培训考试、内部选拔、公开招聘等途径努力实现总法律顾问专职化，3年来总法律顾问专职化率基本达到80%。

作为一个非法律专业出身的法律工作者，我在工作中逐步对法律学科产生了浓厚兴趣，并通过努力顺利通过考试，取得了企业法律顾问执业资格证书，不仅增加了自己的法律知识储备，也增强了对法律管理工作的信心。目前，我还在抓紧时间深入学习相关法律法规，进一步储备知识、提升素质，为更好地开展法律管理工作、服务于集团改革发展发挥更大作用。

二、辛勤耕耘结出丰硕成果

自中央企业法制工作"三年目标"工作推进实施以来，我们严格按照国资委要求，紧紧围绕建设具有国际竞争力跨国公司的目标，大力加强法制建设，企业法律管理工作水平有了显著提升，为集团公司的科学发展提供有力的法律保障。特别是中航工业整合成立以来，我亲自参与推动了公司法制建设工作，见证并深刻感受到公司法律管理工作的变化和成长，其中感受最为深刻的有以下几点：

一是在工作水平上，企业法律事务管理能力得到全面提升。我们通过高标准、严要求贯彻落实国资委三个"三年目标"，使集团公司法律管理工作能力大幅增强，正加快实现林左鸣董事长在 2009 年集团公司第一次法制工作会上讲话中提出的四个转型升级：即工作目标由偏重利益保护型向价值创造型转变；工作重点由事后补救型向事前防范型转变；工作格局由偏重独立分散型向系统集成型转变；管理体系由偏重专业事务型向管理融合型转变。企业法律部门的工作不断得到认可，总法律顾问的作用有效发挥，企业的法律工作能力全面提升。截至 2013 年底，集团公司总部规章制度、经济合同、重要决策三项法律审核率均实现了 100%，重点成员单位的指标也分别达到了 98.4%、98.8%、96.9%，法律工作的规范化和标准化水平全面提高。近三年来中航工业因自身违法、违规引发的重大法律纠纷案件基本杜绝，企业法律风险防范机制建设取得显著成效。根据国资委"三年目标"进展情况考评通报结果，在 113 家央企中，中航工业 2009 年度排名第 47 位，2012 年度上升到第 30 位，2013 年度前进至第 18 位。

二是在队伍建设上，培养了一支专业化的法律工作管理团队。经过三个"三年目标"的强化培养，特别是经过新"三年目标"的专职化攻坚，集团公司法律人才队伍建设成绩突出，建立起一支层次清晰、职责明确、结构稳定的法律工作队伍，有效满足了集团公司快速发展对法律事务的需求。一是建立了一支专职化的总法律顾问队伍。截至 2013 年 6 月 20 日，中航工业所属 75 家重点单位中已有 58 家单位总法律顾问实现了专职化，专职率从 2012 年的 13% 提升至 80% 左右，若算上专职副总法律顾问，这一比例达到了 90% 左右。二是打造了一支专业能力突出的中坚团队，主要以法律机构负责人、重点业务骨干为代表，他们大都具有较深的法学背景、丰富的工作经验和优秀的专业能力。三是形成了一支素质优良的法律顾问基础团队。截至 2014 年 1 月 31 日，集团公司各级单位共计拥有法律顾问 532 名，据不完全统计，其中已经取得企业法律执业相关资格证书的达到 380 人，持证上岗率由 2011 年的 43.1% 提升至 71.4%。

三是在体系构建上，打造了一个深度协同的矩阵式法律工作体系。在国资委"三年目标"的推动下，我们根据集团公司具体实际，经过多年的推动和完善，建立了一个纵向无缝衔接、横向高度协同的矩阵式法律工作体系。在纵向上，我们根据集团公司管理架构，建立了"总部—直属单位—成员单位"三级法律工作管理体系，总部负责全集团法律管理的系统规划，处理集团公司重大法律事务，并指导和协调所属单位开展法律事务工作；直属单位、成员单位依照职责和分工承接集团工作部署，处理本板块或本单位的法律事务。在横向上，2011年，我们在全集团 500 多名法律顾问中选出法律工作经验丰富、业务能力强、在集团法律工作领域较有影响的 24 名法律顾问成立了专家委员会，委员会内部实行专业化分工，为集团公司法制建设的发展发挥智囊和参谋作用。我们还针对集团公司所属企业数量多、分布广等特点，按区域划分成立了6个法律事务地区协作组，作为各地区工作交流、法律支持的重要平台。此外，我们还与集团外部的律师事务所、高校法学院等机构建立长期合作关系，在相关国别法律环境研究、专业复杂案件领域形成稳定的外部协同机制。依托这个较为完善的法律工作体系，集团公司依法治企整体水平有了显著提升。

三、对法律管理工作的几点体会

这些年来，中航工业法制建设工作取得了显著成绩，为公司改革发展提供了有力保障。能够取得这些成绩，从根本上说，得益于国资委对央企法制建设持续不断的强力推动；得益于集团公司党组的正确领导，特别是党组书记、董事长林左鸣、总经理谭瑞松高度重视法律工作，副总经理、总法律顾问吴献东亲自主抓和推动集团公司重大法律事务；得益于集团公司各级领导、530多名法律顾问的共同努力和奋斗。在这个过程中，我通过几年的工作实践，加上自己对法律知识的学习，对企业法律管理工作有了一些认识和体会。

一是企业法律工作者要把关注专业、提升素质与服务中心、创造价值统筹起来。企业法律工作者作为从事企业法律事务的专业人才，应当精通所擅长领域的法律业务，具有处理复杂或者疑难法律事务的工作经验和能力。要专注于解决企业各类活动中的法律问题,包括确保企业合法经营、参与企业诉讼、仲裁活动、选择和联系外聘律师、为其他业务部门提供法律咨询等,以保障企业合法权益不受损害。但是,企业法律工作者的眼光绝不能局限在自身狭窄的专业领域,更不能在参与企业经营管理中只会说"不",必须转变思维、提高站位,真正认识企业的核心在于战略、主责在于经营、目的在于增值,真正理解"用法律创造价值"的内涵。要站在企业经营管理者的角度,把保障和推动企业发展战略和经营目标落实作为核心任务,勤于思考、主动谋划、积极参与,用法律思维、法律方式、法律能力为经营者建言献计、发挥作用,使法律工作在服务于企业战略中建功立业、实现价值。

二是企业法律工作者要勇于应对现实法律环境的困难和挑战,保持锲而不舍的恒心和长期奋斗的信心。在经济全球化高度发展的今天,企业走进市场、走向世界已经成为做强做大做优的必由之路。然而,随着企业市场化水平提升和海外投资规模的扩大,企业面临的法律风险也急剧上升。在这种情况下,作为企业法律工作者,应该树立起高度的责任感和使命感。要认识到法律事务对于企业发展的重要性,树立为企业参与全球市场竞争保驾护航的宏伟目标,坚定用法律创造价值的信心,咬定青山、乘势而上、发挥作用。同时,也要正视中央企业法制建设面临的困难与挑战。这些年我们在工作实践中深刻体会到,并非所有的企业领导干部都能意识到法律管理工作的重要性,在个别单位,有时会为贯彻一个文件、落实一个岗位而讨价还价,更不用说给予法律工作者更多的发言、发展机会了。

在工作中我们发现，企业中法制工作的地位作用与其市场化、国际化程度密切相关，那些真正重视企业法律工作的，要么是因为在法律事务上"吃过苦头"的、要么是"尝过甜头"的。在这种情况下，我们不能期望每个经营者自发地具有很高的法律意识，对法律工作的具体环境要求过高、操之过急，必须稳扎稳打、循序渐进，一步步把企业法律工作制度和体系建立起来，最终定能积少成多、集腋成裘，成为企业改革发展不可或缺的重要部分。

三是企业法律工作者要站高望远、主动有为，积极探索通过搭建平台、形成机制发挥职能作用。对于法律工作者来说，只要清楚地认识到法律事务工作在企业成长发展中的作用必然越来越重要，就不应纠结于"有为"和"有位"的问题。李克强总理说："喊破嗓子，不如甩开膀子"，就是告诉我们要付诸行动，踏踏实实把工作干好。只要我们主动把工作做好，随着企业的发展和工作成绩的积累，这些成绩发挥的效用必然会愈发明显，创造的价值也会逐步得到肯定，应有的认可和地位也会自然而然、顺理成章地到来。但是，作为整个集团法制建设的推动者，不应该仅仅期待个别领导法律意识的觉醒，有责任也有义务积极主动去搭建平台、开辟通道，尽早让更多的专业法律人才走上合适的岗位参与决策、积极管理，为企业排除风险，推动法律工作发挥更大作用，以最大限度保障企业的合法权益不受损害。而各级企业经营管理者也应该以现代市场主体的思维高度重视法律事务工作，为各级法律顾问创造平台参与到日常经营管理决策中来，这样才能真正发挥企业法律顾问事先防范的重要作用，而不是待出现损失后再亡羊补牢，"治未病"也是法律管理的一个较高境界。

今天再回过头来看航空工业落实国资委三个"三年目标"的奋斗历程，尽管期间经历了种种困难和艰辛，但是与实施"三年目标"之前的状态相比，与集团公司整合成立之初的情况相比，今天的成绩令人欣慰。当然，目前我们的法律管理工作仍有一些不足，相信经过全体法律工作者坚持不懈的努力，中航工业法制建设工作一定能够在现有基础上再上新台阶，为建设具有国际竞争力的跨国公司提供支撑，为中央企业法制工作持续推进贡献力量。

九年苦寒梅香来

安晓非①

伏案遐思，凭窗远眺，让历史的页码翻到 2005 年，国资委第一次提出推行中央企业法制工作三年目标建设工程。时光如梭，一晃就是九个春秋，等到时间的车轮碾到 2014 年的坐标轴时，央企法制工作第三个三年目标已收官在即，这九年，中船集团栉风沐雨，筚路蓝缕开展法制建设，虽不言硕果累累，但终可闻寒后梅香。

一、形势、发展、变化

中船集团自 1999 年成立以来，主要以船舶造修为主，"一船独大"，是典型的外向型行业，受世界航运业拉动，在世界金融危机爆发之前，船舶市场呈现出"这边风景独好"的一片

---

① 作者为中国船舶工业集团公司总法律顾问。

繁荣气象,许多潜藏的法律风险在大好船市面前被掩盖和忽视,一方面船东由于接船意愿急切而降低了各方要求,一方面船企由于忙于应付生产而忽视了风险防范机制的建设。世界金融危机爆发后,世界宏观经济形势迅速下行,航运与船舶市场遭受严重打击。据数据统计,反映世界航运市场总体运行情况的克拉克松综合运费指数一落千丈,从危机前50000美元/天一度下跌至不足10000美元/天。危机前,世界造船市场新船订单年均成交量最高的2007年达2.7亿载重吨。危机后,航运业的运营危机迅速传导至造船市场,导致全球新船成交量大幅下滑,如2009年仅成交5750万载重吨。受金融危机深度影响,世界航运市场运力与运量出现双重过剩,全球船舶贸易一度低迷并持续,引发了造船企业一系列风险。作为国内最大,世界第二造船集团,中船集团法制工作遭遇了前所未有的困难与挑战。

外部风险积聚式爆发,加之内部法律风险防范机制的急待完善,一时之间使得中船集团纠纷案件突发频发。在这特殊的历史时刻,法制建设显得尤为迫切而重要,国资委推行的央企法制三年目标工作对中船集团来说可谓恰逢其时,中船集团法制建设之路在外力推动与内部需求双重合力下逐步深入。随着中船集团不断深化改革与创新发展,经营业务范围从传统的船舶造修开始向适度多元发展,单一的业务板块布局如今转型升级为"以军工为核心,六大板块协同发展"的战略格局,集团公司已经不单单满足于造船集团的角色,开始向世界海洋装备市场全面进军,集团公司在资本市场化、业务国际化、管理体制自由化与开放化等方面较以往都有了更大拓展。这些变化都对企业法制工作产生了强烈的内生需求，同时也提出更高要求。

以总法律顾问的视角，在亲历中船集团艰难应对金融危机的冲击与影响的过程中，我切实地感受到国资委推行的央企法制工作三年目标工作，在中船集团转型、升级、发展的过程中所发挥的积极而深刻地影响，特别是对中船集团法制建设进程的极大推动作用。

表现之一：企业法律风险防范机制，由点到面，功能与作用逐步发挥与显现

中船集团把法律风险防范机制建设作为法制建设的核心与基点，坚持法业结合的原则，以制度建设为主线，以打造"一软一硬"两个工作平台为抓手，不懈推动法律管理与业务经营的融合发展。

首先，中船集团及各企事业单位加强规章制度建设，注重顶层设计与内生需求紧密结合，坚持立改并举，提高制度制定与修改的科学性与规范性，引领与保障企业改革创新、转型发展。2013至2014年度中船集团总部"立、改、留"制度242项，所属各企事业单位法律事务机构主持或参与制修订相关制度1700余项，为集团公司及各单位转型发展与管控调整奠定良好制度基础。其次，中船集团及各企事业单位逐步把规章制度与重要决策纳入到法律审核的必要范畴，不再局限于以往单纯的合同审核。目前，集团总部及13家重要子企业基本上实现对规章制度、经济合同、重要决策法律审核的100%，为企业经营预控法律风险，提供坚实法律保障。第三，中船集团根据转型发展六大业务板块的特点，按照不同业务领域与规范标准，组织相关板块企事业单位研究和编制造船、修船、海工、动力机电和现代服务业等 13 个系列法律风险防范手册，提高集团公司防范法律风险的软实力。针对萎靡船市下"交船难"与"延付款"等突出问题，开展法律风险防控专项研究，并把造船合同标准化作为重大课题进行专题研究，真正让法律风险防范前置，从源头上加强风险防控，防患于未然。

表现之二：企业总法律顾问制度，从无到有，角色与职能不断转变和深化

作为中船集团总部第二任总法律顾问，看到集团公司各企事业单位总法律顾问制度从无到有，从兼职作为到专职行权，逐步得到企业重视并朝着正确的方向欣欣发展而由衷地感到高兴与宽慰。

在国资委三年目标工作的连续推动下，中船集团重视加强企业总法律顾问制度建设，在机制建立、人员配置、职责落实方面都发生了积极变化。集团公司各企事业单位从以前对企业总法律顾问制度的一无所知到按照上级需求被动建立，到目前根据自身风险防范内生需求自发设立总法律顾问，变化显著，令人欣慰。第一个三年目标正值世界船市火热时期，企业法制、风险防范未能在船企得到有效重视，总法设置举步维艰，第二个三年目标实施期间，中船集团的总法制度也仅仅是刚刚入门，绝大多数的重要子企业的总法制度有名无实、名不副实，更谈不上作用发挥，其他单位只闻总法律顾问制度之名，却不知其形与实。进入第三个三年目标时期，中船集团法制工作有了质的飞跃，集团公司总部及 13 家重要子企业全部建立了总法律顾问制度，其中 7 家单位（包括总部在内）已经实现了总法律顾问专职，总法律顾问角色与职能也较以往发生了不同的变化，从过去的兼职于形，华而不实，难以有效发挥总法制度效能，到而今的职责固化，专职行权，统领管理与统筹负责企业法律事务，进步显著。其他企业也积极响应集团公司三年目标工作部署，紧跟业务需求，相继设立总法律顾问，健全机制，履职行责。

表现之三：企业法律工作体系，由散到整，机构与职责逐步夯实与完善

在国资委三年目标正式推动下，中船集团从 2001 年在办公厅下组建了法律处，到今天正式成立政策法规部，不断完善法律工作体系，取得了积极变化。

回溯过往，记得法律处的工作人员均是由各部门有关人员兼职，并无一名法律专职人员，所属成员单位法律部门更属"稀缺资源"，星点分布，机构不健全，队伍缺兵少将是普遍现象。但经过十几年的努力，尤其是在九年三年目标实施期间，中船集团借力三年目标之东风以及集团公司全面转型发展的春风，紧密结合业务需求，于 2013 年 3 月正式成立了政策法规部，作为一级建制部门独立办公，归口管理与统筹负责集团法制工作，这在中船集团法制历史上具有里程碑式的意义。中船集团各企事业单位在集团公司法制工作的统一部署下，先后成立法律事务机构，尤其是 13 家重要子企业，到目前为止基本上都实现了法律部门的一级独立建置，无论是人员配置还是职责落实都取得了长足进步。企业法制机构职能较以往发生了重大变化，职责范围与内容变得更加"丰富多彩"，从以前的只是"审审合同，打打官司"，现在已经扩展到统筹负责企业制度体系建设、合同与纠纷管理、全面风险管理等工作。

表现之四：企业法律顾问队伍，由弱变强，能力与水平不断提高与加强

如果，把中船集团大部分企事业单位以往的法制工作模式比作为"光杆司令，散兵游勇"，那么这十年，让我感受变化最深刻的是，各事业单位按照集团公司三年目标工作部署的要求，以自身业务需求作为工作牵引，通过积极努力，法律工作团队呈现出一片新的面貌——"将兵和谐，团队协作"。企业法律顾问队伍正由弱变强，茁壮成长。

目前，中船集团正按照"分类管理、动态管理、延伸管理"的工作思路在全系统建立健全企业法律顾问制度，企业法律顾问队伍日渐壮大。中船集团每年都开展全系统法律顾问培训，不仅注重业务能力的提高，也逐渐重视对法律管理能力的培养。集团公司开创性地开展了风险防范管理第一期培训班，聘请业界名师亲自授业解惑，传授全面风险管理的先进理念，在开阔参训人员眼界与思维的同时，丰富了全面风险管理方面的专业知识与实践经验，这次培训在集团内部被赞誉为"风控培训黄埔一期"。

遍看中船集团法制建设之路，正所谓"几多耕耘，几多收获"。经过大家的不懈努力与共同付出，中船集团及各企事业单位法律风险防范机制不断完善，总法律顾问制度日渐加强，法律工作体系不断健全，全系统法律顾问队伍逐步壮大。喜看群企多努力，山花烂漫会有时，这些成绩的取得既是企业自身成长的结晶，更是国资委三年目标工作持续推动的结果。

二、案件、启示、体会

案件

作为一名长期奋斗在法律战线上的老兵，结合总法律顾问的履职经历，撷取集团公司法制建设历程中两个影响深刻的案例与大家一起分享。这两个案例，同是伦敦仲裁案例，一反一正，发人深省。

案例一：阿嘉莉轮合同纠纷案，忽视法律，教训惨痛

2007 年 11 月，中船集团某船厂与船东签订了将"阿嘉莉"轮由单壳超大型油轮（VLCC）改装成双壳超大型矿砂船（VLOC）的轮改装修理合同。但在"阿嘉莉"轮改造过程中，船厂由于尚未建立总法制度，领导班子对影响合同履行的外部情势变化缺乏必要的法律风险意识，缺乏法律诉讼决策能力，尽管集团加强对案件的分析指导和会商谈判，但由于企业坚持不采纳集团公司协调和指导建议，错失应对良机，并导致被船东诉至伦敦仲裁，最终败诉收场，后虽极力弥补，在各方帮助下达成和解，亦给付了巨额经济赔偿。整个"阿嘉莉"轮案件的处理过程，姑且不论此案裁决是否公平，最后结果是否公正，单就我方船厂缺乏法律的理念、缺乏合规行事的流程、缺乏有力的企业法律顾问队伍等表现而论，绝非一桩冤案。此案在中船集团反响很大，剖析案情，在市场经济、信用经济的大环境下，企业在生产经营、对外合作过程中，务必时刻保持清醒的诚信意识、严格的规则意识、高度的风险意识，切勿"重量化生产，轻规则管理；重合同签订，轻合同履行；重以礼相待，轻按约行事"，否则将会给企业的生产经营带来不可估量的意外经济和声誉损失。

案例二：HSS 船舶知识产权案，依法行事，维护权益

2007 年 3 月份，荷兰 HSS 公司向中船集团旗下某知名造船企业多次发来邮件声称，该企业 2004 年签订合同建造的 HZ 船总图与其 Genchart 船完全一致，直指该企业违反了其于 1998 年与 HSS 所签署的关于 Genchart 船设计许可协议的约定，要求赔偿，在双方协商未果的情况下，HSS 公司于 2009 年向伦敦仲裁委员会提出仲裁申请。面对突如其来的仲裁，该船厂并未自乱阵脚，束手就"裁"，而是选择了主动应对，据理力争，该船厂总法律顾问从业多年，经验丰富，亲赴伦敦，一边聘请英国大律师出具权威意见，谋定抗辩策略，一边积极查阅属地档案，搜集有利证据，做好抗辩准备，经过多次交锋，最终赢得了来之不易的胜利。该船厂的胜利总法律顾问发挥了重要作用。本案胜诉彷如一针强心剂，鼓舞了士气，扭转了逢伦敦必败的局面，让船厂知道在面对纠纷诉讼时，只有敢于亮剑，方能维权保益。

启示与体会

近年来，受船市低迷的影响，船东弃船、延接新船、延付账款演化为普遍现象，船企的利益遭受严重威胁，面对船东，一味忍耐退让、息事宁人不仅不会迎来海阔天空，只会招致无妄之灾，船企在应对纠纷案件时，要克服传统的"惧讼"心理，转变旧思维、旧习惯，敢于面对，善于应对，运用合理合法、充分有效的法律手段，力争事实，维护权益；要不断加强法律在企业生产经营中的管理，不仅有理更有据，方能赢得诉讼。

几十年的法律从业经历，多少风雨，多少甘甜，让我对企业法制工作的意义有了更深刻的理解。依法治企不仅是一句响亮的口号，更应是一种文化和理念，一种规范和习惯，有其形而更应有其实，做到企业心中应有"法"。在企业发展与经营过程中，企业领导要做到依法谋决策，依法求发展，依法行管理，一线企业员工要做到"事前要知法、遇事应懂法、做事须守法、事后会用法"，自上而下形成较为完善的依法治企工作体系，孕育依法治企的工作氛围，从领导岗位到一线生产车间，每一位企业人员都能够"法"字装在心中，"法"意领会于平常，依法行事，遵法而为。

法制工作者该如何在依法治企的潮流中诠释角色和发挥作用？我想，一名优秀的法律工作者，不能仅仅停留在审了多少合同，结了多少纠纷，正如国资委黄淑和副主任在《中央企业十年法制》访谈时把法律顾问在中央企业经营管理中发挥的重要作用给予这样生动的比喻:"法律顾问是企业重要决策的参谋和助手;是企业重要合同的把关者;是企业合法权益的守护者;是企业法律风险的守门者"。如果把企业比作一条在大海上航行的帆船,那么法制工作者不是掌舵者,但应是掌舵者身边靠谱的智囊,告诉掌舵者前行的海域哪里暗礁密布,哪里潜藏行险,而不是等到帆船触礁后,才事后诸葛,呼喊抢救;法制工作者不是撑帆者,但应是撑帆者身边得力的助手,虽不能直接提供航行的动力,但可以帮助观测风云的变化,因时调整风帆的方向,少走弯路。法制工作的意义在于提供优质的法律服务,让企业老总放心大胆的决策经营;提供坚实的法律保障,让企业健康持续的发展。

回首,往事浮现,法制烟雨弥于思扉,苦酸在喉,但味甘于心;展望,使命在肩,法制责任行于足下,崎岖在路,但激情向前。

法制工作的辉煌十年

张吉星①

2005～2014 年十年时间里，国务院国资委面向中央企业连续部署实施了法制工作三个三年目标。十年时间，对于中央企业法制工作来说，是令人难以忘怀、富有纪念意义的十年。正是这三个三年目标计划的强有力推动，使得中央企业的法制工作体系建设从无到有、从小到大、从弱到强，迈出了坚实的步伐，取得了丰硕的成果。中国石化作为 2013 年全球 500 强排名第 4 位的中央企业，坚决贯彻落实国务院国资委的部署安排，以总法律顾问制度建设为核心，全面实施三年目标计划，推动法制工作取得长足进步，走在了中央企业的前列。

一、构建体系，加强总法律顾问建设

一是自我加压，全面配备总法律顾问。2004 年 5 月 14 日，

---

① 作者为中国石油化工集团公司法律事务部主任。

国务院国资委发出通知，要求用 2～3 年的时间，在中央管理主要领导人员的 53 户中央企业和其他具备条件的部分中央企业、部分省属国有重点骨干企业建立总法律顾问制度。在中国石化总法律顾问率先到位的基础上，积极在全系统全面推行和配备落实各直属企业的总法律顾问。2004 年 8 月 11 日，下发《关于加快推进企业总法律顾问制度建设的通知》，要求具备条件的企业配备总法律顾问。经过不懈努力，至 2010 年底，除上报国务院国资委备案的 74 家重要子企业全部配备了总法律顾问外，还有 18 家企业自我加压，主动配备了总法律顾问。中国石化 122 家直属企业总法律顾问的配备率达到 75%。

2011 年年初，总部法律部在筹划安排全年法制工作的时候，即提出了全系统所有直属企业全部配备总法律顾问的硬性要求。在中国石化 2011 年法制工作会上，集团公司领导强调，要力争年内在全部直属企业建立总法律顾问制度。法律部班子成员兵分三路，分别赴推进难度大的企业现场对接、督导，与所在单位党政主要领导沟通总法律顾问配备问题。经过上下共同努力，到 2011 年底，中国石化 122 家单位全部设立了总法律顾问，成为中央企业第一家在全部子企业配备总法律顾问的单位。

二是考试取证，提升总法律顾问的专职率。有计划地组织包括总法律顾问在内的企业法律人员积极参加全国企业法律顾问执业资格考试。早在 2010 年，中国石化就提出，要力争在"十二五"末，使专职法律人员持证率达到 100%。为此，公司法律部分解落实任务，明确提出要通过三个 100% 保一个 100% 的具体措施，即通过无证人员的报考率 100%、复习准备率 100%、参加考试率 100% 来确保持证率 100% 目标的实现。公司每年专门制定下发《关于提高企业法律顾问执业资格持证率的通知》，进行专项安排部署。从 2013 年开始，对法律顾问持证率低于 80% 的单位下达分解指标，明确本年度取得资格证的人数，逐家进行督导，并将完成情况纳入年底对该单位整体法律工作的考核内容。总部坚持每年举办法律顾问知识培训班，为报考人员搭建复习备考平台。

在上下的一致重视和共同努力下，近年来，中国石化直属单位中许多由领导班子成员兼任的总法律顾问通过考试取得了法律顾问执业资格证，提升了法律专业素养。

三是年度述职，增强总法律顾问的履职意识。中国石化系第一家推行总法律顾问述职的中央企业。实行总法律顾问年度述职，已成为中国石化坚持不懈的工作制度。在总结胜利石油管理局和江汉石油管理局实践做法的基础上，2011 年 11 月 29 日，中国石化召开"部分企业总法律顾问述职会"，选取 10 家单位分别代表上中下游、科研、工程和专业公司各个板块的总法律顾问，开展试点性的述职。在 2011 年试点述职的基础上，2012 年，中国石化全系统 122 家直属单位中全面开展了总法律顾问述职工作。

实行总法律顾问全面述职，是中国石化加强总法律顾问队伍建设的创新之举。国务院国资委政策法规局通过《中央企业落实法制建设三年目标工作简报》向中央企业作了推广。《法制日报》副总编张亚专程参加了中国石化山东片区总法律顾问述职会，现场采访了多名总法律顾问，并走进企业进行深度追踪报道。2012 年 6 月 6 日至 8 日，《法制日报》以头版头条或整版的形式，连续三天专题报道了中国石化的法制建设。

二、发挥作用，提升总法律
顾问履职能力

企业总法律顾问作为全面负责企业法律管理工作的高级管理人员，是法律工作的领军人，在法律工作推进中扮演着重要的角色。如何将《国有企业法律顾问管理办法》规定的总法律顾问的七项职责落到实处，既要在行动上践行，更要从角色定位上来把握。中国石化通过实践，经过概括提炼，以"八个者"进一步明晰了总法律顾问的角色定位，即总法律顾问是法律系统的领导者、重要决策的参与者和把关者、法律工作管理制度的制定者、法律理念的传播者、法律工作职能体系的创建者、法律队伍的培育者、法律事业舞台的搭建者、企业权益的捍卫者。

一是法律系统的领导者。总法律顾问要在法律管理工作中切实担负起定规划、设目标，交任务、压担子，做检查、抓落实的职责。要根据公司法制工作"三年目标"、"六五"普法规划、"十二五"法律工作规划制定好本单位法律工作规划、年度计划、月度安排，有计划地抓好日常工作。切实做到有布置、有检查、有考核、有奖惩。

二是重要决策的参与者和把关者。通过参加会议、出具法律意见书、会签文件等方式，参与决策或为重要决策把关，确保重要决策法律审核率100%。

三是法律工作管理制度的制定者。总法律顾问要带领法律机构建立合同、纠纷诉讼、授权委托、商标、法律工作考评标准等法律管理制度，实现各项工作有章可循，形成规范的管理体系。要把法律工作纳入企业绩效考核指标体系，把规章制度、经济合同和重大决策法律审核有效嵌入业务管理制度和程序，确保重大决策、规章制度、经济合同的法律审核率100%。

四是法律理念的传播者。作为法律人，总法律顾问已经被打上法律的烙印，成为法律工作的化身。故而，总法律顾问的言谈举止无不言示法、行代法。总法律顾问要坚持把法律知识、法律理念、法治意识、合规文化的宣传教育和普及作为法律工作的重要内容和长期任务，让广大干部职工深刻认识到：法律不只是法律人的事，而是所有人的事。

五是法律工作职能体系的创建者。一个单位的法律工作职能体系是否完善，很大程度上取决于企业一把手的重视程度，取决于主管法律的领导、总法律顾问的推动力度和作为程度。总法律顾问要着力构建自上而下的法律工作职能体系，实现企业总法律顾问配备到位、法律机构健全、人员岗位明确、工作职责清晰。

六是法律队伍的培育者。总法律顾问应坚持打铁先得自身硬的原则，注重加强自身建设；同时要抓管理、带队伍，抓好法律人员的作风建设、能力建设、素质建设、执行力建设和道德建设，树立法律系统严谨、规范、专业、干练、敬业的形象和品牌，高标准地打造一支高素质的专业团队。

七是法律事业舞台的搭建者。总法律顾问要通过充分的沟通与交流，拓宽法律工作的舞台。法律工作要拓展和深化，首先要与各级领导良好沟通。领导重视是关键，重视领导更为关键。要与部门充分交流，取得理解、信任和支持。要与同行交流。三人行必有吾师焉！要加强与其他央企和国际大公司、国际律所广泛的交流。要与基层深入、深度交流，不断夯实法律工作的基础。

八是企业合法权益的捍卫者。总法律顾问捍卫企业的合法权益，就是要在日常工作中当好参谋，为决策层和工作层提供法律意见、法律服务和法律支持，使企业的日常经营活动做到依法决策、依法管理；在企业出现纠纷、权利被侵犯时，想方设法、竭尽全力地依法维护企业的合法权益。

三、完善提高，构建完备的
法律风险防控体系

在组织到位、制度到位、职责到位的工作构架基础之上，中国石化着力在完善提高上下功夫，在全系统实施以"八化"为目标的法律工作规划，建设以总法律顾问制度为核心的法律风险防控体系，打造与世界一流能源化工公司相匹配的法律管理体系，构建法律风险防控的完整链条。

一是制度建设规范化。中国石化着力推动法律管理向制度保障型转变，制定完善了《中国石化法律工作管理办法》以及合同、诉讼、担保、授权、商标、工商登记、外聘律师、知识

产权保护、法制宣传教育、境外法律工作、法律顾问等 15 项法律管理制度。持续完善境内外业务两个系列的标准合同示范文本库。截至目前，全系统开发境内外各类标准合同示范文本 867 份，其中涉外文本 245 份，企业依此扩展开发 3046 份；编印 19 本《中国石化标准合同示范文本汇编》和文本的目录（配光盘），并将文本库嵌入中国石化合同管理信息系统（CMIS）中，从源头防范合同法律风险。中国石化标准合同示范文本使用率已达到 72%，有的企业高达 90% 以上。编制完成《中国石化企业工商信息》（《家族图谱》），共 5 册，680 万字，摸清了中国石化各类经营实体的家底。

二是法律风险防控全程化。落实法律人员提早、自源头介入、全程参与重大事项。印发《中国石化法律风险防控体系指导意见》，指导企业构建法律风险防控体系；定期编发《法律风险提示简报》，按专题编发《法律风险提示手册》，每年编发《中国石化法律风险管理报告》。常态化进行重点、热点、难点、敏感问题的研究，向各级领导、部门及企业提供法律分析意见、建议和对策，当好参谋和智囊。2010 年至今共编制《石化法制简报》259 期。对典型案件进行归纳整理，形成案例库，并使之数据化、信息化，三年来共编制网点发展、侵权责任、劳动争议等 10 本《案例汇编》，每年予以调整和更新。

三是法律业务国际化。企业"走出去"，法律要先"走出去"。为打造世界一流能源化工公司，完善境外法律工作制度，健全海外法律工作体制机制和网络，加强国际化法律人才培养储备，大力推进海外业务合同文本建设，持续深化国别法律环境研究，已编印俄罗斯、沙特等 37 个国家（地区）《投资贸易法律指南》（总计 720 万字）。深入开展针对海外人员的法律宣传和培训，开展国际化经营风险及防控专题研讨。

四是品牌保障法律化。强化知识产权法律保护，切实保护中国石化的知识产权。编印《中国石化商标管理概览》及企业分册，收录下属 71 家企业拥有的 366 个商标标识、1189 件注册商标，建立了中国石化商标管理体系。启动"易捷"商标驰名认定工作，完成"易捷"系列商标境内补充注册 79 件。加大境内外依法维权和打假维权力度，稳、准、狠地打击假冒中国石化商标的侵权行为。

五是知识管理信息化。加快用信息化提升法律管理水平。打造国内领先、国际一流的合同管理信息系统。截至目前，122 家企业全部上线，在线运行合同数量超过 110 万份，合同总金额达到 3.5 万亿元，系统注册用户 9.7 万人。成为中国石化继 ERP 系统后的第二大信息系统。开发中国石化法律综合管理系统，建成覆盖法律业务全流程、贯穿全系统的中国石化法律综合管理信息系统，为法律工作全过程信息化管理、法律专业人员知识共享搭建了信息化平台，加大了知识管理和无纸化办公的推动进程。

六是法制宣传常态化。充分利用各种载体，创新形式，丰富手段，开展丰富多彩的法制宣传教育活动，形成了报刊有文、电台有声、荧屏有像、网络有页的立体化宣传格局。重点加强领导干部、经营管理人员、外派和涉外人员的法律培训。法律部为集团公司领导人员所作的《国际化经营中的法律风险和应对措施》、《依法治企：中国石化打造世界一流的必由之路》等法律讲座均取得了良好效果。持续举办群众性大型法制宣传教育活动，2010年至今，先后成功举办法律知识竞赛、主题征文活动、法律英语竞赛等活动，开展"十大法治事件、十大法治人物"评选活动。

七是法律管理一体化。中国石化总部法律部形成了5个处28人的组织构架并100%全部持证上岗；企业层面，122家子企业总法律顾问100%全部配置到位，并建立了990人的专职法律人员队伍。加强法律系统经验交流、资源整合和成果共享，建立了13个区域性法律资源共享协调互助区。整合全系统法律资源和力量，建立58个专家组，选拔、培养和储备不同板块、不同区域、不同领域和跨板块、跨区域、跨领域的法律人才。积极探索和推进总部、区域、境外三大法律资源共享公共服务平台建设，强化总部法律部对全系统的法律工作归口领导管理职能和支持保障作用，健全和完善自上而下的法律工作组织架构和管理体系。

八是法律人员专业化。着力推进"321"法律人才培养储备工程建设。"3"就是着力培养300名跨板块、跨领域的专家型法律领军人才，已培养253人。"2"就是培养200名国际化法律人才，已培养139人。"1"就是法律人员100%持证，持证率已达83%。

十年来，国务院国资委为央企法制建设拓展了广阔的舞台，中国石化把握住了这一历史机遇，不懈努力、砥砺奋进，取得了丰硕的成果。公司从上到下构建起以总法律顾问制度为核心的法律工作管理体系，法律工作实现了从事务型向管理型、从事后救济型向事前防范和事中控制型的"两个根本转变"，法制建设得到了国务院国资委和业内同行的充分肯定。

2009 年至 2013 年，中国石化连续五年荣获《China Law & Practice》"最佳中国企业内部法律团队"奖，成为此奖项设立以来获奖最多的中国企业；中国石化法律部主任荣获《亚洲法律杂志》2012 年"中国顶尖公司法务顾问八强"；中国石化在国务院国资委对中央企业落实法制工作三年目标的年度考评中，始终位列中央企业前列；中国石化在"国家商标战略实施示范企业"检查评估中获得"示范中的示范"评价；2014 年，中国石化集团法律管理荣获国务院国资委中央企业管理提升活动专项先进荣誉称号。

党的十八大和十八届三中全会强调全面推进依法治国，习近平总书记在中央全面深化改革领导小组第二次会议上强调，凡属重大改革都要于法有据，都要高度重视运用法治思维和法治方式。国家法制建设面临良好的局面和形势，央企法律人更应在推进依法治企、全面深化改革中发挥更大的作用。我们相信，在国务院国资委的大力推动和具体指导下，中央企业的法制建设在未来征程中，一定能够不断勇攀高峰，再创辉煌。

法制之剑护航征程

张继烈[①]

中国东方电气集团有限公司成立于 1984 年，首个子企业——东方电机建立于 1958 年，总部位于四川成都，是以大型发电成套设备研发与制造、电站工程承包、电站设备成套及服务贸易为主业的特大型企业集团，是我国最大的发电设备研究开发制造基地之一，是党中央、国务院确定的涉及国家安全和国民经济命脉的国有重要骨干企业。

改革开放以来，国家电力建设快速发展，促使电力设备供应较早地从国家指令性计划安排转为业主招投标订货；电力建设对引进外资和高性能发电设备的需求，也使中国电力市场较早向发达国家开放。电力建设的兴起，使我们在计划经济向市场经济转变过程中，较早的接触市场、参与竞争并与西方发达国家发电设备制造商"同台竞技"，也使我们直观地感受到法律在企业参与市场竞争中的作用。20 世纪 80 年代中期开始，集团和下属各企业陆续配备了少量的法律顾问，成立了法律顾问室。但长期以来，企业法律工作仅仅被

---

① 作者为中国东方电气集团有限公司总法律顾问。

认为是企业生产经营中出现法律纠纷时的补救职能，法律顾问室均被设置为企业综合管理部门的附属机构；企业整个法律工作长期处于查漏补缺、有"顾"才"问"、被动应付、事后补救的状态。

伴随着社会主义市场经济体制的确立，国家法治建设步伐加快；伴随着企业深化改革、重组上市、合资合作、资源整合以及更大范围参与国际竞争，企业面临日益复杂的法律环境。外部环境的变化使我们深刻认识到法治是市场经济本质属性；深刻认识到在集团大力实施战略重组，加快推进"国际化"进程，努力实现"国内一流、国际领先"的战略目标过程中，企业法律工作对依法治企、强化管理、防范风险、实现"国际化"的重大意义，法律工作在企业的应有地位得以确立。但如何构建与企业发展相适应的法律管理体制？如何建立起"事前防范、事中控制为主、事后补救为辅"的防范化解风险的有效机制？如何使法律工作与生产经营有机融合？如何在具体管理中体现法律工作应有价值？如何形成全员守法的合规文化？需要探索实践。国务院国资委成立后，企业法制工作得到高度的重视，2005年开始实施的中央企业法制建设三个三年目标为企业法制建设提供了强大的动力。东方电气与其他中央企业一样，在企业法制建设工作中努力探索、大胆实践，经过九年的努力，取得了实实在在的成效。

一、形成以总法律顾问制度建设为核心，以全面风险管理为载体、以内控合规工作为基础、以法律风险防范为重点的"三位一体"的法律工作管理体系

总法律顾问制度是构建法律管理体系的核心，关键在于落实总法律顾问的职权。东方电气高度重视总法律顾问制度建设，在2007年制度形成之初，就明确了总法律顾问作为企业高级管理人员的地位，明确总法律顾问列席董事会、参加总经理办公会、对企业法定代表人负责的要求。在集团进行国有独资公司规范董事会建设后，又将总法律顾问制度载入公司章程，进一步从法定意义上确立了企业总法律顾问的地位与职权。

组建单独的法律事务机构，赋予法律事务机构负责企业法律风险防范、规章制度管理、知识产权保护、普法及合规文化建设、法律顾问队伍管理等五项基本职责，集团各主要企业全部通过改组或新设，组建为独立的法律事务机构，保证各项法律管理职能得到有效落实。

在推行全面风险管理和内控体系建设中，集团从全局高度进一步审视法律风险防范的重要性，充分认识到法律风险几乎覆盖企业大部分风险，大部分风险转化为纠纷的解决途径是法律途径；充分认识到内控与合规体系建设是全面风险管理的基

础，是法律工作与业务工作融合的关键节点之一，只有从内控合规入手，全员、全过程的法律风险防范才能够落到实处。为此，集团公司将全面风险管理与内控合规体系建设职能划归法律事务部，由总法律顾问负责，形成具有东方特色的以总法律顾问制度建设为核心，以全面风险管理为载体、以内控合规工作为基础、以法律风险防范为重点的"三位一体"的法律事务管理体系。这一体系的形成，整合了企业合规与风险管理的资源与力量；凸显了法律在风险防范中的地位与作用；为法律风险防范导入了科学的方法与流程；找到了法律与生产经营融合的切入点。

二、形成"集中管理、分级负责、上下结合、资源共享、内外并重、专群互补"的法律工作有效机制

体制是基础、机制是保证。为了提高企业法制建设的水平，提高企业防范法律风险的能力，在九年的工作实践中，我们逐步摸索并形成了一套有效的法律工作机制。

一是"集中管理"。即：集团公司总法律顾问对全集团法律事务进行统一领导；相关法律事务管理制度覆盖集团公司各所属企业；集团公司统一管理所属企业的重大法律事务决策；集团公司对所属各企业法律负责人进行备案管理；并且根据个案需要，统一调动全集团法律专业人员资源；统一管理集团公

司及所属企业外聘律师。

二是"分级负责"。即在统一管理的前提下，各法人实体明确分管法律事务的负责人，建立法律事务机构，负责本企业法律事务工作，落实法律风险防范的主体责任。

三是"上下结合"。即：根据集团公司主业资产整体上市的实际和产权链条三、四级子企业法律管理能力相对薄弱的现实情况，明确集团公司与股份公司法律事务机构、法律事务管理实行"两块牌子、一套人马"；明确产权二、三级企业的法律管理职能要覆盖被出资企业，形成一级带二级，三级带四级工作机制，确保法律风险防范工作"纵向到底"，不留死角。

四是"资源共享"。即：考虑到全集团法律顾问人员相对精干、各企业配置不均衡的情况，将全集团法律顾问编为商事、民事、知识产权、综合四个专业组，为全集团各企业出现的重大、疑难法律问题进行服务。

五是"内外并重"。即：根据集团及各企业"走出去"需要，在集团法律事务部设立涉外法律室统一服务全集团；在海外业务相对集中国家和地区统一聘请海外常年法律顾问服务于该地区的集团所属企业。目前，我们已经在巴基斯坦、印度、印度尼西亚、越南等国聘请了常年法律顾问，使法律风险防范延伸到境外。

六是"专群互补"。即：结合内控合规体系的建设，把法律风险防范的职责通过有效的方式落实到业务部门，逐步形成以法律事务部为主、业务部门配合的全员、全过程的法律工作体系。集团骨干子企业东方电机，将合同分为重大、特殊与一般、常规两类，在各业务部门设置合同管理员，重大、特殊合同由法律事务部负责，常规、一般合同由合同管理员负责，定期对合同管理员开展法律知识培训，就是"专群互补"的有效方式。目前，全集团各企业正在探索构建"专群互补"的多种实现方式，以确保法律管理"横向到边"。

九年实践探索总结的这套法律工作机制，有力促进了企业法制建设工作的开展，法律为企业生产经营服务的功能得以强化，法律防范风险的能力与作用得以提高。

三、创新工作方法与手段，以规章制度、经济合同、重大决策审核和重大法律纠纷调处为重点，有效防范法律风险

规章制度、经济合同、重大决策审核把关与重大法律纠纷的调处是落实"以事前防范、事中控制为主，事后补救为辅"的法律风险防范措施的主要抓手。我们始终按照三个三年目标的要求，着力创新工作方法与手段，不断提高审核的质量，努力实现风险防控的"关口"前移。在规章制度审核方面，规定各级法律事务机构是企业规章制度的归口管理部门，确保规章制度制修订与法律审核两个环节"合二为一"，确保规章制度审核不留"死角"，确保制度随管理体制和治理结构变化及时调整、完善，确保规章制度内容合法、程序合规、相互协调。在经济合同审核方面，针对合同量大面广、形式多样特点，创

新多种方式，如东方锅炉的"三级审核"，东方汽轮机的"建立标准合同，重点审核非标准合同"，东方电机的"提前介入招标投标，特殊重大合同法律部门审核、常规一般合同业务部门审核"等，确保合同在100%审核的基础上，提高效率和质量。在明确重大决策法律审核范围、方式、程序的基础上，借鉴全面风险管理的理念和方式，对涉及企业改制重组、合资合作、破产清算、对外投资等重大事项，从风险识别、风险评估入手，通过组织尽职调查、制订或参与制订可行性报告，提前揭示法律风险、提出法律风险规避或处理预案，保证重大决策中法律风险防范的针对性和有效性。对重大法律纠纷实行集中管理，在落实发生纠纷企业的主体责任的基础上，重大诉讼或仲裁，均由总法律顾问或集团法律机构负责人牵头组成专案工作组积极应对，尽最大努力维护企业的合法权益。

通过九年的艰苦努力，集团基本杜绝了因自身违法所产生的新的重大诉讼，历史遗留的重大法律纠纷基本上得到解决。

四、在服务企业改革发展和生产经营的重大活动中主动为企业创造价值，更好体现法律工作的价值

在推行法制建设三个三年目标的九年实践中，我们不仅仅停留于通过解决纠纷为企业挽回损失的价值创造的低层次基础上，而是在服务企业改革发展和重大经营活动中主动挖掘价

值，为企业创造价值，从而更好体现法律工作对企业的价值。

2006 年，集团公司进行主业资产整体上市，由于其上市方案的复杂性和创新性，被证券市场誉为"东电模式"，特别是该方案是新《证券法》及《上市公司收购管理办法》颁布后设计的首例以证券方式支付要约收购价款的收购案例，面临许多如何适用法律、寻求法律依据的难题，在境内外证券监管机构与交易所的支持下，通过法律事务部与境内外律师的共同努力，东方电气的主业资产整体上市获得成功，不仅使国有资产增值达到399.43 亿元，更重要的是为修改完善相关证券法律法规提供了依据与路径，赢得了证券监管部门的高度赞誉。

商标管理是企业法律部门的一项常规工作，往往局限于商标合法权利的维护。我们在商标管理过程中，将"东方电气"商标作为企业品牌的载体，从建立一流品牌的战略高度开展商标管理工作。通过在集团内推行单一商标、统一以注册商标为标识的视角识别系统；通过申请驰名商标，扩大商标的国际注册；通过组织开展"国家商标示范企业"活动和参加"中国商标节"；通过地方行政许可对"东方"系列字号保护和将驰名商标纳入企业无形资产管理等工作极大地提升了"东方电气"的品牌价值，目前"东方电气"已成为亚洲品牌500 强，品牌价值达 189.72 亿元，法律事务部由于在推进企业品牌价值中的出色表现，得到集团的重奖。

通过引进、吸收、消化、国产化、再创新高，中国大型发电设备的技术水平与质量迅速提升，使转让技术的西方发达国家的厂商在与我们竞争中越来越处于劣势，为扭转市场竞争的不利局面，西方企业不断挑起对我们的知识产权纠纷，在积极应对纠纷的同时，我们注意到企业对引进技术知识产权权利边界的模糊认识，在消化、吸收、再创新过程中不注意对自主技术依法确权与保护是引发纠纷的主要原因。法律部门通过典型案例"举一反三"，推动各企业加强知识产权保护。目前集团各主机制造企业全部设立知识产权管理部门，开展企业知识产权管理规范贯标工作，普遍建立专利查询与预警系统，积极开展自主创新技术的确权，仅 2011～2013 年三年间，全集团共申报专利 1016 项，其中发明专利 566 项。

九年实践使我们深切地感受到，为企业创造价值从而体现自身价值，是法律工作"有为"到"有位"的根本。

五、引进急缺、关键人才与继续教育
相结合，不断打造一支精干、
专业的法律顾问团队

建立一支高效精干、精通业务的专业法律顾问队伍是出色完成法律管理工作的保障。在实施总法律顾问以前，东方电气全集团专业从事法律顾问工作的人员不足 20 人，不仅数量严重不足，而且知识老化、结构单一。法制建设三个三年目标工作的推进，促进了企业法律人才队伍的建设。在这九年之中，全集团重点引进证券事务、知识产权、涉外法律等方面的专业人员，到 2013 年底，全集团从事法律事务的专业人才达到 40 人，比 2004 年增加了 20 余人，其中博士 1 人、硕士 12 人，全集团初步形成了一支专业门类齐全、年龄结构合理的法律顾问队伍。

引进人才主要解决了数量不足与知识结构欠缺的问题，提高队伍的专业能力需要在从事法律实务工作的同时不断进行继续教育。九年来，我们通过选送一批优秀骨干攻读法学硕士；在常年法律顾问单位建立培训基地；每年组织 2～3 期专题短训班以及与四川大学法学院建立产学基地等多种方式开展法律顾问的继续教育，不断提高队伍的专业素质与能力，基本适应了企业法律管理工作变化发展的需要。

九年，仅仅是企业法制建设漫长道路上短短的一瞬间，在我们回顾过去，为自己取得成绩而感到一丝欣慰的时候，我们更清醒地看到企业的法律工作与把东方电气建成"国内一流、国际领先"的重大技术装备集团的战略要求的差距，更清醒地看到我们和中央企业法律管理优秀单位的差距，更清醒地看到我们与跨国公司差距。我们更需要的是一种紧迫感和责任感，把完成三个三年目标作为进一步提升法律管理能力和水平的起点，在企业深化改革、转型升级和实现"国际化"的新的征程中进一步发挥法律工作的"保驾护航"作用。

在法制工作实践中探索、完善和创新

刘新权①

　　光阴荏苒，国务院国资委紧紧围绕中央企业改革发展的目标任务，大力推进企业法制工作，已走过不平凡的十年。我作为国资委首批总法律顾问制度试点企业的总法律顾问，亲历了三个三年法制工作"建立机制、发挥作用、完善提高"的全过程，既有开拓的艰辛，也有收获的喜悦。攻坚克难的十年，法制工作由起步到常态化管理，得益于国资委的系统策划和坚持不懈地推进。成绩斐然的十年，总法律顾问制度全面建立，法律风险防范机制不断完善，法律工作体系逐步健全，法律顾问队伍日益壮大，为中央企业做强做优、稳健发展提供了重要支撑，奠定了坚实基础。十年来，武钢认真落实国资委推进央企法制工作的目标要求，不断探索前行，渐行渐近，逐步形成符合自身改革发展实际的法制工作体系。

---

　　① 作者为武汉钢铁（集团）公司总法律顾问。

一、在实践中探索，逐步建立具有自身特色的法律风险防范机制

武钢主要领导十分重视法制工作，把法制工作作为实现稳健经营和科学发展的保障和基础，为法制工作创造了良好的氛围和环境。根据领导批示精神，武钢确立了法制工作的职责定位，即"为专业管理服务、对法定代表人负责"。经过实践探索，武钢逐步形成以专业管理体系为基础，以法律风险源为主线，整合专业管理资源的法律风险防范体系。

（一）确立了法制工作的"一个目标"

武钢确立了企业法制工作目标，即"集团公司及全资、控股子公司因违法经营和管理导致的重大法律纠纷为零"。这也是检验法律风险防范机制建设成效的重要标准。2013 年、2014 年，武钢连续两年将"因违法经营引发的重大法律纠纷为零"纳入公司年度生产经营和改革发展目标，与其他目标一同部署推进。

（二） 明确了法制工作的"两个重点"

一是企业规章制度的合法合规性动态建设。根据国家现行法律法规，对企业规章制度及时进行调整，确保企业经营管理活动合法合规。2013 年开展规章制度集中清理完善，将 752 项制度精简为 252 项，法律审核作为规章制度制定、修订的必经环节，实现规章制度 100% 经过法律审核把关。

二是以合同（经济、劳动合同）管理为主线的法律风险防范机制建设。武钢从源头上防范法律纠纷，前移合同风险防范关口，重视在"审核人"的专业素质上下功夫，推行合同管理员持证上岗，累计培训合同管理员 2600 余人。严格执行"承办单位申报——战线领导同意——法律事务部审核——总法律顾问复核——法定代表人批准"的授权委托办理流程。2005 年以来武钢法律事务部办理 723 件法定代表人授权委托，未出现一例法律纠纷。

（三） 形成了法制工作"三确认"的工作方法

经过实践探索，武钢形成了"三确认"的法律风险管理工作方法，即确认法律风险源、确认法律风险防范化解措施、确认法律风险防范责任人，建立了从法定代表人到岗位责任人的完整的法律风险防范责任链条。通过系统梳理企业内部法律需求，提示各专业管理领域潜在法律风险，提出防范化解措施来防范和化解企业各类风险。重点对经济合同、对外投资、劳动用工、环境保护、知识产权保护、信息安全等专业管理领域的风险源进行了梳理和完善。

（四） 实现了专业管理与法律管理有效融合

武钢紧紧抓住法律风险防范这一核心要求，不断强化法制工作与经营业务的深度融合，切实做好法律风险的事前防范与事中控制，做到企业设到哪一层级，法律服务就延伸到哪一层级，企业业务拓展到哪里，法律服务就跟进到哪里。对于公司重大对外投资、重组等重要决策项目，实行法律顾问派驻制度。通过派驻法律顾问全程参与重大项目的前期考察、尽职调查、谈判签约、交割和运营管理，促进法律顾问全面熟悉企业经营管理业务，及时了解法律服务需求，确保重大项目在各阶段不留任何风险"死角"，对项目在每个节点的法律风险都能提出有效的防范和化解措施。

近年来，武钢为解决资源瓶颈问题，先后在欧洲、美洲、澳洲、非洲等19个国家、地区开展矿产资源开发和贸易战略布局，成为掌控铁矿资源最多的钢铁制造企业。武钢严格依照国务院国资委26、27、28号令要求，加强境外重大投资决策、重大项目和重大合同等核心业务流程梳理和制度体系建设。法律管理建立从尽职调查、立项决策、谈判签约到运营管理等全过程的法律审核把关的流程和机制。法律顾问人员全过程参与境外投资项目的可研论证和商务谈判，组织协调外聘律师开展法律尽职调查、设计交易架构、审查合资协议和公司章程等法律文件。创造的《大型钢铁企业境外资源投资的法律风险管理》获 2010 年国家现代化管理创新成果一等奖，《以风险防范为核心的海外业务合规管理》获 2013 年国家现代化管理创新成果二等奖。

二、在实践中完善，逐步健全适应集团管控模式的总法律顾问制度

（一）建立两级法律事务机构

根据国务院国资委关于加快中央企业子企业法律事务机构建设的要求，武钢不断健全组织保障体系。2009 年公司下发《关于建立健全公司法律事务机构的通知》（钢编办〔2009〕6 号），29 家子企业设立了法律事务机构。2010 年在矿业公司、国贸总公司等 11 家重要子企业全部设立总法律顾问岗位。2013 年制定下发《关于推进重要子企业总法律顾问制度建设的实施意见》，将总法律顾问制度全面延伸到 17 家子企业，明确总法律顾问的工作职责和任职要求，享受单位助理级领导人员

待遇或进领导班子。

（二） 健全法律工作制度体系

按照国务院国资委对中央企业法制工作的部署和要求，结合企业改革发展实际，系统梳理法务工作流程，制定和完善了8项管理制度，子企业进行了承接落实，为有效防范法律风险奠定了坚实的基础。2013年按照公司制度清理专项整治工作要求，根据公司实际，对法律管理制度进行清理完善，精简为《法律顾问管理办法》、《法律事务管理办法》、《法律纠纷案件管理办法》3项制度。

（三） 加强法律顾问队伍建设

武钢着力在提高法律顾问人员履职能力上下功夫。一是在实践中形成了"三个善于"的履职和能力标准：即善于用法律专业的眼光观察和思考企业管理过程中的问题和漏洞，发挥法律顾问的专业优势；善于用管理的语言表达和解释企业管理过程中的法律问题，体现了法律顾问的综合能力；善于从管理的角度提出防范和化解法律风险的措施和建议，履行法律顾问的基本职责。二是提高资格获取率。每年，集团法律事务部会同人力资源部和武钢大学共同组织企业法律顾问资格考试工作，为备考人员提供集中复习的时间，创造良好的备考条件。目前公司 77 人具有企业法律顾问执业资格。三是开展履职能力培训。邀请上级主管部门领导、基层法院法官、法学院专家学者为法律顾问讲授企业法律风险防范知识，组织重要子企业总法律顾问参加国资委组织的履职能力培训。建立总法律顾问例会制度，搭建信息交流平台，将集团公司成熟的法律管理流程和制度向子企业复制推广。四是提炼总结实务工作实践。组织两级法律顾问人员编写了《企业法律纠纷实例解析》、《经济合同管理实务指南》等 6 部普法教材。五是开展行业交流。发起成立了中国钢铁工业协会法律分会、当选湖北省第三届企业法律顾问协会会长单位。

三、在实践中创新，逐步形成符合企业实际的法律管理工作体系

（一）建立分层管理协同配合的工作机制

明确了集团公司、子企业法律事务机构职责，集团法律事务部和子企业法律事务机构分别负责本单位的法律事务管理和法律风险防范工作，对本单位总法律顾问负责，总法律顾问直接对法定代表人负责。子企业法律事务机构接受集团公司法律事务机构的专业指导。同时，子企业法律事务机构在开展规章

制度、经济合同、重要决策法律审核工作中遇到重大疑难问题，需要集团法律事务部予以支持的，可将相关法律文件送集团法律事务部审查，但必须附本单位法律事务机构的审查意见。集团法律事务部在开展工作的过程中，对子企业法律顾问人员进行统一调配。

（二）完善法律顾问人员履责形式

法律顾问人员通过法律意见书、法律尽职调查报告、法律提示、法律风险防范报告等形式，提出书面法律意见，提交公司领导或主管部门领导，重大问题直接对法定代表人，取得了较好的效果。2005 年以来，武钢法律事务部共出具法律意见书 725 份，法律意见基本得到采纳，为公司决策提供了重要法律依据。

（三）运用信息化手段提升工作质量和效率

武钢应用信息技术手段，固化合同管理、授权委托管理、纠纷案件管理、工商证照管理、普法管理等业务流程，使法律审核把关成为各项业务活动的必经程序，扎实推进法律管理的信息化和标准化，提高法律服务的质量和效率。目前该系统已正式上线运行。

（四）建立评价体系落实风险管控职责

制定《武钢子公司落实法制工作第三个三年目标工作考核评价标准》，对子企业完善总法律顾问制度、法律管理工作体系以及法律风险防范机制提出明确要求。每年对子企业落实法制工作情况进行通报。同时将落实法制工作纳入公司综合绩效评价体系，统一设计、统一评价、统一考核。对因违法经营和管理导致发生重大法律纠纷案件的责任人，依据重大法律纠纷案件责任追究管理办法进行追责。

（五）建立内外部法律资源有效结合的工作模式

武钢在完善内部法律工作体系的同时，按照"不为我所有，但为我所用"的原则，利用外部法律顾问资源为公司提供不同形式的法律服务。在开展境外投资并购、发行债券、产权交易以及重大诉讼仲裁等需要外聘律师提供法律服务的经营活动中，本着"按需择优、统一管理"的原则，在综合考虑律师事务所的行业影响力、专业优势、运作模式、服务业绩、服务费用等因素的基础上，建立了外聘律师事务所备选库，定期对纳入备选库的律师事务所进行综合评价，适时调整、更新，用制度保障服务质量和效果。

四、几点体会

十年来，武钢全面贯彻落实国资委中央企业法制工作三个三年目标任务，不断完善法律风险防范机制、总法律顾问制度和法律工作体系，提升依法治企能力，实现"因违法经营引发的重大法律纠纷为零"的目标，法制工作在国务院国资委年度评价中，继续保持 A 级水平，武钢荣获全国"六五"普法中期先进集体称号。总结回顾是为了改进提升，本人在多年来的企业法制工作中有几点体会，与大家一起分享。

（一）企业领导重视是关键

企业领导是否了解本人所承担的法律责任和法律风险，是否具有法律成本意识，能否自觉坚持依法经营、依法管理，是企业防范法律风险的关键。企业领导的法治思维是企业法制工作流程和制度落地的关键。如武钢办理法定代表人授权委托，凡未经法律事务部审核把关的授权事项，法定代表人一律退回承办单位，要求经法律事务部审核后重新办理，使该流程制度化。在党政联席会进行重要决策时，公司领导坚持做到"两必问"，即必问"法律事务部门是否参与了审核把关"、"法律事务部门是什么意见"。等等。领导的重视和推进，使法律顾问审核把关作用得到有效发挥。

（二） 法制工作体系建设是基础

国资委用近十年时间推进中央企业法制工作，三个三年目标既相互衔接，又层层递进，既解决了认识层面的问题，又提出了方法层面的具体措施，如明确提出了"企业要走出去，法律要先行"、"法律管理要与专业管理有机融合"、"法律顾问有为才有位、有位更有为"等具有前瞻性和可操作性的要求，既体现了出资人对中央企业法制工作的重视和关注，也体现了国资委政策法规局团队的执着、激情与专业。十年来，在国资委的强力推进下，各央企已逐步建立一套有效管用的法律工作体系，结合国资国企改革新形势新要求，不断深化完善，形成长效机制，用制度保证工作推进的力度，进一步夯实了法律管理基础。

（三） 法律顾问人才队伍建设是保障

武钢的企业法律顾问从十年前的不足 20 人发展到现在的90 余人，今年将会突破 100 人，这支队伍在培育壮大过程中，我们深刻地体会到，制定符合企业实际的法律顾问能力标准，建设一支熟悉企业核心业务流程，具备较强的学习能力、业务能力和协调沟通能力的法律顾问队伍，是满足企业合规经营的保障，是法律顾问有为有位的资本。一支优秀的法律顾问队伍应该做到：有激情，想干事；懂专业，干成事；敢担当，把得住关，解决实际问题。

十年砥砺，任重道远。在国资委的领导和推进下，中央企业法制工作成效显著，为做强做优中央企业，培育具有国际竞争力的世界一流企业奠定了坚实的基础。展望未来，时代对企业法制工作提出了新要求，我们要主动顺应新时期对法制工作的新期待，遵循企业发展的客观规律，立足深化完善，在依法决策、依法经营管理、依法维护企业合法权益等方面作出表率，推进企业法制工作再上新台阶。

为打造一流航空运输企业
提供有力法律保障

郭俊秀[①]

中国东方航空集团公司（以下简称"东航集团"）是国务院国资委监管的航空运输企业，目前管理飞机 500 架，年运输旅客 8000 万人次。集团投资企业 200 多家，基本形成了以航空运输核心主业为支撑，以通用航空、航空食品、进出口、金融期货、传媒广告、旅游票务、酒店管理、机场投资、机上免税品销售等业务为辅助的航空运输服务体系。

随着航空运输业的快速发展，东航集团面对的法律风险增多，法律工作任务日益艰巨。2006 年底，东航集团在国资委的指导下全球公开招聘总法律顾问。本人通过参加公开招聘，于 2007 年到东航集团担任总法律顾问，参与了东航集团法律风险防范机制的建立，切实感受到了推行三个三年法制目标带给东航集团的巨大变化。通过"建立机制"、"发挥作用"到"完善提高"三个三年法制目标工作，公司法律风险防范能力增

---

① 作者为中国东方航空集团公司总法律顾问。

强，国际竞争力提高。东航法律工作为推进公司战略转型，实现"打造世界一流、建设幸福东航"目标提供了坚强的法律支撑。

一、落实法制工作三个三年目标历程

（一）第一个三年目标——建立机制阶段

建立集团总法律顾问制度。根据国资委第一个三年法制目标要求，东航集团于 2006 年底，在国资委指导下面向全球公开招聘总法律顾问。2007 年总法律顾问到位，东航集团初步建立了总法律顾问制度。

设立法律事务工作机构。2005 年，东航集团公司设立法律标准部，承担法律顾问工作机构职能。为全面推进企业法制建设，大力促进企业依法经营管理，实现国有资产保值增值奠定了组织基础。

制定企业法律工作规章制度。2005 年，东航集团制定了《东航集团合同管理规定》、《东航集团授权管理规定》，规范了合同、授权管理制度。2007 年制定《东航集团诉讼、仲裁案件及其他重大法律纠纷管理规定》，建立了诉讼、仲裁及其他重大法律纠纷管理及备案制度，为企业法律工作开展奠定了制度基础。

（二）第二个三个目标——发挥作用阶段

建立健全法律风险防范机制。根据国资委第二个三年法制目标要求，东航集团于 2009 年专门制订《东航集团防范企业法律风险指导意见》，提出防范四种风险的具体措施，有效应对了国际金融危机带来的冲击。

重要子企业全面建立总法律顾问制度。东航集团始终将总法律顾问制度作为企业法律顾问制度的核心来抓。2011 年，在重要子企业股份公司和 4 个辅业公司全面建立总法律顾问制度。

建立合同管理中心，搭建合同闭环管理架构。2010 年 1 月，东航集团在原法律部下设的合同管理室基础上成立同管理中心，设"初审登记室、合同审核室、履约监控室"，全面负责集团公司、股份公司以及各辅业公司的合同法律管理工作，搭建合同风险闭环管理组织架构。

加强规章制度、重要决策法律审核。2010 年东航集团制定《规章制度制定管理办法》，规章制度法律审核率实现 100%。总法律顾问通过出席投资管理委员会、总经理办公会等重要决策会议，出具法律意见书等形式对重要经营决策进行法律审核。重要经营决策法律审核率实现 100%。经济合同法律审核率 100%。法律人员全程参与东上重组，为重组方式的选择、反垄断申报、旅客权益保护，提供专业法律意见，保障东上重组依法顺利完成。

组织专门力量，着力处理历史遗留法律纠纷案件。为解决历史遗留法律纠纷案件，东航集团下发了《关于做好东航集团历史遗留纠纷案件处理工作的通知》，成立专项工作组，有效开展境内外历史遗留法律纠纷案件的处理。集团公司追回拖欠20年之久的欠款，一批历史遗留法律纠纷案件基本解决。因违法经营发生的新的重大法律纠纷案件基本杜绝。

加强法律宣传和培训，提升公司国际竞争力。2008年，东航集团举办"五五"普法知识竞赛，共31支队伍165位代表参加比赛，全国普法办领导亲临指导竞赛决赛，取得良好社会效果。2009年公司开展防范企业法律风险征文活动，收到90篇征文。2010年主办"中国东方航空集团合同技能大赛"。2011年编写《东航案例选编》，全书30多万字，选载65个案例，提出了依法治企的经验教训及建议，对提升公司竞争力发挥了促进保障作用。

（三）第三个三年法制工作——完善提高阶段

围绕公司战略，提升依法治企水平。在推进新三年法制目标工作期间，东航集团紧紧围绕公司战略转型，创建世界一流企业需要，完善企业法律风险防范体系。集团公司总法律顾问于2012年5月撰写《对建立世界一流企业法律保障体系的思考》文章，系统阐述东航集团建立世界一流企业所需要的六项法律保障要件。2013年11月，根据公司转型、创新发展的需要，东航集团通过了《为公司创新发展创建世界一流航空公司提供法律保障的专题报告》，提出完善法律事务机构，提升法律团队专业能力，依法保护公司品牌，健全公司规章制度，为创新转型提供优质法律保障。

以合同风险闭环管理为重点，健全法律风险防范机制。以防范重大项目、合同法律风险为重点，以合同管理中心为依托，健全法律风险防范机制。修订《集团公司合同管理规定》，制定《集团公司重大合同、项目和案件评审办法》、《集团公司合同履行监控管理暂行办法》，初步建成从合同立项、文本审核到履行监控的闭环管理制度。近三年，东航法律人员每年审核合同12000多份，全程参与和监控重大项目、合同的订立、履行，有效防范了合同法律风险。加强公司法律工作规章制度建设，制定《集团公司参与立法管理办法》、《集团公司律师库管理办法》。东航股份公司修订《国内、国际运输总条件》及《旅客须知》，规范航空承运人与旅客的合约关系。

提升专业能力，加强法律顾问队伍建设。以总法律顾问制度建设为重点，实现东航集团及重要子企业总法律顾问专职率100%。通过举办考前辅导班等方式，鼓励法律人员积极参加考试，全集团法律人员持证上岗率达到80%。开展法律人员到律师事务所实习、到业务部门学习、选派人员参加境外培训交流项目，以及"师徒帮带"等各种形式培训，提升法律人员专业能力。

妥善应对诉讼、仲裁案件，保护公司核心资源。积极应对部分新设航空公司挖人造成的飞行员辞职劳动纠纷案件，向有关部门反映特殊技术人员劳动争议案件背景、特点和影响，通过司法途径保护公司核心劳动力资源。采用和解方式终结我国第一起因空难引发的民事索赔案件，包头空难原告在北京二中级人民法院撤诉。美国加州法院做出终结本案美国诉讼的裁定。东航以"不方便管辖"原则赢得在美国的诉讼，维护了中国司法主权和中国民航界利益。

发起设立行业协会，积极参与国际、国内航空法律规则的制定。2012 年 4 月，东航集团与国航、南航等企业共同发起成立中国航空运输协会法律委员会。同年 5 月，东航集团与中国商飞、上海机场、华东民航局、上海一中院等单位共同发起设立上海市法学会航空法研究会。上述机构的设立，为维护航空公司合法权益，加强与国际航协法律交流搭建平台。2012 年，东航集团作为主办航空公司承办了国际航空运输协会（IATA）2012 法律年会，这是该会议首次在中国大陆地区召开，对中国航空法律界走向世界意义重大。

二、落实法制工作三个三年目标取得成效

（一）公司各级领导法制意识普遍增强

国资委强力推动三个三年法制目标建设，使得各级企业领导切实感受到国有资产监管部门对企业法律风险防范的重视，

进一步增强了东航集团各级领导的法制观念。东航集团刘绍勇总经理具有现代企业家的法律素养，高度重视企业法律工作。从提升企业核心竞争力出发，提出我们中国的企业要向国际标准看齐，公司法律顾问为公司经营要当好"设计师"、"监理师"和"消防员"。

（二）以总法律顾问为核心的法律风险防范机制建立

在国资委的大力推动，东航集团领导的高度重视下，东航集团法律风险防范机制逐步建立完善。实现集团公司及重要子企业规章制度、经济合同和重要决策的法律审核率实现100%，建立总法律顾问参与重要决策制度、合同风险闭环管理制度和规章制度管理体系。

（三）重大历史遗留案件得到解决

2009年，东航集团对全公司历史遗留案件开展专项调查，摸清历史遗留案件数量、案情。2010年下发通知，召开专题工作会，对不同阶段、不同特性历史遗留案件提出处理方案。2013年，全集团37件历史遗留案件全部解决，为公司避免、挽回经济损失数亿元。集团公司及重要子企业因自身违法违规引发新的重大法律纠纷案件杜绝。

（四） 建立一支优秀的企业法律顾问队伍

三个三年法制目标推进以来，东航集团及重要子企业均建立了总法律顾问制度。法律顾问队伍建设得到极大加强，法律人员编制比以前翻了一番，新增人员 30 多名，多数为法律专业硕士研究生以及归国的海外留学生。东航股份还建立了各业务单位以及海外营业部的兼职合同专管员队伍，将合同法律风险防范延伸到基层一线。通过培训、带教，法律队伍的业务能力、管理能力，特别是自主法律服务保障能力得到提升，越来越多的年轻法律工作者成长为业务骨干。

（五） 为东航创造良好的外部法制环境

东航法律人员积极参与国家法律、民航规章以及地方立法征求意见活动，提出维护公司利益的立法建议、意见。以中国航协法律委员会为依托，与国际航协紧密合作，采用积极法律措施，反对欧盟违反国际法规则的碳排放收费制度（ETS），为中国航空公司在欧洲市场的发展营造良好法治环境。2014 年 5 月，中国航协法律委员会与上海国际仲裁中心、国际航协商定，在上海设立上海国际航空仲裁院，为会员航空公司提供争议解决服务，推进上海国际航运中心软环境的建设。

在三个三年法制目标工作中，东航法律工作获得了国资委和社会的肯定。2008 年东航集团法律部获"中央企业先进法律事务机构"荣誉称号。2011 年，集团总法律顾问获得国资委第二届中央企业十大优秀总法律顾问称号。2012 年、2013 年在国资委中央企业落实法制工作第三个三年目标年度考评中，东航法制工作连续两年考评获得 A 级。2014 年，东航获评"中央企业管理提升活动法律管理提升先进单位"称号。

三、几点体会

（一）国资委推行的三个三年法制目标建设，适应了中央企业市场化、国际化的需要，对提高中央企业国际竞争力发挥了重大作用

建立完善企业法律风险防范机制，是保障中央企业依法科学决策，依法经营，履行企业社会责任，发挥国有企业表率作用的内在要求。法律风险防范机制的建立不仅约束企业依法合规经营，更重要的是为企业做出最优法律路径选择，使企业权益最大化，提高企业盈利能力。习近平总书记在今年 2 月份关于依法改革的讲话中指出"凡属重大改革都要于法有据。在整个改革过程中，都要高度重视运用法治思维和法治方式，发挥法治的引领和推动作用。"为此，在新一轮国企深化改革中，

必须充分发挥企业法律顾问的作用，进一步提升企业法制软实力。

（二）加强企业法律风险防范机制建设，总法律顾问制度是核心

总法律顾问的设立，优化了企业领导层的知识结构，极大提升了企业法律工作人员参与公司重大决策的层级，拓展了企业法律工作的范围和内容，为企业依法科学决策奠定了组织基础。总法律顾问的设立，也确立了企业法律顾问机构的核心，使企业法律顾问队伍有了领头人，极大促进了企业法律顾问机构和队伍的建设。不断提升总法律顾问的履职能力和水平，是充分发挥总法律顾问作用的关键。中央企业的总法律顾问要发挥好应有的作用，必须具备良好的法律专业素养、卓越的判断力和优秀的领导力，应当坚持学哲学，明法理，讲政治，办实事。

（三）继续深化、完善中央企业总法律顾问制度

党的十八届三中全会《关于全面深化改革若干重大问题的决定》指出，"普遍建立法律顾问制度。完善规范性文件、重大决策合法性审查机制。"这是建设法治中国的应有之义。中

央企业总法律顾问建设走在了全国各部门、各行业的前列，在新一轮深化国企改革中应当继续深化、完善央企总法律顾问组制度，为全国的法律顾问制度创造可复制、可推广的经验。总法律顾问由股东派出和管理是国际大型跨国公司在多年经营管理中总结出的重要经验和做法，也是通用电气等公司打造"百年老店"的重要秘诀和法宝。中央企业要建成世界一流企业，在国际市场具有较强的竞争力，必须把建立企业法律风险防范机制当作战略任务来抓，作为其基础的总法律顾问应当与国际惯例接轨，实现由股东派出和管理。

过去九年，东航法制工作实现了跨越发展。"雄关漫道真如铁，而今迈步从头越"，我们相信，在国资委的坚强领导下，东航法制工作将再谱新篇。

锐意进取三步跨越

於乐民[①]

国资委政策法规局自 2005 年起，根据各中央企业法制工作的情况，结合国际先进企业的法制工作实践，分"建立机制"、"发挥作用"和"完善提高"三个阶段，连续提出和领导了央企法制工作三个三年目标的建设。这项工作将各中央企业的法制工作推进到了新的时代，影响深远。

中化集团的法律工作起步较早，在 1987 年便设立了专职法律岗位，1995 年便设立了作为一级部门的法律部并初步建立了各项法律管理制度，但三个三年目标的建设使中化集团的法律工作产生了质的飞跃。通过 9 年的努力，中化集团建立起了一套能够有效保障企业依法决策、依法经营管理并有效防范法律风险的制度体系，打造了一支专业水平和职业素养过硬的法律工作队伍；这支队伍深入参与到公司经营管理的方方面面，为公司经营发展提供了有力的法律支持和保障，基本解决了历史遗留的重大法律纠纷案件，因企业自身违法违规引发的重大

---

① 作者为中国中化集团公司总法律顾问。

法律纠纷案件基本杜绝，而我本人也因此非常荣幸地在2012年被中化集团授予"创业楷模"的称号。下面主要就中化集团在三个三年目标建设过程中所做工作及取得成效作一介绍。

一、通过三个三年目标的建设，加深了对法律风险和法律风险管理的认识，法律部的职能定位逐步清晰

（一）企业法律风险与普法教育

管理法律风险是企业法制工作的主要职责，要做好这项工作，就必须对法律风险和法律风险管理有准确的认识。通过这些年在实际工作中的摸索以及国资委政策法规局组织的交流和考察中其他企业特别是跨国先进企业介绍的经验，我们越来越认同中国国家标准化管理委员会对企业法律风险的如下定义：企业法律风险，是基于法律规定或者合同约定，由于企业外部环境及其变化，或者企业及其利益相关者的作为或者不作为导致的不确定性，对企业实现目标的影响。

企业基本不能左右外部法律环境及其变化，企业也不能控制其他当事人的作为和不作为，但是，企业可以通过管理自身的作为和不作为来管理法律风险。而企业的一切行为都来自员

工的作为和不作为，这样，管理法律风险就要求对全体员工进行普法教育，不断强化员工的法律意识。我个人早些年把主要精力都放在处理具体法律事务上面，对普法工作并不重视，最近几年对法律风险产生的原因有了更深刻的认识之后，开始把这项工作作为中化集团重点法律工作事项之一，要求各级法律工作人员都要抽出精力来对业务一线和其他职能部门人员进行普法宣贯，特别是通过以案说法的方式，让业务人员意识到法律风险跟任何一种风险一样，都只是或有的，可能发生也可能不会发生，但不能因为可能不会发生就心存侥幸，更不能因为过去一直没有发生就麻痹大意，很多重大法律风险的发生都与当事人的麻痹大意、盲目乐观密不可分。法律风险的识别不能凭直觉或常识，所以有问题时，一定要寻求公司法律工作人员的帮助。

（二）关于法律风险管理的三个阶段

魏文王和名医扁鹊有一段非常有名的对话。魏文王问扁鹊："你们家兄弟三人都精于医术，到底哪一位最好呢？"扁鹊答道："长兄最好，中兄次之，我最差。"文王再问："那为什么你最出名呢？"扁鹊答道："我长兄治病，是治病于未发。由于一般人不知道他事先能铲除病因，所以他的名气无法传出去，只有我们家的人才知道。我中兄治病，是治病于初起。一般人以为他只能治轻微的小病，所以他的名气只及于本乡里。而我扁鹊治病，是治病于病情严重之时。一般人都看到我在经脉上穿针管来放血、在皮肤上敷药等大手术，都以为我的医术高明，名气因此响遍全国。"

不少人将法律工作等同于打官司；殊不知，法律风险管理和治病救人一样，事后救济不如事中控制，事中控制不如事前预防，能做到事前预防的扁鹊长兄的境界无疑是最高的。等到病入膏肓、出险诉诸法庭的时候才"求医"，很可能就要面临不治而亡的后果，即便能碰到妙手回春的律师，那也很可能会元气大伤。企业内部法律工作人员更应当学扁鹊大哥和扁鹊二哥，做企业的保健医生，建立完善的法律风险防范机制，更多地着眼于法律风险的事前防范和事中控制，而不是成天忙着给企业治病。

（三）法律部的职能定位

法律部并不能直接创造利润，企业没有法律部也可以运转，很多民营企业就没有法律部，那为什么中央企业还是要设法律部呢？我们可以从需求的来源分析。

内部法务有两大工作任务，一个是提供法律专业服务，处理纠纷、审核合同、提供项目法律服务，这部分工作和外部律师的工作内容一样，是可以视情况外包给律师的。另一大任务则是律师做不了的，这就是对公司运营所涉法律风险进行系统的管理。以合同管理为例，合同审核可以外包给律师，但合同管理制度的建立和执行、对合同签署的内部授权控制、对合同履约的跟踪监控等却往往只能由内部法务完成。所以说，这部分工作才是公司需要法律部的根本原因。法律专业服务是在企业法律风险管理体系下对具体法律事务的处理，是法律风险管理的具体方式之一。如果我们只知道做消防员，来个合同就审，来个案子就办，来个项目就做，而不去考虑法律风险的系统管理的话，那企业除了得到比外部律师便宜的人力外，并没有实现设立法律部的主要诉求。这两大任务都很重要，要提供合格的法律专业服务，必须做好队伍建设，不断提高法律工作人员的专业素养；要管理好法律风险，在做好队伍建设的同时，还必须做好制度建设。

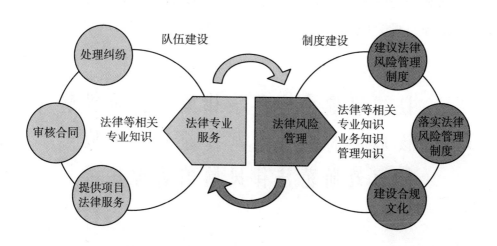

（四）法律部的价值取向

法律部不应该是橡皮图章，但法律部也不应该是拦路虎：公司的任何交易都是有风险的，法律部应该在减少风险和促进交易之间取得一个平衡。法律部不能直接创造利润，但法律部必须要能创造价值。怎么创造价值？通过实现管控法律风险和促进公司业务这两个工作目标来创造价值。应当说，好的管理能同时实现这两个目标，好的服务也是如此。但管控风险和促进业务这两个目标确实经常存在冲突，这时候就需要法务人员把握好二者间的平衡，为公司以最小的成本获得最大的法律安全保障。这就是法律部的使命。

要把握好这种平衡，个人觉得一方面需要法律团队有正确的工作理念的指导和敢于担当的工作态度，而另一方面，则要求法律工作人员具备优秀的专业素养，有能力对风险进行充分评估和合理判断，并提供解决方案。不敢说不的法务不是合格的法务，只会说不的法务同样不是合格的法务。

二、以建立健全企业法律风险防范机制为核心，持续推进制度建设，形成一套能有效防范法律风险的管理体系

（一）强调事前防范，实施严格的合同和授权管理，对公司所有重大决策和规章制度进行法律审核

在三个三年建设的过程中，中化集团将建立健全企业法律

风险防范机制作为法制工作的重中之重,一方面,修订和完善了合同管理、授权管理、诉讼管理、项目法律管理、律师聘用管理等法律管理制度,形成了中化集团法律内控手册;另一方面,法律部对公司投资融资、重组改制、风险管理和规章制度的制订等重要决策和管理活动进行有效参与,以保证相关决策的合法合规性。

1. 对合同进行分级管理,合同的法律审核把关率达到100%

在合同管理方面,中化集团实行合同分级管理制度,制定并颁布了重大合同的明确标准和范围。对于纳入重大合同范围的合同必须经过集团法律部审核批准后方可签署;对于未列入重大合同范围的经营单位的日常业务合同,则通过制定合同范本或由各相关子公司法律部负责审核,以保证所有合同的管理均不留空白,实现有效的风险事前防范。

2. 法律部作为投资委员会、风险管理委员会和审计委员会成员单位,有效参与公司重要经营管理决策

公司所有重大项目在进展过程中,法律部均会作为项目组成员单位参与和提供法律支持。法律部作为投委会、风委会和审委会成员单位,对这几个专业委员会审议的所有项目或者事项均要进行法律审核并发表意见。总法律顾问作为集团公司班子成员,参与公司的所有重大事项的决策过程;每次总裁办公会法律部总经理均需列席,为班子成员决策提供相关意见和法律支持。

3. 法律部作为规章制度领导小组成员单位，对规章制度的制订和修改进行审核

中化集团设立了规章制度领导小组，全面领导公司的制度管理工作。法律部负责人是领导小组成员。所有的规章制度均由领导小组集体讨论，审核定稿。

（二）重视事中控制和事后补救，对全集团的纠纷和诉讼进行分级管理和集中备案

公司建设了诉讼管理信息系统，各级企业发生潜在纠纷、起诉或者被诉、诉讼案件有任何重大进展，均需第一时间在诉讼管理信息系统填报和更新相关信息。集团法律部把全集团的诉讼分为经办级、特殊备案级和普通备案级。集团法律部负责经办以中化集团为当事人的案件，或者当事人为下属企业但案情重大复杂、总法律顾问指示由集团法律部经办的案件；其他案件由各下属企业自行处理，但对符合一定标准的比较重大的案件，下属企业需将所有与案件有关的信息实时通报集团法律部，由集团法律部进行适时指导。对纠纷和诉讼的即时报告和集中备案管理，是中化集团法律风险管控的重要一环，有助于企业及时采取合适的补救措施，避免或者减少损失。

三、不断加强法律队伍建设，全面提高法律队伍素质，建立了一支专业水平过硬并了解公司业务的法律顾问队伍

法律管理和法律审核质量和效率的提高，一方面需要不断完善企业法律风险防范机制，另一方面则需要建立一支专业水平过硬并且了解公司业务的法律顾问队伍，以保证法律风险能够被准确识别、减少或规避。在三个三年目标的建设过程中，中化集团一直将队伍建设作为重点工作，努力建设一支能满足公司战略发展需求，专业能力具备国际水准的法律顾问队伍，并取得显著成效。

（一）为员工提供英美律所培训机会，全面提高团队的国际法律业务处理水平

从 1999 年起，公司就开始与若干英美律所开展国际法律实务培训项目，目前已陆续派出共计 12 人赴英美国际律所进行为期 3～6 个月的实习，参与和学习国际并购、国际纠纷处理、国际贸易摩擦和知识产权保护等方面的国际法律业务实践，大大提高了整个中化法律团队国际法律业务的处理水平。

（二）为员工提供多种发展通道，重视员工执业资质的取得，确保队伍持证上岗率

公司从 2009 年开始建设法律专业职系，在管理晋升通道以外为法律员工提供了专业晋升通道。最近几年，公司每年均对整个集团的法律工作人员进行盘点和评估，对每个法律工作人员的下一步培养和发展进行规划，不断夯实队伍的基础建设工作。公司还开发建设了法律人员管理系统，整个系统法律工作人员的基本情况、从业经验等信息均整合在这个系统中并实时更新。

公司目前法律工作人员约 150 人，80% 以上持有律师或者司法考试法律执业资格。为了提高企业法律顾问资格的持有率，连续几年均组织和督促尚无企业法律顾问执业资格的法律工作人员参加企业法律顾问执业资格考试并提供为期 8 天的考试培训，收效明显。

（三）重视整个法律团队内部的资源共享和沟通协作，提高团队的整体水平

法律工作是专业性工作，系统内法律工作人员加强沟通协作，实现资源共享是提高法律工作队伍整体水平的有效途径。

1. 建设法律知识管理平台

法律文档是员工技能和经验的承载，公司借鉴国际律师事务所的通行做法，从 2008 年起便致力建设统一的法律文档管理和共享平台。2009 年，平台开始在中化集团法律部及几个主要子公司的法律部运行。通过该平台，可以实现公司内部法律专业人员工作文档的集中存储，一方面，办理类似法律事务的工作人员可以通过方便的搜索功能查阅以往的案例和文件，共享、借鉴平台上的资源，另一方面，公司的无形资产得以有形化，不会因为人员的流动而影响信息、经验和技能的传承。从 2014 年起，我们将该平台分为两个部分并将使用范围扩展到全集团法律工作人员，一部分是法律工作文档的集中存储平台，一部分是范本和先例库。

2. 撰写实践经验总结及指引

从 2011 年 1 月起，中化集团法律部组织全系统法律岗位每人每月撰写一篇实践经验总结及指引（Practice Guide，我们简称"PG"），并由专人上传到信息共享平台供内部交流分享。PG 的内容均是各自在工作中的思考和实践经验总结，要求密切联系实际，能对其他同事的日常工作有借鉴和指导意义。集团法律部每个季度均挑选出选题具有普遍性，行文简洁清晰的优秀文章结集成册，通过向全集团员工发文的方式进行普法教育。

3. 开展全集团法律队伍的定期月度分享

从 2013 年起，公司加强了对队伍的培训，每月均通过视频会议进行全系统法律工作人员的学习研讨和经验分享，在队伍内部形成了学习和分享的良好氛围，收效显著。

4. 加强整个系统法律人力资源的协作和共享

集团法律部牵头协调各子企业法律部间的人力资源的协作和共享，大大提高了全系统法律人力资源的有效利用和法律队伍的整体水平。

四、探索推进法律一体化管理，加强对子公司法律风险的管控，进一步提高法律审核的整体质量和水平

中化集团作为控股企业，本级并无实际业务经营，而是通过各子公司的运营开展业务，这样，集团的法律风险集中体现为子公司在运营中面临的法律风险，故加强子公司法律风险的管控，应成为公司法制工作的重中之重。最近几年，中化集团一直在探索开展对全集团法律工作的一体化管理：

1. 要求各子企业法律工作负责人的所有邮件均抄送集团总法律顾问及集团法律部的对口联络人，加强了对重要子企业的法律工作的实时监督和指导。

2. 定期召开子企业法律工作质询会议，由各子企业法律工作负责人向集团总法律顾问汇报本单位法律工作情况以及从业务部分搜集的法律需求，并接受集团总法律顾问的质询和指导，确保各子企业的法律工作的方向符合国资委、集团以及公司业务发展的需求。

3. 各子企业法律工作情况纳入集团对子公司的绩效评价中，各子企业法律工作负责人也直接接受集团总法律顾问的考核并占比50%。

4. 各子企业的重大投资并购项目，若按照公司相关投资管理规章制度需提交集团总裁办公会讨论决策，则由集团法律部牵头开展相关法律工作。

综上，通过三个三年目标建设，公司法制工作取得了长足进步。我们将继续在国务院国资委的领导下，立足于本企业的战略发展需求，锐意进取，扎实工作，确保法制工作第三个三年目标的实现，为中化集团第三次创业的实现做出新的更大的贡献。

因律求索目远标身

马德伟[1]

在国资委中央企业法制工作三个三年目标的指引下，法制工作在中粮的土壤中生根发芽，经十载雨露，渐渐成长为法律风险防范体系的树苗，又不断伸展出 CIS 矩阵法律管理的繁茂枝杈。

作为国资委三个三年目标实施的亲历者，我们的法律工作理念也随着中粮法制体系的不断健全而不断发展着。值此三年目标收官的重要时刻，我怀着感恩与敬畏撰写此文，谨以记录和反思自己所亲历与见证的，三年目标引领下的中粮法制工作这一路丽景，一路风雨兼程。

---

[1] 作者为中粮集团有限公司总法律顾问。

一、探索与立制——三年目标时期的中粮法律人

（一）直面挑战，积极思考

作为最早设立独立的内部法律工作机构的国有企业之一，中粮早在1996年就成立了一级职能部门法律部，初步明确了法律专业职能在集团业务发展中的职责定位，建立了基本的法律事务管理规范。但在总体上，尚缺乏立足于集团整体法律风险防范的工作思路，相关工作的"事务型"特征比较明显。

坦率地说，第一个三年目标开始的时候，面对不足60人的全集团法律队伍，面对多数没有独立法律事务机构的多家下属上市子企业，我心中也有迷茫。抓法律风险防控重点要抓什么？法律职能线该如何科学划分？法律管理要如何向下延伸，又该如何与业务做好协同？许多的问号引我思考，也促我行动。

（二）响应政策，建章立制

三年目标提出的建立总法律顾问制度真正抓住了这一时期中粮乃至大多数央企的核心问题。在反复学习三年目标精神与要求后，我们惊喜地发现，总法律顾问制度作为法律顾问制度的核心，不仅符合现代企业集团法律事务管理发展客观规律，符合广大中央企业的普遍法律管理需求，更与我集团在这一时期确定的全产业链战略不谋而合。

2005 年前后，我带领中粮的法律人赴 9 家可比企业集团和外部专业机构进行全面调研，与 15 家内部业务部门现场访谈与专题研讨，征询了 30 余位集团各层面经理人提供宝贵意见，并先后召开了 4 次专题战略研讨会，力求在三年目标确立的整体框架下，形成符合集团整体定位，真正与集团战略接轨的法制工作战略。

由此，中粮法制工作的核心制度——《关于建立中粮集团法律服务体系的指导意见》应运而生。这一制度以总法律顾问制度为核心，通过规范法律顾问权责与法律机构的设置明确了法律事务的分级授权管理模式，为后续各条职能线制度体系的成型和各级法律机构组织体系的完善奠定了基础。

二、突破与提升——新三年目标
时期的中粮法制建设

通过落实三年目标，中粮的法制工作打下了坚实的基础，而我个人的法律管理工作也理清了思路，坚定了信心。对新三年目标，当时的我以及广大中粮法律人不仅当做一项工作任务去完成，更期待着它能为中粮的法律制度体系和组织体系建设指明方向。而今天看来，真正保障中粮圆满完成新三年目标任务，逐步发挥法律风险防范体系对业务发展保驾护航作用的，恰恰是这一时期围绕新三年目标各项指标进行的法制建设的突破与提升。

（一）健全规章制度体系

自 2007 年开始的 2 年中，以《关于建立中粮集团法律服务体系的指导意见》为开端，中粮于集团层面先后制定并实施了包括《外聘律师管理规则》、《合同管理指引》、《法律纠纷案件管理办法》、《商标管理办法》、《专利管理办法》等在内的 18 项集团法律风险防范制度规范体系。各级经营单位也不断根据集团相关制度规范，制定修订本单位系统实施办法，并在实施前提交集团法律部审核确认，保证了法律工作制度在集团内部的统一性和协调性。

截至新三年目标中期，中粮已形成了以《关于建立中粮集团法律服务体系的指导意见》为统领，内容涵盖合同管理、法律纠纷案件管理、知识产权管理、外聘律师管理、内部法律顾问管理、上市公司规范运作、客户资信管理以及规章制度合规审查等在内的一套较为完整的法律风险防范制度体系，在制度建设上提升到了新的高度。

（二）突破壁垒，加强组织体系建设

制度的落实需要组织的保障，职能作用的发挥需要人员队伍的支撑。我们的法制建设实际需求在新三年目标时期再一次与国资委的要求不谋而合。在新三年目标确立的"一个核心，三项指标，三个70%"的指标要求下，中粮法律人制定了"打造一支团队、建立一个体系、形成两个中心"的法律管理组织体系建设总体目标："打造一支团队"是指在理念上、文化上突破地域、所属单位的界限，全系统法律顾问作为整体中的一员，都是"中粮法律人"。"建立一个体系"是指建立中粮集团整体法律管理和风险防范体系，并从机制上对法律顾问队伍进行有效的组织和专业化管理，实现整体资源共享。形成"两个中心"是指改变以往法律职能集中于集团总部的状况，大力发展经营单位法律职能，形成总部法律机构和经营单位法律机构"两个中心"，真正实现职能下沉，使法律管理贴近业务。

这一时期，中粮组织体系建设在很多方面实现了突破：突破人员流动壁垒，形成内部输送与外部引入相结合的法律人才流动机制，90％的外部引入人才和50％以上的集团层面人才均输送至各级经营单位，大力充实经营单位法律专业力量；突破原有职能部室配备，积极推进经营单位独立法律工作机构建设，于80％以上的重要子企业设立了作为独立职能部门的法律事务机构，超额完成新三年目标任务；突破总法律顾问专职性限制，结合企业当时的实际情况，任命多位重要子企业班子成员任该企业总法律顾问，并同时建设重要子企业总法律顾问履职配套制度，将各子企业总法律顾问发展成为连接本单位法律团队与管理层、经营单位与集团法律职能的重要纽带。

在我看来，正是新三年目标给了我们突破层层壁垒，尽最大可能调动总法律顾问积极性和集团内部优势资源，在短时期内提升法律队伍凝聚力和法制体系原动力的方法和勇气。我个人在带动广大中粮法律人大力推动制度体系和组织体系建设的同时，极大地丰富了法律工作方法和管理思维，可以说，是站在巨人的肩膀上看到了更广阔的企业法制天地。

（三）梳理职能，提升多项业务法律审核率

组织体系建立为中粮法律职能在业务中更好地发挥作用创造了条件。在集团整体法律管理架构不断完善的同时，我们对合同管理、知识产权管理、纠纷案件管理等核心法律职能线进行了多次梳理，找寻进一步规范职能业务线，发挥法律职能性

审核对业务发展把关作用的途径。

在我看来，新三年目标对中粮法制工作的推动作用是巨大而全面的，在全面建立总法律顾问制度的基础上，子企业独立法律事务机构的建立和职能线配套制度流程的健全均为法律审核在企业业务决策过程中更好的发挥风险管控作用提供了条件。如果说三年目标是一口宝剑，为我们广大央企法律管理者斩断旧桎梏，开创以总法律顾问为核心的法制工作新时代提供了最有力的锋刃；那么新三年目标则更像一位经验丰富的将军，以严明的军纪和完善的操练手段不断提升着部队的整体战斗力。

三、深化与协同——第三个三年目标至今的中粮法律管理体系

借助对新三年目标各项指标的全面完成，中粮的法制工作有了很大的突破与提升，法律管理服务体系基本建成，统一协同的法律组织与上下联动的法律职能共同发挥作用，将中粮的法律管理推上了体系化发展的新轨道。在这一轨道上前行，我们面对荆棘与关隘依然很多，全产业链战略背景下法律管理的新挑战依然每天都在发生。然而，面对这些挑战，我以及中粮的法律人已经不再如几年前那样慌张或迷茫，因为我们知道，第三个三年目标这柄利剑在鞘，定能助我们披荆斩棘，突破瓶颈，迈向法律风险防范体系建设新的高峰。

（一）创新工作方法，深化法律风险防范体系建设

因循第三个三年目标"三个完善"的要求，借助央企管理提升活动的东风，中粮各层面的许多法律人都总结提炼出了自身深化法律风险防范体系建设的有效方法。在系统内充分交流研讨的基础上，我们把一些好的方法与做法推广到全集团，取得了良好的效果。例如，借助推广"法律体检"的工作方法，我们通过对特定范围、特定领域的法律检查工作，在全集团努力发现业务管理漏洞，补足管理短板，有效地降低业务运营过程中的法律风险。这一方法改变了以往的法律服务方式，实现了法律管理对业务运营过程的主动介入，取得了良好成效；又如，通过开展全产业链共通性法律风险课题研究，各层级法律人员充分发挥了各自业务优势，为集团整体法律风险防范能力的提升积累了很多宝贵经验。

（二）强化考核机制与普法培训，提升依法治企水平与法律顾问专业素养

经过多年的实践探索，我坚定了在集团坚持纵向考核和普法培训工作的决心。在我看来，第三个三年目标要求中的提升法律顾问专业素养与提升依法治企水平是分不开的，要深化法

律工作的风险防范作用，就要一手抓硬性考核机制，一手抓软性普法教育，双管齐下，全面提升企业整体法治水平。

1. 建立一级经营单位依法治企考核制度与法律系统纵向专业化考核制度

在集团党组的大力支持下，我们将法律管理考核纳入了一级经营单位绩效评价体系，重点关注违法违规经营、重大诉讼等结果类指标，对于提升经营单位领导干部的守法合规意识，推动集团各项法律管理制度在业务单位层面的有效落地，起到了很好的作用；同时，通过建立和实施法律系统纵向专业化考核制度，整体法律队伍的凝聚力与使命感得到了明显的提升。

2. 通过多样化的普法培训塑造集团整体法制文化氛围

中粮法律系统的专业培训和普法教育一直是集团法律管理的一项特色工作，通过不断地拓展培训方式，调动全系统资源以回报全集团法制教育，集团整体的依法治企水平和法律顾问素养都得到了明显的提升。就我自身而言，通过多年领导、组织、与参加这些内容丰实、形式多样的普法培训活动，不仅在专业知识上有了很大的丰富和提升，还更加全方位的了解了集团整体法律队伍的状态和需要，明确了未来工作的方向。

（三） 总结贯彻 CIS 矩阵法律管理模式，全面加强法律与业务的协同

在经历了三个三年目标的洗礼后，我以及广大中粮法律人对集团的法制工作有了很多的心得与感悟。在第三个三年目标实施和集团全产业链战略构建的双重背景下，我们集中总结了几年来法律风险防范体系建设的经验与教训，以法律各产业链法律管理、专业化法律管理和系统平台建设经验为维度，创造性的总结构建了 CIS 矩阵法律管理模式[①]。

具体而言，CIS 矩阵法律管理模式，是指围绕全产业链战略，以集团总部的整体设计和系统平台支持为基础，横向上按照产业链条配置法律资源，实现法律职能对各链条关键节点的全方位、全过程管理；纵向上建立自上而下的法律专业职能管理体系，实现法律风险管控职能从集团到各级业务单位的全线贯通。通过这种横纵结合的方式，实现对集团各类法律风险的网络化、系统化管理。

这一模式既是我与集团法律部对多年法制工作的总结，也是目前中粮法律管理特点的凝练，更是中粮未来在国资委领导

---

① CIS 中，C（Chain）：指产业链，即横向业务链条；I（Inter-function）：指专业职能，即纵向职能链条；S（System）：指系统平台，即法律基础管理。CIS 模式，可以简单概括为"两条主线贯穿、一个平台支撑"。中粮集团法律系统积极围绕这一模式建设，紧密结合全产业链战略推进步伐，通过建立健全制度流程、优化人力资源配置、完善法律管理组织体系以及不断创新工作方法等途径，在横向、纵向和系统平台建设工作上全面推进，促进了 CIS 矩阵法律管理模式落地。

下继续完善发展自身法律风险管控体系的参照与依托。我坚信，在这一模式驱动下，中粮集团法制建设将迎来加速发展的更好时期。

欲登万仞之山以目远，必循先驱之路而标身。作为一名法制工作者，我有幸与一只团结奋进的法律队伍在中粮法制建设的山峰上不断攀登，更为幸运的，则是当我们在法制建设之路上摸索前进时，有国务院国资委这一出色的领路人，悉心指导，坚定我们的信心；当我们在央企管理提升的大潮中畅游时，有中央企业法制工作三年目标这一光耀的导航塔，照亮前路，指引我们前行。

衷心感谢国资委，尤其是国资委政策法规局对中粮法制工作的卓越领导和悉心关怀。我，以及全体中粮法律人一定会加倍努力，为中粮、为央企法制建设奋斗终生！

在法律管理辛勤耕耘中的
成长和收获

秦玉秀①

"2013 年，中国建筑继续保持了稳健向上的发展态势，公司新签合同额、营业收入、归属上市公司股东净利润等各项指标均创历史新高，品牌地位稳居行业龙头。在 2013 年度财富全球 500 强企业中名列第 80 位，较前一年度名次提升 20 位，居全球建筑地产行业第一位。在国资委 2013 年经营业绩考核中，再次被评为 A 级企业。这些成绩的取得，是公司全体员工努力拼搏取得的成果，也凝聚了公司法律工作者的辛劳和汗水。我谨代表公司对成绩的取得表示祝贺，也对全体法律工作者的付出表示感谢。"这些话语，是时任公司总经理官庆在2014 年 5 月召开的法律事务暨合同管理工作会议上，对中国建筑的全体法律人员说出的。

稍早前，作为具有先进法律管理经验的央企代表，我于2013 年代表公司，先后参加了国资委"新闻媒体央企法制行"座谈会、《中央企业法制建设十年发展纪实》专访等活动。公

---

① 作者为中国建筑股份有限公司副总法律顾问兼法律事务部总经理。

司在 2013 年国资委央企法制工作第三个三年目标第二年度的考核中蝉联 A 级评价。2014 年 4 月 23 日召开的国资委中央企业管理提升活动总结会议中，公司被评选为法律管理专项提升先进单位。

这些成绩，只是中国建筑法律管理工作近些年来获得的一系列荣誉和领导肯定的一部分。

一、法律管理的过去

时光荏苒，我参加工作距今已经 27 年了。我大学的专业是经济法，1987 年本科毕业后进入中建总公司参加工作至今。虽然一直都从事与法律事务相关的工作，但在 2002 年之前，公司一直没有独立的法律部门，法律管理职能在相关部门之间来回调整，公司没有建立起上下贯通相对完整的法律管理体系，业务上也限于处理领导交办的一些具体事务，对下属单位的法律管理基本没有开展。公司当时仍处于老国企的管理方式，各级企业领导对法律工作没有给予足够重视，大家对法律风险防范都没有什么概念。

这期间，由于管理粗放导致全系统产生了很多诉讼和纠纷。毫不夸张地说，当时公司一共有多少诉讼案件，很难提供出一个准确的数字。当时全系统的法律人员数量不足 200 人，法律人员的主要工作就是整天疲于应付各种诉讼案件和处理各种突发事件，哪里"起火"扑向哪里，法律管理工作无心也无力开展。由于项目过程管理不规范，导致很多证据资料缺失，案件存在"先天缺陷"，法律人员直到打官司时才介入，在诉讼过程中非常被动，更别提打赢官司。一旦官司打输，法律人员往往被公司领导人员认为能力差，没有存在的价值，最终导致"恶性循环"。那个阶段法律人员流失情况很严重，下属有的单位法律部门领导带着全体法律人员集体辞职。部分企业的银行账户，乃至领导办公室，时常被法院执行人员"光顾"。那个时期公司法律工作困难重重，这也使得我们不得不认真审视自身的管理问题，法律管理必须尽快改变收拾"烂摊子"的局面。

二、法律管理的发展

变化，是从 2001 年开始的。这一年，公司新的领导班子上任，给公司法律工作带来了全新的要求和理念。新上任的一把手，以及分管法律的领导，都是从公司在香港设立的全资子公司调来的。香港属于完全的法治社会，相关领导都具有很强的法律意识，得益于此，公司法律管理工作有了开展的基础。

2002 年，国家经贸委联合多个部门在国家重点企业开展企业总法律顾问制度试点，中国建筑抓住作为第一批试点单位这一契机，迈开了法律体系建设的第一步。同年，公司设立了独立的法律事务部，人员由原来的 2 人增加为 5 人。自此，公司法律体系建设开始加快步伐。国务院国资委正式成立后，于

2004 年提出中央企业法制工作第一个三年目标。当时,我就在想,国有企业法制工作的春天来临了。此后,连续三个三年目标的制定和推动,以及中国建筑法律管理工作的发展步伐和取得的成绩,进一步印证了国资委推动法制工作取得的成效。

(一) 总法律顾问制度得到了较好的贯彻落实

公司总法律顾问制度经历了从无到有,从试点到全面推进的历程。公司在总部实施总法律顾问制度的基础上,在第二个三年目标实施时,所属 8 个工程局及中海集团等重要子企业全部任命了总法律顾问,同时向三级施工企业推行总法律顾问制度。结合公司战略转型,走专业化发展道路,我们又完成了 6 家专业公司总法律顾问制度建设。目前,公司总部、17 家子企业和 103 家三级施工企业实施了总法律顾问制度,实施比例达到 93%。通过多层面、多角度的制度建设,企业总法律顾问重要决策的参与权获得实现。通过对总法律顾问开展专项培训,建立总法律顾问述职制度,总法律顾问履职能力不断提升。

(二) 法律机构不断完善,人员队伍不断成长

总法律顾问制度的全面实施,尤其是相当一部分总法律顾问本身就是从法律管理岗位上成长起来,积极推动了公司各级

企业法律机构不断完善和人员队伍不断发展壮大。目前公司子企业及其所属三级施工企业大部分已设置法律机构，各级法律机构实现了职责统一，业务流程统一，工作模板统一，合同范本统一的标准化管理。法律人员从 2002 年前的不足 200 人发展到目前的 845 人，其中总部法律部共 14 人。我们通过提供锻炼机会、加强持证上岗率考核、开展专业培训、制定商务法务人才职业发展规划等多种措施进一步推动了人员整体素质的提升，打造了一支能征善战的复合型法律人才队伍，为全面、高质量地开展法律服务提供了人才保障。

（三）建章立制，标准化建设不断深入推进

公司法律管理制度吸收了很多所属单位的管理经验，在顶层设计时作了充分考虑，适用于各个层级的单位，基本实现了法律与合同管理流程的标准统一。2003 年以来，公司先后印发了 10 项法律与合同管理制度。此间，公司还编制印发了共计 23 万字的法律管理、合同管理及知识产权管理相关的 4 个管理手册。近些年还相继编制了共计 100 余万字的业务操作指引和书籍，进一步规范了业务流程。公司及所属子企业还积极参与了《建筑法》修订、《建设工程施工合同示范文本》起草及地方立法活动，对公司法律管理水平的提升起到了积极的促进作用。

（四）项目法务管理将风险防范工作深入生产最前沿

在以总法律顾问制度为核心的法律风险防范体系建设进程中，项目法务工作是中国建筑法律管理创新的一面旗帜，开展这项工作，是在当年案件多得"数不清"，以及办案压力大得"喘不过气"的情况下，经过不断总结、反思后开展的一项大胆尝试。在系统地分析了案件多发及处理被动的原因后，我们意识到必须加强主营施工业务风险防范，在控制合同签约风险的基础上，有效防范项目履约风险。

我们先选取了一批大型工程项目进行试点。项目法律顾问主要职责是建立项目经理部法律风险防范机制，为项目解决法律问题、化解风险。在试点工作积累了实践经验的基础上，我们制定了《工程项目法律事务管理办法》，完善了工作流程，发布了工作范本，并开始全面推行。为了深入落实岗位职责，切实发挥项目法律顾问的作用，紧接着又制定了《工程项目法律事务工作细则及考核管理办法》，全面启动项目法务考核管理工作。随着工作的深入推进，项目法律顾问制度已被各级企业普遍接受，全系统4963个施工项目开展了项目法务工作，项目法务工作覆盖率为98.1%。项目法律顾问制度有效加强了企业法律风险的源头管控，项目管理人员法律风险意识不断增强，项目管理逐步走向规范，纠纷争议的发案率大幅度降低。

（五）案件管理收到明显成效

诉讼案件一度成为影响部分所属单位经营发展的"绊脚石"。针对诉讼案件规模大、标的额大、数量多等特点，公司采取了积极的管理措施，将管理思想引入到案件处理中来，从2006年开始逐步建立了重大案件考核制度、案件策划制度和结案报告制度，并通过案件管理信息化建设建立了一套完善的法律案件管理体系。经过多年的运行，法律纠纷案件管理体系已基本成熟，并取得了显著的效果。在公司经营规模大幅增长的情况下（2013年营业收入是2005年的6倍），案件规模与高峰时期相比已经缩减了一半，并且多年保持逐步下降的走势，这说明了我们采取的案件管理措施，与法律风险防范工作相结合取得的显著成效。通过加强对重大历史遗留案件管理，公司解决了一批疑难复杂案件，通过处理案件收回债权金额及避免损失金额达数十亿元，为企业创造了巨大的经济效益。目前，公司所属各级企业案件管理工作成为日常管理工作的一部分，可以投入更多精力开展风险防范工作。

（六）加强法律服务力度，全面融入企业管理

我们坚持将法律工作全面融入生产经营活动。公司2009

年成功整体上市后，投资业务成为新的利润增长点，运作投资项目时会面临比较复杂的法律风险，为此，我们及时颁布了投资法律管理制度，明确规定企业法律顾问全程参与投资项目各阶段，总法律顾问须签署相关法律意见，实际工作中严格审批，确保该项制度的贯彻。我们逐步探索建立了投资项目法律风险报告机制，对投资项目法律风险进行分类分级管理，结合投资项目法律顾问工作，在实施过程中予以落实，保证了投资业务的稳健运行。

公司不断推动法律风险防范机制向境外延伸，已经完成了《海外法律风险管理指引》的编制，在大型驻外机构设置了独立的法律部门，派驻法律顾问18人，并启动了海外项目法律顾问试点工作。在充分掌握管理现状和管理需求的基础上，公司制定了知识产权战略规划和管理手册，通过顶层设计和实务操作两个方面的管理，建立了知识产权标准化管理体系。我们建立了标准化、规范化的法律审核流程，把法律审核把关工作渗透到企业生产经营的各个环节中去，全面落实国资委三年目标中"三个100%"的要求，为企业规避了大量的法律风险，保证了公司稳定发展。

三个三年目标建设期间，经过不断摸索总结和实践创新，我们逐步建立了具有中建特色的法律管理体系。第一，实现了由事后救济为主逐步转向更加注重事前预防和事中控制，风险防线不断前移，建立了全过程的法律风险防范体系。第二，实现了从事务处理向法律管理转变，实现了从"有纠纷才想起法律"向"有业务就少不了法律"的转变，法律管理与企业经营高度融合，为企业重大经营活动提供法律服务的广度和深度不断扩展。第三，基本实现法律管理的标准化和信息化。第四，法律体系实现了从"无"到"有"、从"有"到"好"的转变。从无法律机构、职责不清、工作内容单一、人员离职率高，到如今已建立了以总法律顾问制度为核心的法律体系，法律管理职责统一，队伍凝聚力强，风险防控能力不断提升。

三、法律管理的体会

国资委法制工作三个阶段性目标，为央企法制工作发展提供了平台。中国建筑认真落实国资委管理要求，依靠自身实践，稳扎稳打，在法律管理工作中做出了一定贡献并取得了一些成绩。在企业法制建设过程中，我们也有一些深刻的体会。

（一）企业法律工作必须从事务型向管理服务型转变

我参加工作的 27 个年头里，能够明显感觉企业法律管理工作两个阶段形成的强烈对比。第一个阶段是法律管理没有规划、没有形成体系以前，这期间也能提出高质量的法律意见，也可以打赢官司，比如我从 1992 年开始参与公司对伊拉克战争索赔，历经 10 年公司共获得赔偿金额 3092 万美元，但法律工作主要以提供咨询服务、处理案件等事务性工作为主。第二个阶段是 2001 年以后，尤其是国资委成立以后，在国资委正确领导下，逐步建立以总法律顾问制度为核心的法律风险防范机制，企业法律工作迈向制度化、规范化管理轨道，并实现事务型向管理服务型转变，深度参与企业管理，拓展了法律工作的发展空间，并为企业创造了巨大的价值。在公司法律管理体系发展的过程中，我的个人专业能力和管理能力也得到了提升，两次被国资委评为央企十大优秀法律顾问。

（二）法律管理工作应与公司发展密切保持一致

我们在抓公司法律管理时，特别注意其与公司业务管控模式及管理力度紧密结合。如公司总部对投资决策等集中管控时，法律管理找准工作切入点，企业法律顾问全程参与投资项目各个阶段并提供法律服务、总法律顾问对重大投资决策发表法律意见等相应的措施就可以落到实处。通过这四五年的实际运作来看，效果非常显著。法律管理这个"个体"一定要与企业管理体系密切融合。

（三）敏锐洞察风险变化，主动应对化解

在法律风险事前防范和事中控制过程中，我们不能被动地

等待风险变成纠纷或案件后"找上门",要具备敏锐的市场洞察力,通过对下属单位管理情况及时进行研究分析,从中捕捉各种风险变化的信息,发现重大风险和管理问题,并及时提出对策"化险为夷"。2007 年,我们发现国内市场建筑材料存在大幅涨价的苗头时,第一时间下发专项通知,指导各级企业和项目经理部采取防范和化解措施,为公司避免及降低了相当数额的经济损失,风险应对工作取得了非常明显的成效。

(四) 坚持价值创造,彰显法律作为

中国建筑始终将价值创造作为法律管理的归宿和生命力所在,努力通过高质量的法律管理产出管理效益,提升企业竞争力。不论通过合同评审从源头减少法律风险,还是提供项目法律服务对履约过程进行管控,或者是成功处理诉讼案件收回款项或避免损失,我们都努力使企业管理者切身感受到法律管理实实在在地为企业规避了风险、创造了价值,以此凸显法律管理自身的价值。通过多年的努力,中国建筑按照国资委对中央企业法制工作提出的要求,勤恳地为企业经营做出了应有的贡献,做到了"有为",并取得了"有位",因而实现了"有威"。

回顾中国建筑法律管理工作在三个三年目标期间的奋斗历程,既饱含艰辛,也感到欣慰。虽然,我们的法律管理工作还有诸多有待完善之处,但我们已经打下了一个比较好的管理基础,使得中国建筑抵御风险的能力进一步增强。将来,公司发

展始终面对着国内外市场环境的复杂变化，以及与日俱增的风险，同时，也面临着一系列发展机遇。我始终坚信，通过我们不懈努力，中国建筑法律管理将继续开拓创新，为公司经营发展提供优质服务，为央企法制建设再添新彩。

九年风雨路　深深法制情

周立涛[1]

　　我自 1983 年从事煤炭企业法律事务工作以来，已经在中央企业法制工作战线上奋斗、服务了 30 多年，并且在推行中央企业总法律顾问制度后，我有幸成为首批总法中的一员，在央企这块实验田中成为一名无比光荣的拓荒牛、先行者，亲历并目睹了中央企业由"内忧外患"到"做大做强"，央企法制工作经历了从无到有，到为企业经营和发展保驾护航的崭新局面，我深感荣幸。

　　中煤集团成立于 1982 年，主要是一家以煤炭进出口为主的外贸型公司，上个世纪末国家煤炭部撤销后，在中国煤炭进出口公司的基础上，合并了原煤炭部所属煤矿、在京相关单位和部分司局，并逐步发展成为现在的特大型能源企业集团。中煤集团自 1999 年 5 月重组以来，主要面临三大任务：一是繁重的内部重组任务，需要处理复杂的计划经济遗留问题、数额巨大的不良资产、企业亏损等历史问题；二是企业转型任务，

---

① 作者为中国中煤能源集团有限公司总法律顾问。

中煤集团由外贸企业向实体企业转型，由最初的卖煤、卖机械向煤矿建设、煤炭生产、煤机制造、煤化工、坑口发电等上下游产业链延伸；三是产业结构和布局调整任务，在伴随着煤炭市场形势变化中不断推进企业深化改革，优化产业结构，重构组织和管理方式，创新盈利模式，为企业长远发展注入能量。中煤集团在深入推进这三大任务中，暴露出越来越多的合规问题和法律风险，内生性法律需求迅速增长为法制工作的发展提供了有利契机和根植土壤。我有幸能够带领着中煤法律人，见证中煤集团不断深化合规经营、规避风险、改革发展壮大的历史时刻，并贡献法律人的微薄力量。尤其是当前，全国有各类煤企12000余家，在煤炭行业已充分走向市场化，且眼下煤炭业正受结构性产能过剩，价格下跌，进口煤冲击的影响，将给中煤集团法律风险防范工作提出了更高的要求，作为中煤法律的领队人，深感责任重大、使命神圣。

2005年伊始，国资委连续推动了中央企业法制工作三个三年目标，九年来，中煤集团法制工作一步一个台阶，实现了从百废待兴到卓有成效的跨越。2008年集团公司被授予"中央企业先进法律事务机构"称号，2013年在国资委法制工作第三个三年目标进展情况考评中名列中央企业第二名。回顾九年来风雨历程，我依稀能看到中煤的法制工作由总部一人带俩兵四处吆喝，演变成全集团上下联动、科学配置的高效法律管理团队；从审审合同、打打官司，到融合规划、设计、架构、制度、流程、授权、配置、信息化等手段的全方位服务；从企业管理者担心法律掣肘、降低效率，到主动寻求法律支持，再到运用法律手段实现价值创造；从法律人迷惘该如何去做，到取经和交流经验，再到今天有机会谈心得和体会。中煤集团法制工作的上述转变，归功于国资委坚定不移地推动央企法制建设，受益于集团领导的高度重视和大力支持，也得益于我们着力抓好了以下几方面的具体工作：

一、强本固基，实现法律业务精细化管理

中央企业由于行业差异，导致企业法律风险特征各不相同，探索和建立一套适合公司特色的法制建设道路成为摆在中煤法律人面前的重点和难点问题。多年来，在公司领导的大力支持下，我带领各级法律人结合法律环境变化和企业发展需要，坚持企业规章制度建设、法律工作组织体系建设，强化以缔约风险为主线的法律风险防范机制建设，力求夯实和完善企业法律风险防范基础工作。

一是完善制度体系，强化规范管理。伴随着公司业产业链不断延伸，中煤集团制度建设改变了以往单一、无体系、各自为政的管理模式，逐步建立起统一管理、统一计划、统一审批的"三统一"管理机制，以正式文件形式明确了法律审核作为制度发布的必经环节。近年来，公司相继颁布实施了合同管理、纠纷管理、外聘律师管理、不良应收账款管理等多项规章制度，形成了覆盖主要法律业务的制度体系，保证各项工作全面纳入规范化管理轨道。为确保已颁布制度有效实施，公司将

制度建设与流程、标准化建设相结合，将风险防范点、审核必经点嵌入到流程中，再加以信息化手段固化实施。较九年前寥寥数计流程相比，仅总部就已建立了合同、授权、重大项目等业务审批流程44项，并随时根据管理需要组织对流程进行优化和再造。我们在做好制度流程体系建设的同时，编制完成了《中煤集团职权配置手册》，对各项审批业务实施分类分级审批，明确各业务审批权限，优化领导授权管理，保障和促进了各业务流程高效有序运行。

二是优化组织体系，发挥上下合力。中煤集团以实施中央企业法制工作三个三年目标为契机，推进全集团法律机构和法律队伍建设。截至2013年底，全系统14家子企业设立独立法律机构，另有10家子企业配备了专职法律人员，系统内各级法律顾问156名，法律顾问持证上岗率达到82%，提前一年完成国资委三年目标。在管理体制上，公司充分发挥总部和子企业两级法律部门的积极性，各级法律部门依职能履行职责，建立分和有序的法律支撑保障体系。总部法律机构侧重热点、敏感法律问题、法律制度的研究和指导，抓体系建设、制度建设、规范建设、标准建设和人才队伍建设促进内部企业法律资源共享。各子企业法律机构在自己职权内开展合同、纠纷、应收账款、证照等企业法律事务管理工作，定期向总部进行法业务报告，接受总部法律工作检查和指导。

三是以合同管理为主线，防范企业风险。中煤集团作为较早步入市场化竞争的企业，每年对外签订合同过万份。过去由于业务简单，合同类型单一，合同条款不完备，给企业带来了极大的契约风险。9年来公司建立了"统一管理、分类审批、全程参与、履行跟踪"的合同管理理念，在完善制度规范的基础上，统一煤炭贸易、集中采购、煤矿建设、煤化工等重点领域合同标准文本，既减少了基层单位工作量，也规范了交易行为。对于发生的合同纠纷，公司采取办理"一起案件，发现一类问题"的工作思路，在为企业挽回或减少经济损失的同时，还向有关领导、业务部门提出近百项整改建议，法律人员已成为公司领导决策的好助手。据统计，全集团各级法律顾问9年来共审核各类规章制度200余份、审查合同70000余份，处理纠纷案件近百件，全面完成国资委"三个三年法制"工作目标。

二、准确定位，全面实现总法律 顾问"领头羊"作用

在担任总法律顾问过程中，我深刻领会到总法律顾问既是企业法律事务工作的总负责人，又是企业决策层的高级管理人员。这一双重身份决定了总法律顾问必须科学统领全局开展法制建设工作，要较少考虑个人利益和部门利益，更多地在法律允许的范围内，站在企业经营管理的全局角度，参与企业的重大决策，做好企业一把手的助手。这就要求总法律顾问首先要有高度的责任心，要敢于发表意见，善意发表意见；其次要是一名"四懂一讲"的复合型管理人才。"四懂"即懂政策、懂经济、懂管理、懂业务，能够在企业经营管理活动中提出有效

的建议和方案，运用管理的思维和手段促进法律工作，而"一讲"即讲沟通和协调，能够利用专业知识、人格魅力去争取信任、支持和帮助，协调好与其他部门关系，为法律工作的顺利开展形成一个良好的氛围。

中煤集团法制工作在公司领导的高度关注下，各级总法律顾问按照"重在防控"的理念，严格履职，在组织完成日常法律事务的同时，全程参与公司经营管理，与业务部门配合，参加涉及公司法律、财务、战略、销售、运营、考核等所有重大事项的决策，在决策会议上有效行使建议权，为决策的合法合规性严把关口；研究、掌握国家出台的各项新的法律法规和政策，调整公司各项规定，保障企业行为符合国家法律法规的规制。

任何工作的开展首先要有队伍，公司总法律顾问牵头积极开展法律人才队伍培养，与人力资源部配合开展法律专业人才评定工作，将法律顾问职业发展融入企业人才发展整体规划通盘考虑，紧紧抓住培养、吸引、用好企业法律顾问人才的三个环节，着手打造一支企业真正留得住、用得上、信得过的法律专业队伍。

三、融入经营管理，提升法律风险防范水平

经过多年探索实践，中煤集团法制工作围绕公司五大板块

和五大基地建设，将法制工作规划与集团整体产业规划、"十二五"战略规划以及全面风险管理结合起来，走出了一条"服务、推动、促进、保障"的风险防范之路，打造了决策科学、控制有力、反馈及时的全面闭环式法律风险防范管理系统。

一是实现法律与企业管理融合，保障法律风险防范的针对性。中煤集团法律风险防范工作源自于公司业务的具体需求，通过制定法律风险防范手册和法律业务指引，实现了法律管理工作与企业发展战略的有效融合，确保法律与日常防控、业务防控相一致。法律风险防范工作成为企业主营业务的支撑，各业务部门自主参与其中，企业法律管理的系统工程从法律部门的专职任务逐步发展成集团上下配合、互动有力的全员工程。

二是深入项目现场，提前识别预判法律风险。在公司由单一煤炭和煤机产品销售向煤炭生产、煤机装备、煤化工、煤矿建设、发电等五大主业并行发展转变的过程中，我们深入项目一线，在熟悉业务流程后，及时总结、排查法律风险隐患，提前识别、预判法律风险，统筹规划法律防控措施，加强措施的可操作性研究，制定有效的监督和考评机制，确保法律风险防范措施有步骤、有标准、有考核、有成效。

三是及时介入重大决策和重点项目，实现法律风险防范工作的有效切入。9 年来，公司各级总法律顾问通过列席董事会和参加党政联席会议、法律顾问参加总经理办公会、业务办公会等形式，有效保障了"三重一大"事项的法律审核和充分参与。特别是近两年来，各级法律顾问参加决策会议共计 1500 余次，参与重大项目 30 余项，出具法律意见 2000 余份。对重大投资项目强化政策、市场、宏观经济环境的分析，在项目评估管理基础上，加强了项目可研阶段风险分析，量化风险对投资收益的影响，出具了合理化的法律意见。通过建立项目法律分类管理机制以及委派法律管理人员方式，全面实现了重大项目的法律全流程管理，有效延伸了法律管理的链条。

四是加快实施"走出去"战略，积极构建境外法律管理体系。近年来，在国资委的大力推动下，中煤集团将境外法律风险防范摆到了更加突出的位置，各级法律顾问切实贯彻"海外投资法律先行"的工作理念，全程在集团公司海外并购项目中全程参与律师选聘、尽职调查、收购方式设计及合同谈判等各个阶段，实现了提高自身业务水平与聘请社会专业机构、法律风险防控与海外项目决策、国内政策与目标国法律法规收集对比的有效结合，初步形成了海外业务多元化多渠道的人才储备体系。公司先后编制了《中国中煤能源集团有限公司海外风险防范手册》——澳大利亚分册和美国分册，为集团公司海外投资决策提供重要依据。

四、培养法律新思维，创造法制新价值

企业法律工作的定位决定了其需要摆脱单项思维的桎梏，融入战略、管理和商业等思维中，力争做到"依据法律、超越法律"。将战略思维融入企业法律事务管理工作，就要以企业发展战略为核心做好企业法律工作的顶层设计，从战略需求出发相应设计和实施法律管理的制度体系和组织体系，以战略的思维和方法，按照战略、管控和执行三个层面来合理设计法律管理的战略体系，实现企业法律事务的战略管理，使其更具有系统性和前瞻性。中煤集团多年来寻求从企业管理的角度和逻辑出发思考、设计和实施法律管理之路，将法律工作融入到企业经营管理中，为企业提供既合法合规、又具有符合企业发展方向的法律、商业和管理建议，主动当好企业决策者的参谋。近年来，法律部门与其他业务部门密切合作，进一步完善了区域公司组织结构和管理模式，从公司设立形式、业务模式调整、税收策划、公司治理等方面进行综合筹划，有效完善了股权多元化企业合理平衡的公司治理结构体系。

中煤法制工作的核心价值不仅在于风险防范，更体现于价值创造，直接为企业带来经济效益。2005 年中煤集团正式将不良资产清理清收纳入法律工作范畴，强化三年以上应收款和逾期一年应收账款管理，健全管理制度和流程，每年制订清收考核计划，创新专业资产管理公司等方式，9 年来累计清收盘活 20.84 亿元。近年来，中煤各级法律部门全程介入资源整合、投资并购、改制重组等重大项目的商业运作，负责尽职调查以及协议等法律文件的谈判、草拟和审核，参与方案和路径论证、设计和谈判，大幅降低投资成本。仅资源整合一项工作，即为企业整合煤炭资源 20 亿吨、节约成本逾 15 亿元。

多年的法律工作实践，特别是担任总法的 10 年时间，让我对企业法制工作有了较全面和深刻的认知，下面我想站在一个企业老总法的角度来谈我对有效推进企业法制工作的体会：

企业法律顾问首先是企业管理者，需要有管理者的思维，从企业设立、目标实现和运营的各个层面介入企业经营管理，并成为企业管理不可或缺的环节。企业法律顾问是企业风险防范者，需要从法律政策、规章制度、合同、对外承诺以及不法行为侵害等层面，预防和控制法律风险。总法律顾问作为企业法律风险防范的领导者，应该不断推动企业法律风险防范体系的建设，完善企业法律风险管控制度和流程，合理平衡法律风险防范与企业发展改革之间的关系。

企业法律顾问既是下属又是助手，既要执行企业领导的决策，又要当好领导的参谋。企业法律顾问既是决策的参谋，又是执行的监督者、事后的保障者和护航者。企业法律顾问角色的多元化是企业法律顾问的未来发展方向，也是其核心价值所在。

要以企业改革发展为核心做好企业法律工作的顶层设计。9 年来，在国资委的持续大力推动之下，中央企业法制建设工作取得了长足进步。央企法制工作未来的发展需要更加紧密贴近企业改革发展，在管理中谈法律，在法律中促发展。

未来企业法制应该向法制企业转变，在企业管理更多层面植入法律的理念、制度和流程，逐步健全法制企业的体系，使法制成为企业自觉的要求和文化。

最后，企业法律顾问，特别是总法律顾问，不仅要具备各种专业行业知识、能力和技巧，更要具备崇高的人格和品质，要做到肯干事、能干事、干成事、不怕事、不犯事、好共事。

以上是我多年来从事中央企业法制工作的一些粗浅认识和体会。国资委法制工作第三个三年目标工作业已接近尾声，值此之际，我谨以此文向坚守在央企法制战线上的同志们致敬，感谢他们的执着和付出。然路漫漫其修远兮，法制工作门槛高、压力大、责任重，我们深知要想与世界一流企业同台竞技，在市场经济的洪流中立于不败之地，还有很长的路要走。今后，中煤法律人定会厉兵秣马，努力将法制工作推向新的高度。

凝心聚力　携手实现法制梦想

于腾群①

　　党的十八届三中全会对全面深化国有企业改革，全面建立现代企业制度作出了重大决策部署，特别提出了要"普遍建立法律顾问制度"。这是党中央对中央企业法制工作赋予的新使命，是我们企业法律工作者的心声表达。十二年的央企法制路，三个"三年目标"，是进一步增强国有企业竞争力、带动力和影响力，建立世界一流企业的一项重要举措，是实现与国际先进企业法律管理对标的重要内容，是推动中央企业朝着世界一流企业迈进的重要保障。第三个"三年目标"即将圆满收官，回顾我与企业法制工作一起走过的路，有攻坚克难的艰辛，也有硕果累累的喜悦。

---

　　① 作者为中国中铁股份有限公司总法律顾问、董事会秘书。

一、春天来了：企业法制
之路从这里启航

与企业法制工作结缘对我来说是一种偶然，但我深感处在一个变革时代，能与企业法制同行又是一种幸运。20世纪九十年代初，我毕业后进入中铁一局工作，虽然我是正儿八经的法律专业出身，但相对于社会律师而言，法律顾问在企业里还是件新鲜事。那时的我真的认为企业法制是个"梦"。2000年，我调到中国铁路工程总公司（以下简称"中国中铁"）总部担任企管部门的负责人，公司的法制工作仅是企管部门工作中的一项内容，我不仅要负责部门的全面工作，而部门内从事法律工作的也仅有我一人，有时难免会顾此失彼。当时的我尽管依然有梦，但并未敢奢望企业法制工作的春天。当时中国中铁整个系统从事法律事务工作的也不过80余人。

2002年4月，全国经贸委系统法制工作会议在上海宝钢召开，坐在台下的我听到时任国家经贸委副主任的黄淑和同志郑重宣布"在国家重点企业中开展企业法律顾问制度试点工作"时，我激动不已，当黄淑和同志满怀深情地说到"企业法制的春天来了"时，全场响起了经久不息的掌声。

2002年7月，在淑和副主任的全力推动下，国家经贸委等七部委联合下发了在中国企业法律顾问制度发展史上具有里程碑意义的《关于在国家重点企业开展企业总法律顾问制度试点工作的指导意见》，中国中铁成为全国首批 24 家试点企业之一。2003 年国务院国资委成立后，以出资人代表的身份，站在维护国有资产安全、保障国有资产保值增值和全面提高中央企业国际竞争力的高度，对中央企业总法律顾问制度的推动力度前所未有、对中央企业法律风险防范机制的建设力度前所未有、对中央企业依法治企的建设力度前所未有。从委领导到法规局的领导和同志，鼓与呼、践与行、带与推，倾注了心血、智慧和责任，在对央企法制工作的现状和未来发展进行了全面的研究和深入的分析之后，明确、果断、系统地提出了三个"三年目标"，推动着央企法制工作取得了一个又一个成就。如果不是站在央企未来发展的战略高度，立足于央企法制工作的实际，通过对央企法制工作规律的深入研究，对央企发展方向的深刻理解和准确把握，怀着对央企的高度的责任感和使命感，是提不出三个"三年目标"的。"三年目标"带领我们走进了企业法制的春天，企业法治之路扬帆起航。

二、三年目标：企业法制建设在这里成长

"千里之行，始于足下"，做好企业法制工作是一个积跬步致千里、聚溪流成汪洋的过程。在计划经济阶段，企业法制工作处于"边缘化"状态，但在经历全球化的市场经济中，依法合规经营、依法维护权利、有效防范法律风险是对企业的本质

要求。

在国资委的大力推动下，中国中铁的主要领导对企业法制建设的认识也达到了前所未有的高度。2003年初，中国中铁总部设置了总法律顾问，法律事务部也从企管部门中分离出来成为独立的职能部门，我被任命为公司的副总法律顾问兼法律事务部部长，专门从事企业法律事务工作，这让我有了"企业职业法律人"的自豪感和使命感。在公司历届领导班子的高度重视下，中国中铁紧紧围绕着三个"三年目标"，企业法制建设不断引向深入，为企业的健康持续快速发展贡献了应有的力量。九年来，公司的营业收入和利润分别从2005年的950.8亿元和8.8亿元增长到2013年的5610.7亿元和136.6亿元，世界财富500强排名从2005年423位上升到2013年86位；全集团的法律顾问人数从80余人增长到800余人，总部法律部人员增长到8人，公司及重要子公司的总法律顾问、法律事务机构设置率达100%，企业规章制度、重要决策、经济合同三项法律审核率均达到100%。数据的增长仅说明了量上的变化，而让我体会深刻的是公司法制化管理的成长。

（一）企业的法制观念实现历史性跨越

随着法制工作的深入开展，公司各级领导对法制工作的作用有了越发深刻的认识，从过去"想办法、找借口绕开"变为"自发启动"法律的审核把关，从过去视法律审核程序"可有可无"变为"不可或缺"。公司的历届主要领导对企业法律顾问工作高度重视，每年都会在全公司的工作会议上进行点评，作表扬、提要求。中国中铁是率先在公司章程中明确总法律顾问为高级管理人员的中央企业，充分显示了公司领导层对企业法制工作重要性的深刻认识。公司法制工作始终坚持"围绕中心、服务大局"，坚持将法制工作融入企业经营，为公司依法经营和决策提供全面的法律保障，让公司领导和员工切实感受到企业法制工作也在为企业创造经济效益。企业法律顾问在领导的眼中早已不再是"灭火队员"，而是离不开的"预警员"。

（二）制度体系建设实现了历史性跨越

中国中铁建立了以《公司章程》为根本、以"两个办法"为主干、以专项制度为支撑、以考核评价制度为配套的企业法律顾问制度体系。首先，《公司章程》自 2004 年就一直将总法律顾问规定为公司的高级管理人员。2008 年的《总法律顾问管理办法》再次重申总法律顾问作为公司的高级管理人员，且进一步明确总法律顾问必须专职。上述制度为总法律顾问"落地生根"提供了依据。其次，2003 年出台的《法律事务工作办法》和《合同管理办法》，构建了全公司企业法律顾问工作制度的主干。第三，出台有关法律论证、纠纷解决、项目合同管理、境外业务等专项支持性制度，全方位保障企业的依法规范经营。最后，将法制工作目标中的关键指标纳入公司对所属单位年度业绩考核体系，促使各单位主要领导对贯彻法制工作三年目标从口号变为行动。

（三）企业法律顾问队伍建设实现了历史性跨越

随着企业总法律顾问制度推行的不断深入，企业法律事务机构和企业法律顾问队伍迅速发展壮大。截至目前，公司及所属子公司法律事务机构设置率达100%。公司总部配备了专职总法律顾问，所属27家重要子公司配备了总法律顾问，超过半数以上实现了总法律顾问的专职化。尤其是，中铁一局24家子公司全部设置专职总法律顾问，中铁四局总法律顾问实行年薪制，中铁十局规定总法律顾问待遇与副总经理、三总师相同，中铁八局尝试在项目公司设立总法律顾问。全集团的法律顾问人数增长到前所未有的800余人，企业法律顾问干劲十足、信心百倍，呈现出前所未有的精神面貌和工作状态。一大批企业法律顾问能力素质得到极大的提升，经受住了锻炼和考验，走上了企业管理的领导岗位，从"有为"实现了"有位"。

（四）依法经营管理实现了历史性跨越

公司一直以来都在努力探索将法制工作流程嵌入公司经营管理流程，法律审核把关目前已经成为公司经营管理"绕不开、躲不过"的必经流程。比如，明确法律事务部门是规章制度法律审核职责归口管理机构，将"战略规划部送法律事务部进行合法性审核形成审核意见"作为规章制度审核流程的必经路径；加强公司信用体系建设，加大对失信行为惩戒力度，使管理者依法合规守信经营；实行合同评审会签制度，同时使用合同评审表记录合同的审核过程；优化合同管理工作流程，"宁可形成业务交叉也不造成管理真空"，最大限度弥合职能部门管理合同的职责间隙；严格公司重要决策的法律论证，坚决贯彻"积极参与，提高法律审核的覆盖面；全程参与，提高法律审核的纵深度；分段参与，提高法律审核的针对性"的"三参与"机制；强化境外业务法律风险防范，加强业务覆盖区域重点国别（地区）法律法规的收集和研究，高度关注、跟进重点境外项目的实施情况，通过《境外项目法律风险管理指引》进行项目的全面风险管理；全程参与公司整体改制重组上市工作，发挥了不可替代的作用，得到了公司领导层和中介机构的一致好评。

（五）依法维护企业权益实现了历史性跨越

企业法制工作创造效益，依法维护企业的重大权益是其中的一个重要方面。公司推行重大法律纠纷实时、动态监控制度，对所属二级企业发生的重大法律纠纷，法律部主动参与把关，加强对案件的监督指导和跟踪管理，避免企业因纠纷处理不当产生的经济损失；实行内部纠纷协调制度，节省了纠纷处理时间、外聘律师费、诉讼费、执行费和其他办案经费，同时维护了公司的整体形象；企业法律顾问在参与企业重大经济活动、重大项目、重大决策的商业谈判和论证中经常为企业规避重大法律风险；积极与最高人民法院、国务院法制办、国资委法规局、各地方法院和仲裁机构联系沟通，以研讨会、讲座、司法建议等方式，力争在法律、法规和司法解释中反映企业的声音，为企业权益的实现争取更为有利的法制环境。从 2005 年到 2013 年，公司法律顾问处理的法律事务从 2 万余件增长到 10 万余件，涉及的标的额从 2000 多亿元增长到近万亿元，为企业挽回和避免经济损失额近百亿元。

我们深深地体会到，"三年目标"是央企法制工作随着我国经济体制不断完善的历史选择，是央企市场化、国际化、现代化、法治化的必要要求。"三年目标"是央企法制工作的"总纲"，提出实施总法律顾问制度抓住了央企法制工作的"牛鼻子"，真正起到了在实践中牵一发而动全身的作用；提出建设企业法律顾问机构和队伍建设，路径清晰可行，既做到了接"地气"，又切实起到了鼓舞和鞭策作用；提出央企法制工作的业务发展目标，明确工作的出发点和落脚点，保证法制工作"精准发力"，实现了法制工作的"保驾护航"作用。实践已经证明，"三年目标"对央企法制建设的作用是巨大的。中国中铁按照"建立机制、发挥作用、完善提高"的阶段性安排，一步一个脚印地推进企业法制工作，不仅依法保障和促进了企业的改革发展，而且在提升企业诚信守法的形象方面也发挥了十分重要的作用。

三、凝心聚力：携手实现法制梦想

2008 年，组织上安排我离开了我热爱的法律工作岗位，专职担任董秘一职。在董秘岗位上，我时刻以一个法律人的思维指导工作，不仅时刻关心着央企法制建设的新情况、新精神，而且继续为推动企业法制的进步贡献力量。在我的积极推动下，在董事会的正确领导下，企业法律顾问工作与现代企业制度建设深度融合，公司治理始终沿着法治的轨道前行，得到了国资委和境内外资本市场的高度评价。我经常在公司的董事会上为企业法律顾问鼓与呼，为企业法律顾问履职创造条件。2014 年初我重新回归到了企业法律顾问队伍，担任总法律顾问职务。作为公司的领导班子成员，我更加坚定了做好企业法律顾问工作的信心和决心。在"三年目标"的旗帜下，信念与力量在每位企业法律人的心头凝聚，愿景、梦想在每一个企业法律人的合作中创造。为何能取得这样的成绩，缘何能有这样的进步，我们又该追求什么样的新目标，我在思考、在体会。

（一）有一种精神叫热爱，有一种财富叫奉献

"热爱是成功的一半"，这是法制日报记者采访我的文章的

题目。这些年一路走来，中国中铁企业法制战线的同仁们，如果不是热爱法律事业，不会这样坚守；如果不是热爱法律事业，不会这样投入；如果不是热爱法律事业，不会为之奉献。有的企业法律顾问，常年奔走于施工现场和法庭之上，累倒病倒了；有的企业法律顾问斗智斗勇，在国际业务的谈判中为企业避免了巨额损失；有的企业法律顾问因为坚守企业利益被诉讼对方绑架，在威逼利诱面前"打死我也不签"的精神激励着广大的企业法律顾问前行。

（二）有一种力量叫执着，有一种感动叫支持

实践证明，在现阶段，如果没有出资人代表强有力的推动，这项工作是很难成功的。国资委不仅科学制定了"建立机制"、"发挥作用"、"提高完善"的三个"三年目标"，而且不遗余力的、执着地在中央企业推行，是这项工作取得一次又一次进步的前提。在中国中铁，公司的历任主要领导和领导班子成员，始终坚持"认识的高度决定行动的力度"，表现出了依法治企、特别是依法决策的决心，直接决定了企业法制工作的高度、深度和满意度。有了国资委和公司决策层的大力支持，企业法律顾问们唯有努力才是回报。国资委法规局传递着关心和帮助，被央企的法律顾问们亲切地称为"娘家"，充满了温暖和感动。中国中铁的企业法制工作得到了有关部门的充分肯定，一大批企业法律顾问获得了中国施工企业、中国交通企业

的优秀法律顾问称号，我本人也获得了首批"中央企业十佳法律顾问"的荣誉。

（三）有一种追求叫责任，有一种未来叫梦想

中国中铁的员工数量大（企业在职员工近 30 万人，离退休员工近 30 万人、常年使用的农民工近 200 万人）、历史久（有着百年的历史渊源）、业态多（涉及基础设施建设、工业设备制造、勘察设计咨询、房地产开发、矿产资源、物流、BOT 等）、地域分布广（遍布中国各省市自治区，国外 60 余个国家和地区）、管理链条长（因为历史及市场原因，管理层级多达五级甚至六级）、境内外上市监管严格等特点，给中国中铁的企业法制工作带来了诸多挑战；淑和副主任在今年元月份央企法制工作会议上提出的适应市场化、国际化不断发展的新形势，适应加快股权多元化改革的新挑战，适应国有资本运作不断加强的新趋势，适应不断深化企业内部改革的新要求，适应打造世界一流企业的新需要这"五个适应"，为我们做好下一步的工作指明了方向；渝波局长在今年 5 月份央企总法律顾问培训班上提出的"站位、视野、专业"，为我们每一名央企总法律顾问的履职能力提出了更高要求。作为一名世界百强企业的总法律顾问，我备感责任重大，作为一名央企的总法律顾问，我深感使命光荣。有梦就有方向，有梦才有未来。我将继续努力，在国资委的正确领导下，在公司领导班子的支持下，

带领企业法律顾问团队，进一步提高思想认识，加强统筹规划、提升能力素质，优化服务水平，为实现依法治企、依法治国的中国法治梦贡献力量。

步步留印 奋勇前行

李永华①

国资委自成立便致力于大力推动中央企业法制建设，十年来，历经法制工作三个三年目标"建立机制、发挥作用、完善提高"三个阶段，在国企体系内确立了以总法律顾问制度为核心的企业法律顾问制度和法律风险防范机制体系建设，法治精神和法治思维在企业经营管理中空前提高，国有企业法制建设、作用发挥都达到空前水平。

电信科学技术研究院（大唐电信科技产业集团，以下简称我院或我集团）坚决落实国资委法制工作各项目标部署，切实采取有效措施，十年来法制工作不断取得突破性进展，法律组织体系从弱到强，法律风险防范体系从无到有，法律与业务深度融合，为支撑保障集团产业发展取得了显著的成效。

我于 2008 年 12 月来到电信科学技术研究院，担任法律部负责人，2011 年 6 月被委任为总法律顾问，亲历第二、第三个法制工作三年规划，经历了集团法制工作发展阶段和取得的成

---

① 作者为电信科学技术研究院总法律顾问。

就，感受深切。

一、通过落实法制工作三个三年规划，我院法律工作实现了跨越式发展

（一）第一个三年——建章立制，奠定基础

第一个三年目标期间，我院虽不属于国资委确定的央企总法律顾问制度试点单位，但也严格落实了国资委法制工作相关要求目标要求。一是，集团总部和集团主业公司成立了独立的法律事务机构，建立了法律人员队伍，基本实现了合同和盖章文件百分之百的法律审核，初步实现了法律人员对一些重要项目的参与把关。例如，在旗下大唐移动公司的战略合作项目、知识产权许可项目、合资合作项目等，法律人员都进行了全过程参与。二是，加强下属各单位的法律队伍的建设。早在2005年，我院就要求下属单位按照自身实际情况，建立健全企业法律顾问制度，并要求五十岁以下的法律事务工作人员必须参加企业法律顾问执业资格考试，经过几年努力，初步建立了一支法律人员队伍。三是，开始制定一些基础的法律管理制度，如《集团法律事务基本工作规范》、《合同管理办法》等管理规定，指导全集团的依法治企工作，初步建立重大法律纠纷备案

制度，开始逐步形成一套法律工作管理体系，推进了依法治企和全院法制化管理的进程。四是，高度重视普法工作，成立普法工作领导小组和工作小组，进行各种层面的法制宣传教育，开展法律风险防范年等主题活动，依法办事、依法决策的法治理念逐步培育起来。对促进企业依法经营管理，实现国有资产保值增值发挥了重要的作用。

但相较而言，彼时的法律工作可以说还处于奠基阶段，风险防范能力、覆盖范围等方面尚需进一步提高，表现在：集团法律团队组织体系总体专业力量薄弱，法律人员规模较小，法律风险防范机制体系不健全，事后救济多于事中、事前预防，其职能有待尽快转变，法律意识有待进一步提高。

（二）第二个三年——发挥作用，成效显著

根据国资委三年规划的总体要求，集团立即制定了"133"的法制工作目标，即："一个核心"，"三个转变"，"三项指标"。三年来，集团法制工作在以下几个主要方面成效显著。

1. 建立以总法律顾问制度为核心的法律风险防范组织体系

出于落实规划需要，更处于集团发展需要，我院于2011年制定了以建立健全总法律顾问制度、明确总法律顾问职责为核心的《大唐电信科技产业集团法律顾问管理规定》，并委任我为专职总法律顾问。在此期间，我院下属五家重要子企业

100%设立了独立的法律事务机构，建立了总法律顾问制度，其他单位也都设置了相应部门或岗位，法律顾问获得企业法律顾问执业资格的比例超过70%。各二级单位总法律顾问向集团总法律顾问述职，集团总法律顾问具有考评、任免推荐的权利。由此构建了集团自上而下、垂直联动、多层次的法律事务职能组织体系和良好的保障体系。在业务方面，实现了法律事务机构对各种规章制度、合同、法律文件和重要决策的法律审核把关率达到100%，基本实现了法律风险防范的"三个转变"。

2. 初步建立动态的法律风险防控运行机制

一是分析梳理潜在的法律风险，有针对性地开展防范活动。通过梳理已经发生的法律纠纷、风险分析访谈、梳理已经签订的重大合同、查找制度流程中存在的法律风险源等方式，集团总部共识别、查找出较为明确的法律风险161个，并将其归类为交易合约、投资和股权管理等八类，并根据各种法律风险的性质综合评估其发生的频率和对集团的不利影响，根据该两个维度，确定重大法律风险为5个，重要风险为6个，一般风险150个，分类对症采取防范措施。在全集团范围内，各单位都适时开展了法律风险防范工作和制度梳理工作。通过此项活动，确立了以制度、流程、活动实施为载体，全员参与，以法律风险分析、法律风险防控、风险控制实施评估的闭环体系和工作机制。

二是完善制度流程。针对法律风险防范措施落实的要求，集团总部共修订、废止、新制定制度、流程性文件70项，涉及投资、股权管理、合同管理、招投标管理、劳动人事管理、商业秘密保护、知识产权等。集团各单位对以往发布的共1800项规章制度进行了重新梳理审核，并根据审核结果对制度进行了相应调整。通过制度流程的梳理和完善，避免了常规性的、制度性的法律风险的存在。

3. 加强知识产权风险防范

作为高科技中央企业，知识产权是我院的重要资产，而知识产权风险也被我院列为发展过程中最关注的法律风险之一。2008~2010年期间，在国家知识产权战略的指引下，我院先后制定了《集团知识产权战略纲要》、《集团知识产权战略纲要实施指南》等一系列指引性文件，鼓励知识产权创造，强化知识产权积累，建立了知识产权风险预警机制，形成了一个有效的知识产权管理和保护体系，有效防范了产业发展的知识产权风险，保障了整个TD产业链的健康有序发展，体现出作为高科技中央企业的使命感和社会责任感。

4. 历史遗留案件得到彻底解决

在第二个三年里，因以前法律风险管理不健全遗留的一些历史案件，得到了妥善的解决，三年内，没有发生因法律审核疏漏而产生的重大法律纠纷，为集团经营发展，营造了良好环境。

（三）第三个三年——完善提高，跨越发展

第三个三年目标实施期间，我院主要致力于巩固完善提高已有成果，进一步夯实法律风险防范基础，提升法律管理水平，将法律风险防范工作向纵深推进，法制工作实现跨越式发展。

1. 法律与经营深度融合，法律意识、法治思维入脑入心

经过三个三年目标的实施，集团各级领导的法律意识、法治思维极大提高，表现在集团领导决策之前必先问于法、业务部门行动离不开法律团队的支持。个人理解，法律工作发挥法律风险防范和保障支撑经营发展两方面的职能。在第三个三年目标实施期间，集团正处于大发展时期，支撑经营发展的职能明显高于法律风险防范的职能。我作为总法律顾问不仅参与重大决策，接受集团党组会或总裁办公会成员的质询。根据党组部署，牵头重大投融资、重大资产重组事项重组，保证了重大决策事项操作过程的合法合规性；具体承办集团深化改革架构设计相关事项，在结构设计源头保证重大决策事项的合法性，治理结构的合理性；由于兼职的缘故，负责集团各单位领导经营业绩考核，对依法治企的考核理所当然纳入其中了。

2. 扩大法律风险防范范围

我院注重对实际工作中遇到的法律风险和法律问题的及时总结，并根据总结情况，及时更新制度流程和风险防控措施，力争做到法律风险防范"纵向到底，横向到边"，法律风险防范工作无死角，做到业务到哪里，法律风险防范就到哪里。将法制宣传教育工作与岗位相结合，将法律风险防范工作体现在具体岗位、具体工作中，将法律风险防范嵌入日常工作和决策中，成为全局的、动态的工作模式。

3. 合同履行中的法律风险防范取得新突破

以往合同管理只侧重于合同签订审批这一个"点"的静态管理，而对合同履行过程、履行结果这条"线"的动态管理不够，甚至可能导致合同履行结果失控，进而招致经济损失或诉讼风险。为此，本着合同管理"精细化、规范化、监管全程化"的原则，我们优化了合同流程，并把信息化作为合同全程管理的支撑手段，实现合同审批签订、履行监控、信息管理等合同全生命周期的监控与管理，确保合同依法签订、切实履行、有效监控。实现方式是，在合同审批完成后，合同承办部门须进行后期维护，及时将合同签订、归档、履行等情况记录在合同管理系统，一旦出现合同履行异常，系统会自动报警提示，监管部门会及时发现异常情况，处理相应的问题，实现合同从签订到履行完毕或终止的"无缝输出"管理。

4. 加强重点领域重大法律风险的防范

在全面防范法律风险的基础上，我们结合本单位"十二五"战略规划，提炼出要加强防范和支撑的三个重点领域：国际化经营、资本运作和知识产权领域。采取的主要措施包括招聘专门法律人才、在项目团队中配备相应经验丰富的法律顾问、加强集团内法律人才的分组和资源整合、完善制度规范流程、加强专利布局、分析和预警等工作。法律团队充分参与上述重点领域，发挥了扎实的支撑保障作用，到目前为止，未发现潜在的法律纠纷或经济损失。

5. 知识产权工作从保护产业发展向实现多维价值转变

随着集团战略的转型升级，专利积累的不断增强，集团对知识产权工作提出了更高的要求。不仅要保护产业发展，也应实现知识产权多维价值。为此，集团采取了一系列措施。一是，注重知识产权管理体系建设。将创新和知识产权融入集团发展战略，大力培育知识产权文化，构建了创造、管理、保护和运用全方位知识产权管理体系。二是，注重提升知识产权质量，科学合理地开展知识产权布局。截至目前集团已连续六年荣获"中国专利奖"，两次问鼎中国专利金奖。三是，加强知识产权运用，体现其商业价值。不断拓宽知识产权运用渠道，通过投融资、合作、许可、质押、转让等多种方式利用知识产权，积极促进集团商业模式转型、提升盈利能力。

二、十年法制工作的思考和体会

总结十年来的法制工作，概括地讲，我们收获了"三个一"，即一个完备的以总法律顾问制度为核心的组织体系、一个有效的法律风险防范运行机制体系、一个有利于集团创新发展的良好的内外部法律环境。

十年成绩的取得，放在历史长河中也许是沧海一粟，但对我集团来讲，毫不夸张地说，是迈出了一大步，切切实实来之不易。

（一）成绩的取得首先得益于国资委大力推进三个法制工作三年规划

自国资委成立起，国资委领导和政策法规局高屋建瓴、不遗余力地连续推动了三个法制工作三年目标，"建立机制、发挥作用、完善提高"，体现了主管部门高瞻远瞩的眼界和领导能力。三个法制工作三年目标层层递进，方向明确，目标清晰，推进措施得力，保障落实到位，由外在压力到企业内生动力，从整体上实质性地推动了央企法制进程，发挥了主管部门的积极作用。在当前国有企业深化改革不断推进、国有企业提质增效转型升级要求迫切、"走出去"的步伐不断加快的背景下，更凸显了十年推动央企法制工作的前瞻性、正确性和时代意义。

（二）成绩的取得关键在于集团领导的重视和支持

由于我院所处行业竞争激烈，经营中对法律服务的需求也相对较多，因此我院领导一直比较重视法制工作。正是因为领导重视，一把手亲自担任法制工作领导小组组长，分管领导牵头制定我院法制工作规划，并大力推动落实，形成了良好的法治文化，这是我院法制工作得以迅速发展的关键。领导重视才能更主动听取、采纳法律顾问的意见，法律工作人力资源、预算等方面才能得到更充分的保障，法律顾问的"有为"才能有人赏识，其"有位"才能得到保障，实现"有为"与"有位"的良性互动。

（三）成绩的取得更离不开法律团队的努力

我们法律团队是一个可爱可敬的团队。辛苦劳累，我们选择了默默承受；遭遇挫折，我们选择了坚守和隐忍。因为我们有干事的激情，把企业法制工作当事业、当成使命，所以充满激情。我们专业，所以自信，可以从容应对企业复杂的法律问题，所以赢得尊重；我们职业，作为企业内部人，有时必须要在法律风险和经营收益上作出判断，所以敢于担当，勇于坚持，敢于说不，又要善于说可，真正体现自己的职业化特点和价值。我们有做成事的智慧，善于协调各方，讲究工作方式，主动争取领导重视，打开工作局面。我们有甘于奉献的精神，以我们的才智，成人之事。所以，经过十年的努力，我们的队伍已经逐渐强大，发挥的作用越来越重要，这是必然。随着市场化、法制化的推进，正如黄淑和副主任所言，未来我们法律顾问队伍在央企一定大有可为，这是趋势，也是必然。

　　雄关漫道真如铁，而今迈步从头越！党的十八届三中全会提出全面推进深化改革的总目标，明确了建立混合所有制经济等中央企业改革发展的新要求，这为我们法律人的提出了更高的要求，我们要抢抓机遇，迎难而上，在追求法治的道路上，一步一个脚印奋勇前行。

我的法律职业梦想实现之路

*徐永建*①

2006 年 8 月 28 日，一个终生难忘的日子。这一天，国务院国资委发布公告，受 11 家中央企业委托，第一次面向全球公开招聘总法律顾问。作为 879 名报名者之一，我很幸运，经过资格审查、统一考试、面试测评、考查了解、公示等程序，最终成为中国房地产开发集团公司总法律顾问，从此走上了梦寐以求的法律职业岗位，成为国务院国资委实施中央企业法制工作三个三年目标伟大工程的亲历者、参与者、见证者。每每想起这八年走过的路，都不免心潮澎湃，感慨万千。

一、半路出家，三岗八年耕耘路

1. 半路出家。不知道从什么时候开始，我对法律产生了浓

---

① 作者为中国航空油料集团公司总法律顾问。

厚的兴趣。但大学学的是工科，毕业后分到国家机关，后到企业当了十几年的负责人，都与正规法律职业无缘。尽管如此，浓重的法律情结使我一有机会就会去尝试参与，工作后第一年参加了北京市朝阳区举办的一个合同培训函授班，第二年又参加了司法部中华全国律师函授中心的学习，这两个函授班都没有现场上课，完全靠业余自学通过考试。1987年函授中心毕业后，立即参加了1988年的全国律师资格考试，四门课一次通过。2004年，又参加了全国企业法律顾问资格考试，也是四门课一次通过。尽管持有法律职业的两证，却没有机会从事法律工作，遗憾不时袭上心头。2006年8月国资委的公开招聘，终于圆了我二十多年的法律职业梦。

应聘成功自然是很高兴的，但是对我这个半路出家、没有正式上过一次法律课、没有做过一天专职法律工作的人来讲，要胜任央企总法律顾问的岗位，开始的担心和压力还是很大的。

2. 聆听教诲。正当我忐忑不安的时候，国资委领导的任前集体谈话，给我指明了方向，增强了信心。那是一个初春的早上，2007年3月15日，国资委1009会议室，黄淑和副主任与第一批公开招聘成功的6位总法律顾问进行任前集体谈话。他没有念准备好的稿子，而是在简要介绍了这次招聘的背景和意义之后，语重心长地对我们说，这次大规模公开招聘，是有史以来的第一次，大家要不负历史的重托和期望，把精神鼓起来，把工作干起来，创造新的辉煌。黄主任把总法律顾问的职责总结为4句话：形成一个体系（企业法律顾问的组织体系）；建立一套制度（包括集团和全系统的重要制度）；把好一个关口（法律风险防范的关口）；创造一个氛围（整个集团上上下下依法办事的氛围）。他说，你们到了企业之后，不一定会一帆风顺，可能要遇到各种困难，要有思想准备，要讲究工作方式方法。一要善于搞好工作定位，对一把手和主要负责人负责，不错位、不越位、不缺位；二要善于当好企业主要负责人的参谋和助手，了解情况，摸清意图，出好点子；三要善于念好两个字"不"和"可"，平衡好风险和收益的关系；四要善于调动各方面的积极性，不能单枪匹马；五要善于学习和借鉴国内外的先进经验，提高推进工作的综合能力；六要善于协调与企业有关的各种外部关系，包括合作伙伴、司法机构、立法机构、宣传部门等；七要善于发挥法律队伍的集体智慧和作用。最后，黄主任鼓励我们说，尽管会有一些困难，但作为经过全球公开招聘、过五关斩六将、百里挑一的干部，只要放下架子，把自己融入到企业中去，始终保持积极向上的工作态度和创新务实的工作作风，相信你们完全能把工作做好。希望你们对自己的能力保持信心，在新的岗位上开拓出好的局面，以出色的业绩回报组织和各方面的信任。

3. 顺利开局。带着各方面的寄托和国资委领导的谆谆教诲，我于 2007 年 4 月 2 日正式到中房集团上班了。尽管之前从各方面听说企业比较困难，但到了之后感受到的情况，还是比我想象的要严重得多。当时中房集团全系统共有未结法律纠纷案件 286 件，涉案金额约 40 亿元，其中绝大部分是已判决生效但无力履行的案件。集团本部直接涉及的案件是 26 件，其中已判决生效未履行的 21 件。由于官司缠身，资金极度紧张，致使集团所有有效资产包括股权、不动产、车辆、银行账户均被冻结查封，工资要靠从基层企业倒账再通过邮储银行发放。在此艰难情况下，我没有气馁，而是按照黄主任指点的"7个善于"展开了工作。专职担任中房总法律顾问的4年中，我经手处理的法律纠纷42件，涉案金额13亿元，通过诉讼改判、执行和解、谈判打折等方法减少经济损失6亿元。其中，处理诉讼阶段的案件17件，胜诉11件，败诉1件，改判减轻责任和和解5件；处理执行阶段的案件30件，结案16件，初步达成和解7件。对暂不具备条件解决的案件，采取多种手段安抚债权人，使其不采取过激措施，为公司正常运转提供了良好的外部环境。我还组织制定了法律事务、合同管理、经济纠纷案件、品牌管理、风险管理等多项基本制度，在下属企业建立健全了法律工作机构，配备了相应人员，利用各种场合宣传法律和风险管理的理念，亲自组织法律和风险管理培训10多次，基本建立了中房集团全面风险管理和法律工作的制度和组织体系，创造了良好的氛围。工作中我注意把上级的要求与企业的实际紧密结合起来，把原则性与灵活性有效结合起来，创新方法，勇于担当，得到了各方面的肯定。2007年我仅工作8个月即被评为集团公司"先进工作者"；2008年，法律部第一次被集团评为"文明部室"，并被国务院国资委授予"中央企业先进法律事务机构"称号；2009年，我本人和法律部再次被评为"先进工作者"和"文明部室"。我牵头负责的两项股权处置项目为集团公司增加现金流1亿多元，分别获得中房集团2007年和2008年度"特殊贡献奖"。2010年6月，我作为中房集团唯一人选被国务院国资委党委授予"中央企业优秀共产党员"称号，也是当年国资委法律系统获此荣誉的唯一人员。

4. 转换舞台。根据国资委决定，2010 年 8 月中房集团与中交集团重组。我作为重组工作组成员参与调研和制定重组方案。2011 年 1 月 14 日，我被中交集团任命为中房集团临时党委委员、董事、副总经理，先后分管财务资金、战略规划、业绩考核、管理提升、上市公司事务、办公室事务等，并继续兼任总法律顾问分管法律工作，兼任两个上市公司的监事会主席。有了新的舞台和条件，两年中我主持解决中房集团逾期债务和法律纠纷 18 项，涉及金额 14.81 亿元，一次性降低债务成本 4.01 亿元，总体债务折扣率 73%（其中历史遗留纠纷 8 件，涉诉金额 7 亿元，实际支付 3.98 亿元，折扣率 57%）；每年减少利息支出约 3780 万元，并避免罚息 1.04 亿元；解除查封冻结的资产和股权共 23 件，释放资产市值约 25 亿元。使困扰中房十多年的法律纠纷和逾期债务基本解决，所有银行账号恢复正常！在这两年中，我还与班子成员一道，开始了再造新中房的努力。根据分工，我主持制定新中房十二五规划和管控模式，新订修订 87 项管理制度，下属两个上市公司先后摘掉"ST"帽子。主导完成了上市公司中房股份的重组，消除同业竞争，清晰战略布局，并获得重组收益 3 亿元。

实践说明，一个具有法律思维和实践经验的总法律顾问，如果能有一个合适的舞台，一定能够创造出超越"法律"的辉煌业绩！

5. 再迎挑战。在中房历史遗留问题和法律纠纷基本解决、我也已进入领导班子的情况下，本可以轻松稳定一下。但是，离开了中央一级企业专职法律顾问队伍、缺席了太原和清远两次会议、听不到法规局领导和黄主任高屋建瓴的讲话，心里感觉空荡荡的。对法律的热爱、对企业法律工作的执着、对央企法律人的感情，都呼唤着我尽快归队。2013年3月4日，经国资委法规局推荐，我离开奋斗了六年多的中房，正式到中国航空油料集团公司担任总法律顾问。中国航油是一家以航空油料供应为主的特大型企业集团，2013年销售收入2486亿元，列世界500强第277位，是亚洲第一大航油供应商，连续3年在国资委综合业绩考核中获得"A"级。但是，由于具有一定的自然垄断性，市场经验不足，法律基础薄弱，近几年法律纠纷案件时有发生，严重干扰了企业领导人的注意力，影响了企业效益、职工情绪和对外形象，领导层迫切希望改变。我到任后，一手抓当前的灭火，科学有序地处理纠纷案件；一手抓长远的防范，改体制、建机制、理制度、抓队伍、梳流程，取得初步成效。"统一领导，分级管理，集中调配，双重负责"的新体制和配套的8个法律制度开始运行；按五级标准设置机构和配备人员的法律工作体系开始形成；法律顾问持证上岗率从上年的33%提高到78%，重要子企业总法律顾问专职率由上年的25%提高到100%；包括订立、履行、纠纷处理和归档总结等的全生命周期合同管理信息系统上线试运行；法律审核与服务在重大经营决策中的作用日益凸显；法律案件处理取得重大进展，全系统案件管理工作走向科学、有序的轨道。2013年12月30日，中国航油法律工作会议隆重召开，朱永总经理亲自主持，韩本毅副总做主报告，孙立董事长发表重要讲话，法规局孙才森副局长到会祝贺并发表了热情洋溢的讲话，全系统各级企业的班子成员和相关人员共500多人在主会场和各地分会场参加了会议，中国航油法律工作开始加速启航！

屈指算来，到航油已经 1 年零 4 个月。可以说，在新的岗位上我经受了考验，工作局面基本打开，得到各方面的认可。在集团 2013 年绩效考核中，成立才 7 个月的法律部在 17 个部门中名列第 3，进入"A"级行列，我本人的考核结果也是"A"级。在国资委三年法制目标考核中，中国航油已从上年的 91 位大幅提升到 32 位。

二、继往开来，探索之路不停歇

"三十功名尘与土，八千里路云和月"，八年法律工作接触了上百个案子，审核了几千件合同，建立了上百个规章制度，参与了几十个重大项目的论证与执行，见识了形形色色的人和事，这其中的艰难曲折、酸甜苦辣、是非荣辱、体会感悟，实在是太多。鉴于篇幅所限，只能把其中的一些与大家分享。

1. 爱和坚持是做好企业法律工作的根本。不管你是学什么、干什么的，不管你的经历和能力如何，只要你对一件事情有热爱、愿意付出、能够坚持，就一定能够创造出超乎你想象的辉煌成就，成功属于有爱、有准备、能够坚持不懈的人！

2. 企业法律工作的定位必须以企业为逻辑起点。企业与法律的概念不同。企业是盈利性组织，以业务为逻辑起点，以效益为目标，以规模、效率、创新与活力为价值观。法律以规则为逻辑起点，以秩序为目标，以公平、公正、公开、正义为价值观。企业法律工作如以法律为逻辑起点，就会成为无源之水，可能被边缘化。只有从企业的逻辑起点出发，才能使企业法律工作更好地围绕企业战略与核心业务，找到发挥作用的肥沃土壤。

3. 企业法律工作的职能必须向价值创造和业务推动的方向跨越。防范风险是企业法律工作的重要基础职能，但仅此远远不够。企业法律工作可以而且必须在服务公司战略上保持定力，在维护企业合法权益、创造价值和推动业务方面做出努力和探索。风险防范者、价值创造者、业务推动者，是企业法律工作职能必须面对的三次跨越。

4. 总法律顾问应当具备三层职业素养。理解法律的本质而不是拘泥于具体的条文，探究事实真相而不停留在事情表面，运用法律的原则解决现实中的复杂问题，这是每个法律人必须具备的素养；正确理解每个经营活动对企业的利益和可能的风险，在风险和收益之间做出合理平衡与抉择，是企业法律人的基本素养。收益有多少，风险有大小，那种过于谨慎的所谓"红线"思维，并不适合企业和市场的实际；总法律顾问作为企业高管，必须有勇气、有能力牵头处理企业重大问题，这不仅要懂法律，还要懂业务，不仅要做事，还要带人，需要很高的综合素养。总之，正确理解法律与事实，合理平衡风险与收益，有勇气和能力牵头处理企业综合性的复杂问题，是一个总法律顾问应具备的三个层次的职业素养。

5. 中央企业法律工作的驱动力需要调整。从 2005～2014 年，国务院国资委实施中央企业法制工作三个三年目标的伟大工程，理念先进，设计科学，措施得力，效果明显，得到各方面一致好评，必将载入史册！随着三个三年目标的胜利完成、国家全面改革的深入和政府、企业、市场职能的转变，央企法律工作面临如何继续推进的问题，对此我有如下认识：第一，随着国家法治的进步和改革的深入，企业法律工作必将会迎来又一个春天，虽然也可能有倒春寒；第二，企业法律工作的动力将由外部推动与内生需求并存向主要依靠内生需求转变，关键是企业法律工作的定位、职能是否正确和到位，企业法律队伍的素质和能力能否满足要求；第三，企业法律工作的外部推动依然非常需要，但方式需要作出调整。要从主要依靠行政手段向依靠法律手段转变，将9年来形成的成熟做法制度化、法治化、流程化。提高企业法律工作制度的法律层次，把企业法律工作的主要内容如纠纷管理、合同管理、制度管理、重大决策法律审核管理等变成刚性规则，通过信息手段流程化、规范化，加强对制度和规则的事后监督检查力度，做到有法可依，有法必依。

中央企业法制工作大事记

▶ **2002 年：**

7 月 18 日，国家经贸委、中央组织部、中央企业工委、中央金融工委、人事部、司法部、国务院法制办等七部委联合下发《关于在国家重点企业开展企业总法律顾问制度试点工作的指导意见》（国经贸法规［2002］513 号），对开展企业总法律顾问制度试点工作的指导思想、原则、目标及组织实施；试点企业的条件和范围；企业总法律顾问的条件及人选的产生；企业总法律顾问的职责等作了明确规定。该文件标志着我国国有企业总法律顾问制度正式推行，国有企业法制工作进入新的发展阶段。

7 月 29～30 日，全国企业总法律顾问试点工作会议暨企业总法律顾问国际研讨会在北京召开。国家经贸委副主任黄淑和出席会议并作重要讲话。会议对总法律顾问任职要求作了明确规定。国家经贸委、中央组织部、中央企业工委、中央金融工委、人事部、司法部、国务院法制办的领导及 50 多家国有大企业的主要领导人和法律事务负责人参加会议。此次会议标志着企业总法律顾问制度建设迈出了实质性一步。

11 月 18 日，国家经贸委办公厅印发《关于企业总法律顾问制度试点工作有关问题的通知》（国经贸厅法规［2002］156 号），对总法律顾问试点方案批（答）复、试点企业名单调整及总法律顾问高层法律培训等问题作了说明。

▶ **2003 年：**

1 月 6～10 日，国家重点企业总法律顾问制度试点工作小组在北京举办企业总法律顾问高层法律培训班。国家经贸委副主任黄淑和、国务院法制办副主任李适时以及试点工作小组各成员单位代表出席开班仪式。列入国家试点的全国 70 户企业总法律顾问参加培训。此次培训标志着首批国家重点企业总法律顾问正式上岗。

4 月 25 日，国务院办公厅印发《关于印发国务院国有资产监督管理委员会主要职责内设机构和人员编制规定的通知》（国办发［2003］28 号），规定由国务院国资委负责指导国有企业法律顾问工作。

5 月 27 日，国务院公布实施《企业国有资产监督管理暂行条例》（国务院令第 378 号），第一次以行政法规的形式明确企业法律顾问制度，并将其定位于企业内部风险控制制度。该条例为企业法律顾问制度的发展，特别是制定国有企业法律顾问管理办法奠定了基础。

7 月 11 日，国务院国资委印发《关于贯彻落实〈企业国有资产监督管理暂行条例〉，进一步加强企业法制建设有关问题的通知》（国资法规［2003］28 号），要求进一步落实企业总法律顾问制度试点工作任务，重视和加强企业法律顾问队伍建设；同时明确要求，中央企业向国资委报送涉及企业改制、改组、重大投融资方案以及要求国资委出面协调有关法律问题的报告和请示，应经过本企业法律顾问专门讨论，并书面提出了法律建议和意见。

▶ **2004 年：**

4 月 20 ~ 21 日，由国务院国资委、国务院法制办、中组部、银监会等组成的国家重点企业总法律顾问制度试点工作小组联合在北京召开国家重点企业总法律顾问制度试点工作总结会议。国务院国资委主任李荣融作重要批示，国务院国资委副主任黄淑和出席会议并作重要讲话。国务院国资委、国务院法制办、中组部、人事部和银监会的领导参加会议。会议总结了企业总法律顾问制度试点工作经验，分析了试点工作的重要意义，对加快重点企业推行总法律顾问制度作出了要求。同时，会议提出了中央企业法制工作第一个三年目标，要求在 53 户中央大型企业和其他具备条件的部分中央企业、部分省属国有重点骨干企业建立总法律顾问制度，并在全部中央企业和省级国有重点企业普遍建立法律事务工作机构，全面推进企业法制建设，大力促进企业依法经营管理，实现国有资产保值增值。此次会议标志着总法律顾问制度试点工作完成，并在中央企业全面推开，同时标志着中央企业落实法制工作第一个三年目标正式启动。

5 月 11 日，国务院国资委公布《国有企业法律顾问管理办法》（国务院国资委令第 6 号），规定自 2004 年 6 月 1 日起，我国国有及国有控股企业全面实行企业法律顾问制度，其中大型企业应当设置企业总法律顾问。该办法的出台，为国有企业建立健全法律顾问制度提供了有力的制度保障。

5月14日，国务院国资委印发《关于在国有重点企业加快推进企业总法律顾问制度建设的通知》（国资发法规〔2004〕225号），明确了加快推进国有重点企业总法律顾问制度建设的重要意义、指导思想、总体目标和工作原则，要求国有重点企业认真组织实施《国有企业法律顾问管理办法》，努力培养一支高素质的企业法律顾问队伍，切实加强对总法律顾问制度建设工作的组织领导。

▶ 2005 年：

1月20日，国务院国资委公布《中央企业重大法律纠纷案件管理暂行办法》（国务院国资委令第11号），自2005年3月1日起施行。该办法为规范、指导中央企业做好重大法律纠纷案件的处理、备案和协调提供了指引和保障。

3月18～19日，国务院国资委政策法规局和全球企业法律顾问协会在北京联合举办国有重点企业法律风险防范国际论坛。论坛组委会主席、国务院国资委副主任黄淑和在论坛开幕时发表主旨演讲。论坛就中国国有重点企业建立健全法律风险防范机制、完善总法律顾问制度、加强知识产权保护等问题进行了沟通和交流。来自全球企业法律顾问协会、国际著名跨国公司及中国政府有关部门、国有重点骨干企业、高等院校等机构的400多名代表参加论坛。

4月4日，国务院印发《国务院关于2005年深化经济体制改革的意见》（国发〔2005〕9 号），指出要积极推进企业法律顾问制度建设，建立健全国有企业法律风险防范机制。

7 月 13 日，人事部印发《关于企业法律顾问执业资格考试报名条件及有关问题的补充通知》（国人部发〔2005〕55 号），允许取得非法律类、经济类专业及相关学历的人员报名参加企业法律顾问执业资格考试。

12 月 19 日，国务院办公厅印发《国务院办公厅转发国资委关于进一步规范国有企业改制工作实施意见的通知》（国办发〔2005〕60 号），要求企业改制必须对改制方案出具法律意见书。

▶ **2006 年：**

4 月 28 日，国务院国资委在北京召开中央企业法律风险防范机制建设工作会议。国务院国资委主任、党委书记李荣融出席会议，对中央企业加强法律风险防范、保障国有资产安全提出了明确要求。各中央企业主要负责同志参加会议。会议总结了三年来中央企业法制建设特别是以总法律顾问制度为核心的企业法律顾问制度建设的做法和经验，表彰了中央企业法制工作先进集体和先进个人。同期，中央企业总法律顾问培训班在北京举办，国务院国资委副主任黄淑和出席开班仪式并作重要讲话。

4 月，国务院国资委第一次开展中央企业优秀总法律顾问、优秀法律顾问（即"双十优"）以及法律事务先进工作者的评选活动。获得十大优秀总法律顾问的为李申田（中国航空工业第二集团公司总法律顾问）、曹云石（中国海洋石油总公司总

法律顾问）、吕振勇（国家电网公司总法律顾问）、陈德林
（宝钢集团有限公司总法律顾问兼董事会秘书）、刘新权［武汉
钢铁（集团）公司总法律顾问］、陈威华（中国南方航空集团
公司南方航空股份有限责任公司总法律顾问）、王嘉杰［中国
通用技术（集团）控股有限责任公司总法律顾问］、周立涛
（中国中煤能源集团公司总法律顾问）、刘玉明［中国兵器工业
集团公司江南机器（集团）有限公司总法律顾问］、王自修
（中国航天科工集团公司第六研究院总法律顾问）。获得十大优
秀法律顾问的为郭进平（中国石油天然气集团公司法律事务部
主任）、李朝晖（中国核工业集团公司首席法律顾问）、吕梦江
（中国兵器装备集团公司副总法律顾问）、杜江波（中国石油化
工集团公司法律部合同项目处处长）、李涛（中国网络通信集
团公司法律事务部总经理）、孙凯（鞍山钢铁集团公司法律部
部长）、秦玉秀（中国建筑工程总公司法律部总经理）、王春阁
（招商局集团有限公司法律部总经理）、于腾群（中国铁路工程
总公司总法律顾问助理、法律部部长）、高玉贵（中国航空工
业第一集团公司西安航空动力控制工程有限公司总法律顾问）。

8 月 28 日，国务院国资委受 11 户中央企业委托，首次面
向全球公开招聘中央企业总法律顾问。

▶ **2007 年：**

2 月 27 日，国务院国资委印发《关于进一步加快中央企业
以总法律顾问制度为核心的企业法律顾问制度建设有关事项的
通知》（国资发法规［2007］32 号），要求中央企业进一步提
高对建立健全法律风险防范机制重要性的认识，切实加强以总

法律顾问制度为核心的企业法律顾问制度建设，认真落实企业总法律顾问的职能，努力为企业法律顾问创造良好工作环境。

6月2日，国务院国资委副主任黄淑和在《经济日报》发表署名文章《大力推进企业总法律顾问制度建设，依法保障中央企业又好又快发展》。文章充分肯定中央企业总法律顾问制度建设取得的成效，并提出了进一步推进中央企业总法律顾问制度需要做好的五项工作，即：牢固树立企业法制建设的三种理念；努力实现企业总法律顾问制度建设三年目标；全面落实企业总法律顾问和法律顾问的工作职责；充分发挥总法律顾问在企业法律风险防范机制建设中的重要作用；大力加强企业法律顾问人才队伍建设。

9月27～28日，国务院国资委在深圳召开中央企业知识产权工作会议。国务院国资委主任、党委书记李荣融作重要批示，国务院国资委副主任黄淑和出席会议并作重要讲话。会议围绕建设创新型国家和增强企业自主创新能力，总结交流了中央企业知识产权工作经验，研究了中央企业面临的知识产权工作形势，明确了今后一个时期的工作任务，即将企业的知识产权工作与企业改革、机制创新相结合，与结构调整、产业升级相结合，与企业开拓市场、经营发展相结合，与技术创新、提升自主开发能力相结合，全面实施知识产权战略，以创造为核心，应用为关键，管理与保护为基础，大力增强中央企业核心竞争力，努力打造一批拥有自主知识产权和知名品牌、国际竞争力较强的大公司大集团。各中央企业主管知识产权工作的负责人、总法律顾问、知识产权工作机构的负责同志以及国资委相关厅局负责同志近500名代表参加会议。

11月15日~12月6日，国务院国资委政策法规局组织12名中央企业法律事务机构和知识产权管理部门负责同志赴美国进行培训和考察，并形成《企业法律风险防范和知识产权管理赴美培训考察报告》。该考察报告对美国企业法律风险防范和知识产权管理的主要做法进行了较为详细的介绍和分析，并提出了强化法律风险防范体系建设的研究、重视法律风险防范与完善法人治理结构的有机结合、加强中央企业总法律顾问的制度建设、加强对中央企业知识产权工作的指导、建立科学的知识产权管理体制、加强企业法律顾问和知识产权人才队伍建设等建议。

▶ **2008年：**

4月29日，国务院国资委印发《关于印发〈国有企业法律顾问职业岗位等级资格评审管理暂行办法〉的通知》（国资发法规〔2008〕95号），对国有企业法律顾问职业岗位等级资格评审的程序、条件等内容作出了明确规定。该文件标志着国有企业法律顾问职业岗位等级资格评审制度正式确立，为国有企业法律顾问畅通晋升渠道提供了有力的制度保障。

5月13~14日，国务院国资委在北京召开中央企业法制工作会议。国务院国资委主任、党委书记李荣融作重要批示，国务院国资委副主任黄淑和出席会议并作重要讲话。会议总结了中央企业法制工作第一个三年目标的建设成效，表彰了中央企业先进法律事务机构，并提出了中央企业法制工作第二个三年目标，即以建立健全企业法律风险防范机制为核心，力争在中央企业及其重要子企业全部建立总法律顾问制度，企业规章制度、经济合同和重要决策的法律审核把关率达到100%，因违法经营发生的新的重大法律纠纷案件基本杜绝，历史遗留的重大法律纠纷案件基本解决，企业法制工作在提高企业市场竞争力和发展壮大具有国际竞争力的大公司大集团中的保障促进作用得到进一步发挥。此次会议标志着中央企业法制工作第一个三年目标基本完成，同时标志着中央企业落实法制工作第二个三年目标正式启动。

6月10日，国务院国资委印发《关于落实中央企业法制工作三年目标有关事项的通知》（国资发法规［2008］109号），要求中央企业准确把握法制工作第二个三年目标的内涵，明确有关指标要求，制订落实计划。

7月22日，国务院国资委副主任黄淑和在《经济日报》发表署名文章《中央企业法制工作成效明显，守法诚信成为企业"软实力"的重要标志》。文章充分肯定了中央企业落实法制工作第一个三年目标在企业改革发展中发挥着保障促进作用，并提出了中央企业落实第二个三年目标需要重点做好的几项工作，即：加强法制宣传教育，进一步创建企业合规文化；全面落实企业法律事务机构职能，实现法律顾问队伍的专业化；依法完善企业规章制度，进一步夯实企业管理基础；以企业重要经营决策和合同的法律审核为基础，进一步完善企业法律风险防范机制；加强企业知识产权的依法管理和保护，进一步提高中央企业核心竞争力；以重大法律纠纷案件的防控和处理为抓手，切实堵住企业国有资产流失的漏洞。

12月2～22日，国务院国资委政策法规局组织公司治理与法律事务管理培训团赴加拿大进行培训，并形成《加拿大公司治理与法律事务管理培训考察报告》。该考察报告对加拿大公司治理情况、企业法律事务管理、法律顾问制度情况进行了较为详细的介绍和分析，并提出了加快中央企业公司制和股份制改革步伐、进一步加强董事会建设并发挥董事会的决策监督作用、探索通过企业法律事务的集中化管理加强出资人监管和强化集团管控、进一步发挥企业总法律顾问和法律事务机构的作用等建议。

▶ 2009 年：

4月，为研究国际金融危机形势下国有重点企业法律风险防范问题，国务院国资委政策法规局组织部分中央企业的总法律顾问、法律事务机构负责同志进行座谈研讨，并赴山东省国资委、陕西省国资委进行调研，形成《国际金融危机形势下国有重点企业的法律风险防范调研报告》。该报告分析了国际金融危机形势下国有重点企业面临法律风险的新情况和新动向，肯定了国有重点企业在金融危机形势下防范法律风险的主要做法和成效，并提出了进一步引导中央企业强化法律风险防范意识、开展中央企业落实法制建设新三年目标的考评工作、及时通报中央企业落实新三年目标的进展情况和新做法、新经验、进一步明确总法律顾问是企业高管人员等工作建议。

5月12日，国务院国资委办公厅印发《关于进一步加强当前形势下企业法律风险防范有关问题的通知》（国资厅发法规〔2009〕50号），要求中央企业高度重视"市场需求萎缩、资金链断裂引发违约；行业整合、企业并购中尽职调查不确定性增加；'走出去'投资并购时境外法律环境发生变化；有关国家贸易保护主义抬头、滥用世界贸易组织规则；建筑施工企业工程款被拖欠；处理劳动用工涉及劳动合同；历史遗留的债权债务提前引爆"等七大类风险，把加强法律风险防范作为企业转"危"为"机"的重要抓手；以法律风险防范机制建设为核心，全面落实法制建设第二个三年目标要求；深入推进总法律顾问制度建设，夯实企业法律风险防范的组织基础；切实加强合同管理，有效防范违约风险；积极应对国外贸易保护措施，强化境外业务的法律监控；加强劳动用工管理，防范劳动纠纷风险。

5月1日，《中华人民共和国企业国有资产法》（主席令第五号）正式施行。该法的施行，标志着我国企业国有资产立法工作迈出了重要一步，对于完善国有资产管理体制、加快推进国有企业改革与发展具有重要意义，也为中央企业法制建设提供了更为良好的外部环境。

11月30日～12月2日，国务院国资委在广东珠海召开中央企业法制工作研讨会。国务院国资委主任、党委书记李荣融作重要批示，国务院国资委副主任黄淑和出席会议并作重要讲话。会议分析了"后危机时代"中央企业法制工作面临的新形势，就积极应对"后危机时代"对中央企业法制工作提出的新挑战、正确把握和有效满足中央企业改革发展中的内在法律需求、加快促进法律管理与企业经营管理的有效融合、进一步创新中央企业全系统法律管理模式、进一步健全完善企业总法律顾问制度等重点、难点问题进行了研讨，并对下一阶段主要工作进行了部署。全国人大法工委、国务院法制办等部门的有关负责同志、中央企业总法律顾问及法律事务机构负责人、地方国资委法规工作负责人、部分地方国有重点企业总法律顾问等近350名代表参加会议。

12月4~24日，国资委政策法规局组织中央企业境外投资法律风险防范培训团赴澳大利亚进行培训，并形成《中央企业境外投资法律风险防范培训团报告》。该报告分析了外国企业在澳大利亚投资面临的主要法律风险，并提出了关于加强中央企业境外投资法律风险防范的建议，包括：灵活选择投资方案；妥善处理好公共关系，实现和谐发展；开展市场化运作和规范经营管理；运用专业化团队并充分发挥当地中介机构的作用；利用商业保险转移和控制风险等。

▶ **2010 年：**

8月，根据《国有企业法律顾问职业岗位等级资格评审管理暂行办法》，国务院国资委向159名国有企业法律顾问颁发了首批国有企业法律顾问职业岗位等级资格证书。

11月26~27日，国务院国资委在深圳召开中央企业法制工作座谈会。国资委主任、党委书记王勇作重要批示，国资委副主任黄淑和出席会议并作重要讲话。会议分析了中央企业法制工作面临的新形势和新任务，即产业转型升级不断提速，要求法律风险防范机制加快向新兴产业拓展；企业并购重组活动日趋频繁，要求法律风险防范机制在企业整合中更好地发挥作用；企业组织形式和管理手段的发展变化，要求法律风险防范机制逐步形成一个完整链条；"走出去"步伐不断加快，要求企业法律风险防范机制进一步从国内向国际延伸；国际贸易摩擦不断增多，要求企业法律风险防范机制进一步从被动防守向主动应对转变。各中央企业有关负责人、总法律顾问、法律事务机构负责人，地方国资委法规工作负责人等近300名代表参加了会议。

12月，国务院国资委组织开展了"后危机时代"企业法律风险防范的系统调研，并形成了向国务院报送的专题报告。此次调研深入分析了"后危机时代"企业法律风险防范机制建设面临的新形势和新任务，明确提出了企业法律风险防范机制应当在产业升级、兼并重组、精细化管理和"走出去"战略中发挥作用。

12月4～24日，国务院国资委政策法规局组织部分中央企业总法律顾问、法律事务机构负责人赴美国进行培训，并形成《"后危机时代"国际大公司法制工作新动向培训总结报告》。该报告分析了"后危机时代"美国企业法制工作面临的新形势，介绍了"后危机时代"美国大公司法制工作出现的新动向，提出了深入推进中央企业总法律顾问制度建设；继续探索建立和完善符合企业实际的法律事务集中管控模式；进一步重视企业合规管理，培育企业合规文化；充分发挥企业内部法律顾问在法律风险防范机制中的作用；高度关注"走出去"过程中的法律风险防范等建议。

▶ **2011 年：**

2月27日，国务院国资委副主任黄淑和在《经济日报》发表署名文章《全面推进企业总法律顾问制度，依法保障和促进中央企业科学发展》。文章充分肯定中央企业以总法律顾问制度为基础的法律风险防范机制在抵御国际金融危机冲击中发挥了重要作用，为避免和挽回企业重大经济损失、维护国有资产安全作出了积极贡献，指出中央企业要在全面实现前两个三年目标的基础上，进一步实施第三个三年目标，加快完善和深化企业总法律顾问制度。

5月12日，国务院国资委办公厅印发《关于开展中央企业落实法制工作三年目标检查验收工作的通知》（国资厅发法规〔2011〕340号），明确了中央企业落实法制工作第三个三年目标检查验收工作的指导思想、主要内容、步骤、时间安排和相关要求。

7月25～29日，国务院国资委在北京举办第一期中央企业总法律顾问履职能力高级培训班。国务院国资委副主任黄淑和出席开班仪式并作重要讲话。培训班对国有资产监管政策法规、"走出去"法律风险管控、岗位提升与经验交流等内容进行了专题培训，并邀请部分中央企业和国外著名企业总法律顾问进行了经验交流。此次培训班，标志着中央企业企业总法律顾问履职能力培训进入制度化、规范化的轨道。

9月20～21日，国务院国资委在山西太原召开中央企业法制工作会议。国资委主任、党委书记王勇作重要批示，国资委副主任黄淑和出席会议并作重要讲话。会议总结了中央企业法制工作第二个三年目标完成情况，表彰了中央企业法制工作先进单位和先进个人，并提出了中央企业法制工作第三个三年目标，即按照"完善提高"的总体要求，力争再通过2012～2014年的三年努力，着力完善企业法律风险防范机制、总法律顾问制度和法律管理工作体系，加快提高法律顾问队伍素质和依法治企能力水平，中央企业及其重要子企业规章制度、经济合同和重要决策的法律审核率全面实现 100%，总法律顾问专职率和法律顾问持证上岗率均达到 80% 以上，法律风险防范机制的完整链条全面形成，因企业自身违法违规引发的重大法律纠纷案件基本杜绝，为培育世界一流企业提供坚强的法律保障。

9 月，国务院国资委开展第二届中央企业优秀总法律顾问、优秀法律顾问（即"双十优"）以及法律事务先进工作者的评选活动。获得十大优秀总法律顾问的为郭进平（中国石油天然气集团公司总法律顾问）、陈丽洁（中国移动通信集团公司总法律顾问）、郎加（中国电子信息产业集团有限公司党组纪检组长、董事、总法律顾问）、刘新权［武汉钢铁（集团）公司总经理助理、总法律顾问］、刘国元［中国远洋运输（集团）总公司总法律顾问］、沈满堂［中国海运（集团）总公司总法律顾问］、郭俊秀（中国东方航空集团公司总法律顾问）、周立涛（中国中煤能源集团有限公司总法律顾问）、王书宝（中国水利水电建设集团公司总法律顾问）、张兴霖（中国铁建十六局集团有限公司总法律顾问）。获得十大优秀法律顾问的为王耀国（中国航天科工集团公司副总法律顾问）、金海淑（中国航空工业集团公司法律部副主任）、徐志远（中国石油化工集团公司法律事务部副主任）、任华（国家电网公司法律部副主任）、张建斌（中国电信集团公司法律部副主任）、林旸川（中国联合网络通信集团有限公司法律部副总经理）、尤勇（中国五矿集团公司法律部总经理）、秦玉秀（中国建筑工程总公司法律部总经理）、刘江南（中国交通建设集团有限公司副总法律顾问）、李平安（中国一拖集团有限公司总法律顾问）。

10月8～28日，国务院国资委政策法规局组织部分中央企业副总经理、总法律顾问、法律事务机构负责人赴美国开展了大型跨国企业法律管控模式培训，并形成《美国大企业总法律顾问制度建设与启示——大型跨国企业法律管控模式培训团总结报告》。该报告总结了美国大企业总法律顾问制度发展总体情况，分析了美国大企业总法律顾问定位及其职责，并提出了中央企业总法律顾问制度建设的有关建议，包括：建立健全企业总法律顾问制度；明晰总法律顾问作为企业高级管理人员的定位；进一步落实企业总法律顾问的工作职责；大力提高企业总法律顾问专职化、专业化水平等。

12月9日，国务院国资委印发《关于落实中央企业法制工作第三个三年目标有关事项的通知》（国资发法规〔2011〕196号），对中央企业落实法制工作第二个三年目标完成情况进行了通报，并要求中央企业准确把握法制工作第三个三年目标的总体要求，全面落实各项指标要求，采取有力措施确保第三个三年目标顺利实施。

▶ **2012年：**

3月28～30日，国务院国资委在北京举办中央企业"走出去"法律风险防范培训班。此次培训班邀请发改委、商务部、高等院校以及国内外知名研究机构有关专家，结合近年来中央企业"走出去"实践，对中央企业及其部分重要子企业总法律顾问、法律事务机构负责人进行了涉外法律风险防范专题培训，旨在有效提高中央企业在"走出去"过程中的法律风险防范能力和水平。

5月28日~6月1日，国务院国资委在北京举办第二期中央企业总法律顾问履职能力高级培训班。此次培训班围绕宏观经济形势、民商事立法与企业法制建设、企业法律管理、知识产权战略、中央企业法律顾问执业能力提升等主题进行了专题培训，并邀请部分中央企业和跨国大企业总法律顾问进行了经验交流。此次培训班首次正式面向中央企业重要子企业总法律顾问进行培训，旨在全面提升中央企业总法律顾问队伍的能力素质。

7月5日，国务院国资委印发《中央企业落实法制工作第三个三年目标考评标准》（国资发法规〔2012〕94号），明确了中央企业落实法制工作第三个三年目标的5大项、48小项考评标准，为做好三年目标年度考评工作提供了重要依据。

9月27~28日，国务院国资委在广东清远召开中央企业法制工作座谈会。国务院国资委主任、党委书记王勇作重要批示，国资委副主任黄淑和出席会议并作重要讲话。会议总结了中央企业法制工作新三年目标启动实施情况，要求中央企业适应复杂严峻的市场竞争环境，更加重视筑牢企业合规经营的底线；服务中央企业改革发展的新任务，更加重视发挥企业法制工作的价值作用；围绕培育世界一流企业的核心目标，更加重视提升中央企业法律管理的能力和水平；应对中央企业国际化经营的新挑战，更加重视加强境外法律风险防范；落实总法律顾问履职能力建设的新要求，更加重视处理好"有位"与"有为"的关系。中央国家机关有关单位、国务院国资委有关厅局领导及中央企业分管法制工作负责人、总法律顾问和法律部门负责人等300余名代表参加会议。

10月12日~11月1日，国务院国资委政策法规局组织部分中央企业副总经理、总法律顾问和法律事务机构负责人，赴美国开展了诉讼管理培训，并形成《美国诉讼管理培训报告》。该报告总结了国际化大公司诉讼管理的主要做法，并在健全总法律顾问制度、加强诉讼管理体系建设、培养涉外法律人才等方面提出了有效应对在美诉讼风险的建议。

11月19日，国务院国资委办公厅印发《关于开展中央企业落实法制工作第三个三年目标第一年度通报工作的通知》（国资厅发法规〔2012〕88号），正式启动中央企业落实第三个三年目标第一年度通报工作。

▶ **2013年：**

2月28日，国务院国资委印发《关于中央企业落实法制工作第三个三年目标第一年度进展情况的通报》（国资发法规〔2013〕25号），对中央企业落实法制工作第三个三年目标第一年度进展情况进行通报，考评结果为A级企业15家，B级企业42家，C级企业41家，D级企业16家。

4月26日，国务院国资委政策法规局和宣传工作局共同在武钢集团组织开展"走进央企—新闻媒体央企法制行"活动，向新闻媒体全面展示中央企业法制工作十年来取得的显著进展和成效。经济日报、法制日报、中国新闻社、经济观察报、第一财经日报、21世纪经济报道、香港文汇报、中国经济周刊等新闻媒体记者参加活动，武钢集团、中国石油、南方电网、中国移动、东航集团、中国建筑、东风汽车等企业总法律顾问分别介绍了企业法制工作情况。

5月27～31日，国务院国资委在北京举办2013年度中央企业总法律顾问履职能力培训班。此次培训班围绕新形势下企业重点关注的业务风险、公司治理与法律风险防范、全球化管理思维与对策、法律管理对标、民诉法修正案施行等专题进行了培训。

6月30日～7月20日，国务院国资委政策法规局组织部分中央企业总法律顾问和法律事务机构负责人，赴德国开展了对标世界一流企业法律管理培训，并形成《德国大企业法律管理经验与启示——对标世界一流企业法律管理培训团总结报告》。该报告总结了德国大企业法律管理总体情况，对德国大企业法律管理进行了对标分析，并提出了研究建立中央企业科学的法律管理体系、推动企业法治文化建设、推进企业总法律顾问制度建设、加强企业法律机构队伍建设、强化境外法律风险防范体系建设等建议。

10月，国务院国资委联合新华网推出《中央企业法制建设十年发展纪实》系列访谈节目，全面介绍中央企业法制建设十年历程、发展现状和未来展望。国务院国资委黄淑和副主任作为首期访谈嘉宾亲自接受采访，政策法规局负责人和中国石化、中粮集团、中国建筑三家企业的总法律顾问、法律事务机构负责人分别接受采访。

12月12日，国务院国资委办公厅印发《关于开展中央企业落实法制工作第三个三年目标第二年度评价工作的通知》（国资厅法规〔2013〕555号），正式启动中央企业落实第三个三年目标第二年度评价工作。

▶ **2014 年:**

1 月 16~17 日，国务院国资委在北京召开中央企业法制工作研讨会。国务院国资委主任、党委书记张毅作重要批示，国资委副主任黄淑和出席会议并作重要讲话。会议围绕贯彻落实党的十八届三中全会精神，深入研讨了中央企业法制工作面临的新形势新课题，要求立足"五个适应"深化中央企业法制工作，即适应市场化、国际化不断发展的新形势，进一步增强企业领导的法治思维；适应加快股权多元化改革的新挑战，进一步强化中央企业的法律治理；适应国有资本运作不断加强的新趋势，进一步完善企业法律风险防范机制；适应不断深化企业内部改革的新要求，进一步推动企业配套制度建设；适应打造世界一流企业的新需要，进一步加强中央企业法律顾问队伍建设。中央企业分管法制工作负责人、总法律顾问和法律部门负责人等 200 余名代表参加会议。

2 月 25 日，国务院国资委印发《关于中央企业落实法制工作第三个三年目标第二年度进展情况的通报》（国资发法规〔2014〕18 号），对中央企业落实法制工作第三个三年目标第二年度进展情况进行通报，评价结果为 A 级企业 30 家，B 级企业 36 家，C 级企业 42 家，D 级企业 5 家。

4 月 30 日，国务院国资委办公厅印发《关于开展中央企业落实法制工作第三个三年目标检查验收工作的通知》（国资厅法规〔2014〕279 号），正式启动中央企业落实法制工作第三个三年目标检查验收工作。

5 月 26~30 日，国务院国资委在北京举办 2014 年度中央企业总法律顾问履职能力培训班。此次培训班就深入解读党的十八届三中全会精神、当前国资国企改革的焦点问题、健全公司治理结构、企业注册登记制度改革等专题进行了培训，并邀请部分中央企业总法律顾问进行了法制工作经验交流。

10月21日，国务院国资委副主任黄淑和在《法制日报》发表署名文章《大力加强法律顾问制度建设　依法推动中央企业改革发展》。文章系统总结了中央企业连续实施法制工作三个三年目标在企业法律顾问制度建设方面取得的显著成效，以及企业法律顾问在打造"法治央企"、践行法治经济中发挥的重要作用，并提出企业法律顾问队伍要在服务中央企业改革发展、打造"法治央企"、加强专业队伍建设上努力取得新成绩。

10月23日，国务院国资委副主任黄淑和在《经济日报》发表署名文章《努力打造"法治央企"》。文章分析了打造"法治央企"对于推进法治国家建设、市场经济进程和中央企业做强做优的重要意义，总结了中央企业法制工作在打造"法治央企"方面取得的显著成效，并提出中央企业要全面贯彻落实依法治国的部署要求，以打造"法治央企"为抓手，更加全面地保障依法合规经营，更加深入地服务企业改革发展，更加有力地强化法律风险防范。

11月4～5日，国务院国资委在北京召开中央企业法制工作会议。国务院国资委主任、党委书记张毅作出重要批示，国资委副主任黄淑和出席会议并作重要讲话。会议总结了中央企业连续实施法制工作三个三年目标取得的显著成效，明确要求全面推进法治央企建设，努力将中央企业打造成为对外依法经营、对内依法治理的法治社会模范成员，即依法治理的企业法人、诚信守法的经营实体、公平竞争的市场主体。会议提出了中央企业法制工作新五年规划，即深入贯彻落实党的十八届四中全会精神，紧紧围绕中央企业改革发展中心任务，按照全面推进法治央企建设的总体要求，力争再通过五年努力，进一步深化企业法律风险防范机制、法律顾问制度和法律工作体系建设，进一步提升合规管理能力和依法治企能力，中央企业以总法律顾问为核心的法律顾问队伍全面实现专职化，法律人员配备比例接近国际同行业标准，全部中央企业法制工作达到国内领先水平，三分之一以上企业力争进入世界先进行列，努力为中央企业改革发展、做强做优提供更加坚实的法律支撑和保障。国务院法制办、人社部、司法部、全国人大法工委、最高人民法院、最高人民检察院、全国普法办等有关部门同志应邀出席会议。